Peter Philipp Riedl (Hrsg.)
Schiller neu denken

Regensburger Kulturleben
Band 3
Hrsg. von der Stadt Regensburg, Kulturreferat

Jörg Traeger (1942–2005) in ehrendem Angedenken

Peter Philipp Riedl (Hrsg.)

# Schiller neu denken

Beiträge zur
Literatur-, Kultur- und Kunstgeschichte

SCHNELL + STEINER

Bibliografische Information der Deutschen Bibliothek
Die Deutsche Bibliothek verzeichnet diese Publikation in der Deutschen Nationalbibliografie;
detaillierte bibliografische Daten sind im Internet über <http://dnb.ddb.de> abrufbar.

Die Autoren haben sich nach besten Kräften bemüht, die erforderlichen Reproduktionsrechte
für alle Abbildungen einzuholen. Nicht immer jedoch sind alle Inhaber von Bildrechten zu
ermitteln. Nachweislich bestehende Ansprüche bitten wir mitzuteilen.

1. Auflage 2006
© 2006 Verlag Schnell & Steiner GmbH, Leibnizstr. 13, 93055 Regensburg
Umschlaggestaltung: Heike Jörss, Regensburg
Satzherstellung: Lithotronic Media GmbH, Frankfurt am Main
Lithoherstellung und Druck: Erhardi Druck GmbH, Regensburg
ISBN-10: 3-7954-1834-8
ISBN-13: 978-3-7954-1834-2

Weitere Informationen zum Verlagsprogramm erhalten Sie unter:
www.schnell-und-steiner.de

# INHALTSVERZEICHNIS

*Peter Philipp Riedl*

# Vorwort

Er wurde verehrt und verklärt; er wurde aber auch heftig kritisiert, ja abgelehnt. An Friedrich Schiller scheiden sich die Geister, damals wie heute. Das 19. Jahrhundert nobilitierte ihn zu einem der am meisten geschätzten Dichter des deutschen Bürgertums, das ihn mitunter sogar über den anderen der beiden Weimarer Dioskuren, den Olympier Goethe, stellte. Durchaus zeittypisch und repräsentativ feiert etwa eine Erinnerungsgabe aus Regensburg anläßlich des hundertsten Todestages des Dichters am 9. Mai 1905 Schiller als den „Lieblingsdichter des deutschen Volkes". Das Bürgertum projizierte die eigenen Vorstellungen, Hoffnungen und Ideale auf jenen Dramatiker, der, so die ideologisch verzerrte Perspektive, das erwachende nationale Selbstverständnis und Selbstbewußtsein rhetorisch kraftvoll modelliert zu haben schien. Sogar die Massen vermochte der zum Dichter der Freiheit und des Idealismus stilisierte Schiller postum zu mobilisieren. Im Jubiläumsjahr 1859 versammelten sich bei Festzügen und öffentlichen Veranstaltungen 17 000 Menschen in Hamburg und 10 000 in Leipzig. In Berlin waren sogar zwischen 40 000 und 50 000 Menschen auf den Beinen.

Friedrich Schiller war selbstverständlich auch im Regensburger Kulturleben fest verankert. Unter der Flagge ‚Regensburger Kulturleben' hat vorliegende Buchreihe vor vier Jahren Fahrt aufgenommen. Der dritte Band dieser Reihe erinnert so zumindest implizit an die einstige Bedeutung Schillers für die deutsche Bürgergesellschaft, die jedoch den Dichter nicht selten ideologisch fragwürdig vereinnahmt hat. Daß das Regensburger Kulturleben Friedrich Schiller nach wie vor ein staunenswertes, gleichwohl ein angemessen reflektiertes Interesse entgegenbringt, hat der große Zuspruch für jene interdisziplinäre Vortragsreihe, die dieser Publikation zugrunde liegt, nachdrücklich gezeigt.

„Schiller neu denken" kann 200 Jahre nach dem Tod des Dichters nur eines bedeuten: Allein eine eingehende, kritische und polyperspektivisch ausgerichtete Lektüre vermag die historischen Bezüge wie auch die gegenwärtige Bedeutung eines facettenreichen dramatischen, lyrischen, epischen, philosophischen und kunsttheoretischen Werks jenseits wohlfeiler Jubiläumsrhetorik neu zu vermessen. Schiller muß weder weihevoll überhöht noch darf er zum handlichen Souvenir verkleinert werden. Die gründliche Auseinandersetzung mit dem Werk selbst verspricht stets aufs neue eine fruchtbare Ernte.

Die sichtbarste Präsenz der Werke Schillers erlebt gewiß der Theaterbesucher. Glaubt man indes dem Theaterkritiker Gerhard Stadelmaier, dann zeigen uns die Bühnen weniger die im Spielplan angekündigten Dramen als vielmehr harmlose und mundgerecht servierte Schiller-Häppchen. In der Frankfurter Allgemeinen Zeitung schrieb Stadelmaier am 21. März 2005: „Für die deutschen Theater sind Schillers Dramen wenig mehr als Steinbrüche: entweder für Klettereien in Zitatsteilwänden oder für fernsehähnliche Handlungsbrocken. Die ungeheure Modernität von Schillers zerrissenen, scheiternden Figuren wird nicht gesehen." Das ist ein hartes und gewiß auch in seiner Einseitigkeit ein überscharf formuliertes Urteil. Den zweifellos nicht zu leugnenden Negativbefunden, den in unterschiedlichen Formen verharmlosenden Lesarten von Stücken mit ihren tatsächlich aufregenden „zerrissenen, scheiternden Figuren", stehen spannende und gerade auch in ihren modernen Anverwandlungen faszinierende Inszenierungen gegenüber, in denen insbesondere die Präzision und Prägnanz einer rhetorisch und gedanklich kraftvollen Sprache besticht, die alles verträgt, nur keine sentenzenselige Klassiker-lektüre.

Die Beiträge dieses Bandes beleuchten das Werk Schillers aus unterschiedlichen Perspektiven und Disziplinen. Ziel des Unternehmens war und ist es, die untersuchten Sachverhalte mit wissenschaftlichem Anspruch allgemeinverständlich darzustellen. Dieser inklusive Ansatz spiegelt sich in der kooperativen Verantwortlichkeit für die Vortragsreihe und die Buchpublikation wider. Mit dem Kulturreferat der Stadt Regensburg und dem Historischen Verein für Oberpfalz und Regensburg hat das Institut für Germanistik Partner gefunden, die Zusammenarbeit nicht als bloße Absichtserklärung verstanden, sondern konkret mit Leben erfüllt haben.

Am Ende fiel gleichwohl ein Schatten auf die Ringvorlesung. Wenige Wochen nach seinem die Reihe glanzvoll beschließenden Vortrag verstarb Jörg Traeger, der seit dem Wintersemester 1976/1977 als Ordinarius für Kunstgeschichte an der Universität Regensburg überaus erfolgreich gewirkt hat. Das Buch, welches die einzelnen Beiträge versammelt, wird nun, notgedrungen, zu einer Gedenkschrift für einen herausragenden Gelehrten und engagierten Hochschullehrer, der sich auch stets für die gedeihliche kulturelle Entwicklung der Stadt, in der er über dreißig Jahre lebte, eingesetzt hat. In seinem Vortrag lotete Jörg Traeger die Möglichkeiten einer Applikation von Schillers Begriffspaar naiv und sentimentalisch auf einschlägige Erscheinungen der Kunst und damit dessen grundsätzliche Relevanz für die Kunstgeschichte der Moderne perspektivenreich aus. Der eigentliche Fluchtpunkt seiner Überlegungen ist jenes Phänomen, dem Jörg Traeger seine nächste größere Studie widmen wollte: das Andachtsbild.

Jörg Traegers Aufsatz, den Margit Kaiser, Hans-Christoph Dittscheid und ihre Mitstreiterinnen und Mitstreiter am Institut für Kunstgeschichte der Universität Regensburg aus dem Vortragsmanuskript hergestellt haben, intoniert, einmal mehr, einen fruchtbaren und innovativen Dialog der Künste, den wir mit diesem Band im Sinne des Verstorbenen fortsetzen wollen. Die beteiligten Autoren verständigten sich sogleich, das Buch Jörg Traeger in ehrendem Angedenken zu widmen.

Im Verlag Schnell und Steiner hat Jörg Traeger 1970 seine Dissertation veröffentlicht: ‚Der reitende Papst – Ein Beitrag zur Ikonographie des Papsttums‘. Im Jahr 2002, zu seinem 60. Geburtstag, erschien im selben Verlag unter dem Titel ‚Bedeutung in Bildern‘ die Festschrift, die Kollegen, Weggefährten und Freunde Jörg Traeger überreicht haben. Diese Festschrift bildete zugleich den Auftakt der vom Kulturreferat der Stadt Regensburg herausgegebenen Reihe ‚Regensburger Kulturleben‘. Für ihre Verdienste um das Regensburger Kulturleben sei dem Verlag Schnell und Steiner und seinem Verleger, Herrn Dr. Albrecht Weiland, an dieser Stelle herzlich gedankt. Das vorliegende Buch, ‚Schiller neu denken‘, ist der dritte Band jener Reihe, die Jörg Traegers Festschrift eröffnet hat. Daß sich bereits zu diesem Zeitpunkt ein Lebenskreis geschlossen hat, ist für alle, die Jörg Traeger gekannt und geschätzt haben, eine überaus schmerzliche Erfahrung. Was bleibt, ist dankbare Erinnerung und der Ansporn, im Sinne Jörg Traegers weiterzuarbeiten.

Besonders hervorgehoben seien an dieser Stelle all jene, die sich hinter den Kulissen um das Buch verdient gemacht haben. An der Her- und Fertigstellung des Bandes haben Sibylle Blaimer, Sonja Haag, Josefa Hönig und Franziska Seng aktiv mitgewirkt. Ihnen allen sei für ihre engagierte Mithilfe ganz herzlich gedankt.

Noch ein Wort zur Einrichtung. Schillers Werke werden im fortlaufenden Text unter Angabe der Sigle „NA" und der jeweiligen Bandzahl der Nationalausgabe zitiert: Schillers Werke. Nationalausgabe. Begründet von Julius Petersen, fortgeführt von Lieselotte Blumenthal und Benno von Wiese, hg. im Auftrag der Stiftung Weimarer Klassik und des Schiller-National-museums Marbach von Norbert Oellers. Weimar 1943ff.

*Klemens Unger, Kulturreferent der Stadt Regensburg*

# Schiller in Regensburg

Am 2. April 1905 erinnerte die Stadt Regensburg mit einem großen Festzug an den hundertsten Todestag Friedrich Schillers. Der Aufruf zu dieser Schillerfeier verbindet im typischen Tonfall jener Jahre nationales Pathos mit lokalem Patriotismus:

> Soweit die deutsche Zunge klingt, rüstet man sich, den hundertjährigen Gedenktag an unsern unsterblichen Schiller festlich zu begehen. Unsere uralte deutsche Stadt Regensburg will und darf da nicht zurückbleiben. Am Ufer der rauschenden Donau, angesichts der türmenden Stadt und der bergumsäumten Landschaft auf der sogenannten Kuhwiese wollen wir ein bleibendes Mal aufrichten, dem deutschen Dichter zum Gedächtnis, eine Linde pflanzen und einen mächtigen Felsblock aufbauen. Alle sollen sich da vereinen, den gottbegnadeten Sänger des deutschen Idealismus, den Erzieher des ganzen Volkes würdig zu feiern. Keiner stehe achtlos bei Seite. Ihr Vereine mit euern Fahnen und Standarten schart euch um die Schillerlinde! Auch auswärtige Vereine mit ihren Fahnen sind hochwillkommen. Ein Erinnerungsband, aus der Hand einer der wenigen lebenden Verwandten Schillers euch überreicht, soll eure Fahnen lohnen. Kommt, alle, Männer, Frauen und Jugend, die ihr euch mit Stolz Kinder deutscher Erde nennt.

Eine Schillerlinde auf der Kuhwiese – die Regensburger Weihestätte für den gefeierten „gottbegnadeten Sänger des deutschen Idealismus" trug einen eher bodenständigen Namen, den die Verantwortlichen in Regensburg jedenfalls als so unangemessen empfanden, daß sie den Ort schließlich umbenannten. Die Kuhwiese wurde zur Schillerwiese nobilitiert. Als der Festzug, vom Bahnhofsplatz kommend, sein Ziel erreicht hatte, wurde, als Höhepunkt der Festveranstaltung, die Linde gepflanzt, ein Gedenkstein gesetzt und eine eigens gedichtete weihevolle Dankeshymne an Schiller intoniert.

Eine „gewaltige Menschenmenge", die ein Berichterstatter bei der Feier vom 2. April 1905 ausgemacht hat, läßt sich hundert Jahre später für Schiller gewiß nicht mehr mobilisieren. Angesichts der spezifischen Webart deutscher Klassiker-Verehrung im 19. und frühen 20. Jahrhundert ist das jedoch nicht unbedingt zu bedauern. Monumentalisierung und Heroisierung von Dichtern tragen zum Verständnis ihrer Werke nichts bei; sie führen vielmehr zu unzulässigen Vereinfachungen und Banalisierungen, die kritische Analyse durch ehrfürchtige Huldigung ersetzen. Im Gegenzug hat eine eingehende rationale Auseinandersetzung mit Schillers Werk die wohlfeilen Floskeln pathetischer Verklärung beseitigt. Der Austausch von Argumenten im lebendigen Gespräch verträgt keine weihevolle Atmosphäre. Das erfreulich große Interesse an der interdisziplinären Vortragsreihe, die das Institut für Germanistik der Universität Regensburg zusammen mit dem Kulturreferat der Stadt Regensburg sowie dem Historischen Verein für Oberpfalz und Regensburg aus Anlaß des zweihundertsten Todesjahres Friedrich Schillers im Runtingersaal, also im Herzen der Altstadt, veranstaltet hat, ist jedenfalls Ausdruck einer lebendigen Bürgerkultur, die elementar zum Selbstverständnis unseres Gemeinwesens gehört. Die Vortragsreihe sowie ihre Dokumentation in der Reihe ‚Regensburger Kulturleben' sind das

Ergebnis einer fruchtbaren Symbiose. Zusammengefunden haben sowohl verschiedene wissenschaftliche Disziplinen, die Literaturwissenschaft und die Philosophie, die Musikwissenschaft und die Kunstgeschichte, als auch Stadt und Universität. Von Jahr zu Jahr gewinnt die Kooperation zwischen der Stadt Regensburg und der Universität Regensburg zusehends an Stetigkeit und Kontinuität. Das ist ohne Frage eine erfreuliche Entwicklung zum Wohle aller. Von gemeinsamen Unternehmen, bei denen Kräfte produktiv gebündelt werden, profitieren alle Bürgerinnen und Bürger unserer Stadt.

Vor hundert Jahren hat Friedrich Schiller die Gemüter ohne Zweifel mehr bewegt als heute. Andererseits verschwamm in den Weihrauchschwaden einer pathetisch inszenierten, patriotischen Festkultur die poetische und philosophische Physiognomie eines vielschichtigen Werks, das damals wie heute eine vorurteilsfreie und differenzierte Annäherung verdient. Was Gotthold Ephraim Lessing in einem Epigramm aus dem Jahr 1753 über Friedrich Gottlieb Klopstock anmerkte, gilt wohl heute auch für Schiller: „Wer wird nicht einen Klopstock loben? / Doch lesen sollt ihn jeder? Nein. / Wir wollen weniger erhoben, / Und fleißiger gelesen sein." Friedrich Schiller hat ebenso glühende Bewunderer wie heftige Kritiker gefunden. Was die einen als intellektuelle Kraft hochfliegender Gedanken rühmten, verspotteten die anderen als gekünsteltes Pathos mit mangelnder Bodenhaftung. Vernahmen die deutschen Revolutionäre von 1848 die Schillerschen Freiheitsrufe, so glaubte Theodor W. Adorno in Schillers abstraktem Idealismus gar diktatorische Züge ausmachen zu können. Diese Urteile über Schiller sind ebenso widersprüchlich wie zumeist eintönig in ihrem apodiktischen Tonfall. Bei allen kritischen Vorbehalten kann eines ganz gewiß nicht bestritten werden: Schiller war, wie Rüdiger Safranski zu Recht betont, „ein Kraftwerk der Anregungen auch für seine Gegner." Als ein Kraftwerk der Anregungen sind Schillers Werke alles andere als veraltet. Jede Zeit und jede Generation soll und muß die Dramen, Gedichte, philosophischen, historischen und ästhetischen Abhandlungen neu entdecken, eigene Fragen stellen und mit unbefangener Neugier die Gedankenwelt Schillers erforschen. In diesem Kraftwerk steckt nach wie vor viel Energie für unser kulturelles Bewußtsein.

*Alf Zimmer, Rektor der Universität Regensburg*

# Was hat Professor Friedrich Schiller der Universität von heute zu sagen?

Von Universitäten wird heute gefordert, dass sie eigenständige Profile entwickeln. Diese sollen in einer „Vision" oder einem sogenannten „Mission Statement" ausgedrückt werden. Bei näherer Betrachtung haben solche Mission Statements eines gemeinsam, nämlich den Appell an den Nutzen für die Gesellschaft. Nützlichkeit wird damit zum zentralen Kriterium für Qualität. Nun kann man den Begriff des Nutzens sehr weit fassen und zweifellos auch hinter dem Humboldtschen Universitätskonzept eine Perspektive der Nützlichkeit sehen. Besonders problematisch wird es allerdings, dass zur Forderung nach dem Nutzen die Forderung nach der Messbarkeit des Nutzens kommt, so dass alle Qualitätskriterien, die nicht mittels Zahlen in Vergleich gesetzt werden können, aus dieser Nutzenbetrachtung herausfallen. Das Extrem dieser Betrachtungsweise ist mit Institutionen wie der Strayer University erreicht, die stolz darauf sind, For-Profit Universitäten zu sein, in dem sie sich nur auf die Inhalte beschränken, die schnell und erfolgreich vermarktet werden können; konkret im Falle Strayer Telekommunikation und Management. Sicher ist hier für den Augenblick und für die Investoren kurzfristig ein Optimum an Nutzen zu erreichen, aber der *nachhaltige Nutzen*, den Humboldt und Schleiermacher mit der Reform der akademischen Bildung anstrebten, wird verfehlt, z. B. weil bei einer Änderung der wirtschaftlichen Rahmenbedingungen die Strayer University sehr schnell ihren For-Profit-Charakter verliert. Die ausschließliche Orientierung der Universität am quantitativen Nutzen zerstört sie am Ende selbst.

Für den Kenner von Schillers Briefen über ästhetische Erziehung (1795) werden diese kritischen Bemerkungen über die Orientierung an Nützlichkeit nicht fremd sein. Denn Schiller stellt dem als Gegenkonzept entgegen: „Der Mensch ist nur da ganz Mensch, wo er spielt." Wobei Spiel eben nicht Zeitvertreib ist, sondern offene Auseinandersetzung mit Möglichkeiten und damit die Ausrichtung auf eine nachhaltige Perspektive des Nutzens – nachhaltig, weil nicht von vornherein Möglichkeiten ausgeschlossen werden. Im Englischen gibt es dafür den schönen Ausdruck „serendipity" nach den Prinzen von Serendip, die ohne zu suchen einen Schatz fanden. Dies entspricht durchaus Kants Charakterisierung der Philosophischen Fakultät im „Streit der Fakultäten" oder Schleiermachers Charakterisierung der Wissenschaft als Ergebnis offener Kommunikation, Gespräch oder Diskurs.

Im abschließenden Brief zur ästhetischen Erziehung mit seiner Forderung, dass der Naturstaat (die Menge der Möglichkeiten), der Vernunftstaat (die Menge der ethischen Regeln) und der ästhetische Staat gleichzeitig bestehen und sich im dynamischen Gleichgewicht halten sollten, kommt Schiller der Charakterisierung der Wissenschaft bei Schleiermacher sehr nahe. Denn der ästhetische Staat, charakterisiert durch das „Reich des Scheins", ist ein Zustand der Geselligkeit und des Gespräches, verstanden als Weg, die eigenen Gedanken zu befreien.

An dieser Stelle wird aber auch deutlich, dass für Schiller Wissenschaft und Kunst keine getrennten „Reiche" sind, sondern unterschiedliche Ausformungen des „Spielens", wie es sich schon in der Gründung der Leopoldina zeigt, wo Wissenschaftler als „curiosi naturae" bezeichnet werden. Meines Erachtens gibt es für Universitäten, die Zukunft gestalten wollen, kaum eine bessere Vision, als Schiller sie formulierte: „auf den Flügeln der Einbildungskraft verlässt der Mensch die engen Schranken der Gegenwart …". Wenn dies aber Bestandteil des Leitbildes einer Universität wird, dann macht sie damit auch gleichzeitig deutlich, dass ihr „Nutzen" nicht einfach durch Statistiken zu bestimmen ist: Anzahl von Patenten, durchschnittliche Studienzeit oder ähnliches, sondern durch die wahrgenommene Verantwortung, über die aktuellen Anforderungen hinaus in Lehre und Forschung für die Zukunft offen zu sein und so zu ihrer Gestaltung beizutragen.

*Helmut Koopmann*

# Mord und Totschlag, Schuld und Sühne in Schillers Dramen – was soll da noch eine ästhetische Erziehung?*

Vor noch nicht allzu vielen Jahren meinte jemand, daß das Ende unserer Zeiten nahe sei, und ließ an seiner Gegenwart kein gutes Haar. Die Diagnose lautete: „Das letzte Halbjahrhundert sah eine Regression des Menschlichen, einen Kulturschwund der unheimlichsten Art, einen Verlust an Bildung, Anstand, Rechtsgefühl, Treu und Glauben, jeder einfachsten Zuverlässigkeit, der beängstigt. Zwei Weltkriege haben, Roheit und Raffgier züchtend, das intellektuelle und moralische Niveau (die beiden gehören zusammen) tief gesenkt und eine Zerrüttung gefördert, die schlechte Gewähr bietet gegen den Sturz in einen dritten, der alles beenden würde. Wut und Angst, abergläubischer Haß, panischer Schrecken und wilde Verfolgungssucht" beherrschten die Menschheit, lautete das Verdikt, und so taumele „eine von Verdummung trunkene, verwahrloste Menschheit unter Ausschreien technischer und sportlicher Sensationsrekorde ihrem schon gar nicht mehr ungewollten Untergang entgegen". Das Urteil hätte nicht vernichtender ausfallen können.

Der Diagnostiker: kein anderer als Thomas Mann, und was er sagte, hatte man am 8. Mai 1955 hören können: also vor fast genau 50 Jahren, in seinem ‚Versuch über Schiller‘,[1] damals in Stuttgart gehalten – und man hatte ihm ergriffen zugehört. Technische und sportliche Sensationsrekorde: Berichte davon werden uns aber auch heute jeden Tag ins Haus geliefert, und das Bild von einer verwahrlosten Menschheit, von Verdummung trunken, von Wut und Angst gleichermaßen beherrscht, ist nicht so unglaubwürdig, wie es auf den ersten Blick hin scheinen könnte. Doch Thomas Mann beließ es damals nicht bei diesem düsteren Gemälde, sondern benannte auch Heilmittel: Schiller war ihr Lieferant, und das Rezept war ganz allgemein gesprochen Schillers „Aufruf zum stillen Bau besserer Begriffe, reinerer Grundsätze, edlerer Sitten".[2] Wer diese Botschaft vernehme, setze dem Untergangstaumel, so seine Therapie, ein Ende. Und dann sprach er von Schillers „sanft-gewaltige[m] Willen […] zum Schönen, Wahren und Guten, zur Gesittung, zur inneren Freiheit, zur Kunst, zur Liebe, zum Frieden, zu rettender Ehrfurcht des Menschen vor sich selbst". Und auch sonst fulminante Raketen in diesem Sprachfeuerwerk, so, wenn am Ende der Geschichte von der Bestattung Schillers dessen Gestalt noch einmal beschworen, seine Auferstehung gefeiert wird:

---

\* Der Beitrag erschien in leicht veränderter Form in: Literaturstraße. Chinesisch-deutsches Jahrbuch für Sprache, Literatur und Kultur, Bd. 6, 2005, hg. von Zhang Yushu / Horst Thomé / Wei Maoping / Zhu Jianhua in Verbindung mit Karin Moser von Filkseck, Würzburg 2005, S. 71– 89. Für einige wichtige Hinweise danke ich Frau Dr. Antonie Magen, Augsburg.

1 Thomas Mann, Gesammelte Werke in dreizehn Bänden, Frankfurt am Main 1960, [2]1974 (im folgenden als GW mit Band- und Seitenzahlen), Bd. IX, S. 870–951; hier S. 949ff.

2 GW IX, S. 950.

Der Schmach der Materie entrückt, umflossen von männlicher Idealität, idealischer Männlichkeit, kühn, feurig und sanft, mit dem Heilandsblick, den Sternen das königliche Antlitz weisend, so war sie in dieser Stunde der Grablegung schon – und für immer – der vertraulichen Liebe ihres Volkes, der Rührung der Menschheit in Verklärung aufgerichtet, die unsterbliche, mit allen Merkmalen einmaligen Lebens geprägte Gestalt, und auf ihrer von Gedankenwürde geadelten Stirne leuchtet, wie im Gedicht auf der des hohen Uraniden, der vereinigte Strahl von ‚Sinnenglück und Seelenfrieden' […].[3]

Starke Worte; Schiller war zum Ersatzchristus geworden. Aber das kitschige Bild von der Auferstehung des Heiligen Schiller wurde damals durchaus ernst genommen, auch wenn Sätze wie diese uns heute nur schwer eingehen. Durch die ganze Schiller-Rede zieht sich eine derartige Feierlichkeitsprosa hindurch. Da ist von Schillers „Apotheose der Kunst" die Rede[4] und davon, daß er sie „in glänzenden Taten und dazu in hoch-gewählten, hoch-genauen Worten" verherrlicht habe, wir erfahren von Schillers „tief bemühte[m], heilige[m] und mit enormem Scharfsinn ausgestattete[m] Ernst",[5] vom „schlechthin Großartigen", und wir lesen davon, daß seine „Feuerseele" sich auf einer „hoch-idealistischen Ebene" zu üben wußte.[6] Es geht rhetorisch geradezu ins Kosmische: „Was dieser Mensch anstrebte mit dem Schwung des Redners, der Begeisterung des Dichters: das Universelle, Umfassende, rein Menschliche, ist ganzen Generationen als verblaßtes Ideal, als überholt, abgeschmackt, veraltet erschienen, und so mußte ihnen denn auch sein Werk erscheinen."[7] Und dagegen wollte Thomas Mann mit verbaler Militanz angehen. Was er in seiner Schiller-Rede bot, war rhetorischer Gottesdienst, war die frohe Botschaft eines dichterischen Evangeliums, die hier verkündet wurde, und so sehr er mit seiner düsteren Prognose, was das Niedersinken der Kultur betraf, recht haben mochte: hier war der sprachliche Bogen vielleicht doch kräftig überspannt worden. Anders gesagt: können wir das heute noch unbefangen lesen?

Nicht sehr gut. Wir glauben das einfach nicht mehr, und wir können uns unter den ewigen Werten so recht nichts mehr vorstellen. Es war des Guten wirklich zu viel. Im Vertrauen gesagt: Thomas Mann war selbst nicht so ganz wohl gewesen, was sein Schiller-Bild anging. Er wußte, daß er nicht sehr viel Neues zu bieten hatte, vermißte das auch „auf Schritt und Tritt". An Werner Weber, seinen Schweizer Vertrauten, schrieb er: „Man kann dem längst Gesagten nur etwas persönliche Erfahrung und Farbe mitgeben."[8] Und das tat er dann ja auch. Doch – war das alles mehr als nur festliche Blechmusik, die da im Großen Haus des Württembergischen Staatstheaters ertönte?

Aber wer die Nase über Thomas Mann und seinen Huldigungsstil rümpft, mag bedenken: so wie er schrieb man vor fünfzig Jahren weithin, und es gibt Schiller-Beschwörungen dieser Jahre, die Thomas Manns Aufsatz an rhetorischer Überschwenglichkeit weit übertreffen. Fritz Strich etwa, Schiller-Forscher von Rang, schlug Thomas Mann noch um einige Längen und

---

3  GW IX, S. 872f.
4  GW IX, S. 873.
5  GW IX, S. 875.
6  GW IX, S. 878.
7  GW IX, S. 948.
8  Erika Mann (Hg.), Thomas Mann. Briefe 1948–1955 und Nachlese, Frankfurt am Main 1965, S. 382.

stellte fest: „Nicht nur die Heilighaltung der Form ist der Hand des Dichters anvertraut, sondern auch die Bewahrung der Allmenschlichkeit, Rettung vor dem, was den Menschen gemeinsam ist. Dies gilt es zum Bande der Gemeinschaft zu machen, und je drohender die Gefahr von dessen Untergang wird, um so dringlicher wird diese Bestimmung des Dichters."[9] Das war zwei Jahre nach Thomas Manns Rede gesagt. Von Werten sprach Strich auch: es waren, wie nicht anders zu erwarten, die „ewigmenschlichen Werte". Das war im Vergleich mit Thomas Manns Rede noch gesteigerte Hagiographie. Doch: wer hört heute noch auf dergleichen?

Man hat manchmal den Eindruck, die Interpreten Schillers seien Mitglieder eines Verschönerungsvereins, der es sich zum Ziel gesetzt hätte, die Welt angenehmer zu machen – mit Schillers Hilfe. Schiller als Saubermann, als Weltverbesserer, als edler Geist jenseits alles Irdischen, der nichts anderes als Idealismus gepredigt habe, der das Schöne, Wahre und Gute verteidigt habe, selbst da, wo es gar nicht zu verteidigen war. Aber eigentlich handeln Schillers Werke von ganz anderem. Denn wenn wir uns die Augen einmal frei reiben vom Guten und Schönen, Edlen und Wahren, Gesitteten und Moralischen, wenn wir nicht überall eine ästhetische Erziehung sehen und den unbedingten Willen zum Höheren, dann tauchen wir plötzlich in eine Welt ein, in der es von Blut nur so raucht. Wie sieht es in Schillers Dramen wirklich aus? Mord und Totschlag, viel Schuld und wenig Sühne, menschenverachtende Gewalt, Verrat und Hinterlist, Tücke und Untreue, das rigorose Hinopfern anderer, die nicht weniger rigorose Rettung der eigenen Haut, Aufruhr und Empörung, wohin man blickt. Todesurteile massenhaft, Kriecherei, Höflingswesen, die Bereitschaft, ganze Heere dem eigenen Ehrgeiz zu opfern, Untaten, verübt, wie es im deutschen Gerichtswesen heißt, aus „niederen Beweggründen"; da werden Herrscher vom Thron gestürzt und andere, die eigentlich für den Thron bestimmt waren, kaltblütig ermordet, und meist macht man sich dabei nicht die eigenen Hände schmutzig, sondern findet Meuchelmörder, die das besorgen, und manchmal haben diese Meuchelmörder sogar Kardinalsrang. Wenn es nur Einzelne wären, so könnte man das noch hinnehmen als das übliche Maß an Verbrechen, das die menschliche Gesellschaft nun einmal kennt und zu erdulden hat. Aber es steht weit mehr auf dem Spiel, da sind Stadtrepubliken, Heere, ganze Dynastien, die verhökert werden, da sind Unrechtsregime in großen Ländern und totalitäre Weltreiche, und wenn es um Recht oder Unrecht geht, machen Könige da so wenig eine Ausnahme wie Wilderer; ein Großinquisitor ist zum Mord ebenso bereit wie jemand, der glaubt, von seiner Geliebten betrogen worden zu sein. Dazwischen Tölpel, die sich etwas unterjubeln lassen, blauäugige Hofleute, die sich für nichts anderes als ihren phantastischen Aufputz interessieren, allenfalls noch für ihre Karriere und dafür, wie man die Untergebenen am besten drangsalieren könne. Es gibt Väter, die bereit sind, ihre Töchter für einen Beutel Gold zu verkaufen, Töchter, die in sklavischer Abhängigkeit von ihren Vätern leben, Söhne, die dem Vater ebenso an den Kragen wollen wie dem eigenen Bruder, dazu gibt es Habgier, Neid, Eifersucht, Mißgunst, Imponiergehabe, und wenn denn endlich gemordet wird, dann geradezu mit Inbrunst: da werden brave Männer regelrecht und kurzerhand abgeschlachtet, falls man sich nicht dazu entschließt, jemanden im Hungerturm oder im Gefängnis bis zum bitteren Ende langsam dahinsiechen zu lassen, und manchmal wird der Scharfrichter dann sogar zum Erlöser, der ein Leiden beendet, das eigentlich über Menschenkraft weit hinausgeht. Sieht man etwas

---

9    Fritz Strich, Schiller und Thomas Mann. In: Die Neue Rundschau 68, 1957, S. 60–83; hier S. 60.

genauer hin, dann ist das die Welt der Schillerschen Dramen und Balladen, der Gedichte und der Erzählungen, in der es von Verbrechen nur so wimmelt. In den ‚Räubern': ein mißratener Sohn sucht gleichzeitig den Vater und den Bruder umzubringen, um sich in das väterliche Erbe und in den Besitz der Geliebten des Bruders zu setzen, und er scheut nichts, was das alles voranbringen kann. Briefe, im 18. Jahrhundert glaubwürdige Zeugnisse menschlicher Vertrautheit und aufrichtiger Kommunikation, werden mißbraucht zu Lügengeschichten, Vertrauen wird getäuscht, der biblische Kampf zwischen Kain und Abel ist nichts gegen das, was in Schillers erstem Drama geschieht. In der ‚Verschwörung des Fiesko zu Genua': die Rebellen gegen die Herrschaft des eigentlich ganz guten alten Andrea Doria scheuen nichts, um diesen zu beseitigen, die Säbel klirren, und der Kampf artet in schiere Mordlust aus. Vorher Verrat, Untreue, danach schrankenlose Hybris des Fiesko, der sich auf bewährte Weise, durch Mord des Vorgängers, an die Spitze der Stadtregierung von Genua zu setzen versucht. Es gibt bekanntlich mehrere Fassungen des Dramas – in einer dieser Fassungen gelingt ihm das aber nicht, er wird zum Schluß ins Wasser gestoßen und ertrinkt jämmerlich, und alle Welt findet das noch richtig. ‚Kabale und Liebe': da werden Menschen als Soldaten verkauft, um die Mätresse mit kostbarem Schmuck auszustatten, da wird der Sohn hemmungslos an eine Favoritin des Herzogs verkuppelt, damit er, der Vater, näher bei Hofe ist und seinen einflußreichen Posten behält – seinen Vorgänger hat er durch Mord aus dem Weg geräumt, wie sich versteht, und wenn er seinen Sohn auch nicht umbringt, so tut er doch alles, um den am Schluß in Mord und Selbstmord zu treiben. Unschuldige werden ins Gefängnis geworfen, die Mutter des armen Opfers, das bereit ist, den Geliebten aufs gründlichste zu täuschen, will nach oben und sich bis zum Adel hinaufpoussieren, und sie bekommt dafür fast ein Cello an den Hirnkasten geschmettert. Die Ehe zwischen Musikus Miller und seiner Frau ist alles andere als eine ideale Beziehung: die Frau ebenso dumm wie hochfahrend, der Musikus letztlich auf nichts anderes bedacht als auf die eigene Alters- und Pflegeversicherung mit Hilfe einer Heirat seiner Tochter mit einem passablen jüngeren Cellisten – ein Flötist darf es allenfalls auch sein. In ‚Don Karlos' spannt der Vater dem Sohn die Braut aus, heiratet sie selbst: das gemeinsame Kind – nun ja, man weiß nicht recht, wo es herkommt, vom Vater oder vom Sohn. Vor allem König Philipp jedenfalls weiß es nicht und schwört blutige Rache. Die Niederländer werden erbarmungslos verfolgt, nur weil sie eine andere Religion haben, und die katholische Kirche wird zum Mitwisser und Mitspieler in einem Mordkomplott, vom Vater gegen den Sohn angezettelt. Einer, den Philipp für einen Freund hält, wird einfach beseitigt, heimtückisch erschossen. Das „Geben Sie Gedankenfreiheit" verhallt ungehört, es gibt weder Gedankenfreiheit noch andere Freiheit, es gibt nur Untergang und Tod, Hinrichtung und die Inquisition; und wer der ausgeliefert ist, endet nicht selten, wie man weiß, auf dem Scheiterhaufen. Dazu noch Liebesbetrug anderer Art, verbrecherische Machenschaften des Herzogs Alba, und die dicken Wände im Escorial haben Ohren, überall und immer. ‚Wallenstein': der Held nach Meinung vieler Leser ein Verräter ersten Ranges und von großer Durchtriebenheit, ein Selfmademan, der aufsteigen möchte, der sich der Autorität des Kaisers widersetzt, mit der Kirche geradezu seinen Schabernack treibt, sich für gänzlich unabhängig erklärt, aber vor allem Böhmen besitzen will und dafür sein ihm blind ergebenes Heer in den Untergang zu führen bereit ist. Er tut alles, um seine Familie und sich zugrunde zu richten. Seinen Schwiegersohn in spe, den jungen Piccolomini, schickt er bedenkenlos in den Tod – der alte Piccolomini wiederum ist ein Intrigant reinsten Wassers, will an die Stelle Wallensteins, und schließlich gelingt ihm das auch, mit Hilfe der katholischen Kirche, des kaiserlichen Hofes und eines Mörders, der im

Auftrag eines Dritten das tut, was er in Gedanken selbst schon immer gewollt hat: den anderen umbringen. Die altgriechische Atridengeschichte ist ein harmloses Kinderspiel gegen das, was in diesem Drama Schillers geschieht. In ‚Maria Stuart‘, um die Reihe fortzusetzen: Gattenmord, als Rache vollzogen für dessen Liebesbetrug und Untreue, eine Bastardin ernennt sich zur Königin, die wahre Königstochter wird ins Gefängnis geworfen und endet unter dem Beil des Scharfrichters, und auch in diesem Drama dazwischen Verrat, Günstlingswirtschaft, verquere Liebesgeschichten; einem der übelsten Übeltäter gelingt schließlich am Ende sogar noch die Flucht nach Frankreich, um sich weniger der Verantwortung als vielmehr der Rache einer beleidigten Königin zu entziehen, die eigentlich gar keine rechtmäßige Königin ist. Mord und Totschlag auch hier. An sich reagieren die zwei Königinnen durchaus menschlich, wenn Elisabeth ihre Nebenbuhlerin beseitigen will oder wenn Maria Stuart ihre Herkunft, aber auch ihre Überlegenheit, Schönheit und Ausstrahlung ausspielt, um die andere zu übertrumpfen, zu erniedrigen, sie an die Wand zu drängen. Daß sie wegen Hochverrats zum Tode verurteilt worden ist, war höchst ungerecht – sie hatte keinen Aufstand gegen die Macht Elisabeths geplant. Aber sie hatte früher Beihilfe zum Mord begangen. Mit den reinen Seelen ist es also auch in diesem Drama nicht so weit her: nicht auszudenken, was wäre, wenn Maria völlig unschuldig wäre und Elisabeth der alleinige Bösewicht. Dann wäre es, das darf man nach allem wohl sagen, kein Drama Schillers. Denn da herrschen Gesetze, die sich nicht selten wie die einer skrupellosen und verbrecherischen Unterwelt ausnehmen. Anders gesagt: normal im uns geläufigen Sinne ist nichts.

Und so geht das weiter bei Schiller, auch wenn die Tonart manchmal wechselt. ‚Die Jungfrau von Orleans‘: eine von religiösen Ideen Geplagte und Gepeinigte, um nicht zu sagen Verfolgte wirft sich in Männerkleidung und Ritterrüstung, um Frankreich zu befreien; sie hält sich quasi für eine Heilige und sie endet da, wo früher von religiösem Wahn Befallene, die göttliche Stimmen zu hören vermeinten, nicht selten endeten: auf dem Scheiterhaufen. Heute würde man sie ihres religiösen Ticks wegen kurzerhand in die Psychiatrie stecken, denn solch verquere geistliche Erlebnisse gehören häufig zum Erscheinungsbild schizophrener Erkrankungen. ‚Die Braut von Messina‘: da möchte wieder einmal der Bruder den Bruder umbringen, und es gelingt ihm auch: die Geschichte aus den ‚Räubern‘ noch einmal durchgespielt und um einen versuchten Inzest bereichert, ins Grausame gesteigert, falls da überhaupt noch Steigerungen möglich waren, und man sieht: Schiller kann von dieser Welt der Verbrechen nicht lassen. Dann ‚Wilhelm Tell‘: das Volk wird von einem Landvogt gequält und bis aufs Blut gereizt, ein Vater wird gezwungen, seinem Sohn einen Apfel vom Kopf zu schießen, was ihm auch wider alle Wahrscheinlichkeit glückt – und er bedankt sich bei dem, der diesen Befehl gegeben hat, mit Mord in einer hohlen Gasse, er hat ihm aufgelauert, und von „Heimtücke“, diesem Motiv in manchem Gerichtsverfahren, ist sein Tun gar nicht so sehr weit entfernt. Als kleine Beigabe noch der Mord eines Neffen am Kaiser, um einen eigenen Vorteil zu erreichen. ‚Demetrius‘, so weit das aus dem Fragment zu erkennen ist: ein Usurpator will sich zum Herrn des Russenreiches machen, aber das Rad der Fortuna dreht sich hier wie auch sonst, er fällt herunter, als er gerade aufzusteigen scheint, und er hat so wenig Glück wie die anderen, die bereit sind, um eines eigenen, manchmal nur kleinen Vorteils willen die Welt in Angst und Schrecken zu versetzen und hemmungslos zu morden, mit allem, was von der zivilisierten Welt dafür zur Verfügung gestellt worden ist: Gift und Dolch, Henkersbeil und Scheiterhaufen.

Wer glaubt, daß es in den Balladen anders aussähe, irrt sich. Polykrates wird noch im Glück sein Unglück verkündet. Ritter Toggenburg wird vom Leben betrogen. Der Taucher endet in einem Wasserstrudel – Opfer menschlichen Frevels. Um Mord geht es in den ‚Kranichen des Ibycus'. In den Erzählungen das gleiche Bild: ‚Der Verbrecher aus verlorener Ehre', so heißt eine frühe Erzählung Schillers, eine Geschichte, die ursprünglich ‚Verbrecher aus Infamie' heißen sollte. Im ‚Geisterseher' Betrug ungeheuerlichen Ausmaßes, ein Prinz, der in eine geheime jesuitische Gesellschaft gerät, soll am Ende versuchen, durch ein Verbrechen auf den Thron seines Landes zu kommen. Die ‚Geschichte des Abfalls der vereinigten Niederlande von der spanischen Regierung' bringt nur in Prosa, was ‚Don Karlos' in Versen berichtet. Die ‚Geschichte des Dreißigjährigen Kriegs': Vergleichbares, auch hier der große Verbrecher, und universalhistorisches Interesse hin, philosophische Ideen her: da wird ein Untergang beschrieben, in Folio, nicht in Quart, da sind Ruhmgier und Rachsucht, Herrschaftsansprüche und Condottiere-Gelüste. Wer nach oben kommt, will oben bleiben, und wenn er fällt, macht er Streit und versucht, möglichst viele mit in den Abgrund zu ziehen. Schiller hat das, was Wallenstein angeht, in einen Satz gebracht, der von einzigartiger Prägnanz ist. Er schrieb in seiner ‚Geschichte des Dreißigjährigen Kriegs': „so fiel Wallenstein, nicht weil er Rebell war, sondern er rebellirte, weil er fiel." (NA 18, 329) Rebellion, Aufstand, Mord und Totschlag also auch hier, wenn das Rad der Fortuna sich weiterdreht und der, der eben noch ganz oben saß, herunterzufallen droht. Oben bleiben, sich durchsetzen, koste es, was es wolle, intrigieren und konspirieren, König werden oder vielleicht sogar Kaiser, dem Fürsten nahe sein, Nebenbuhler rücksichtslos aus dem Weg räumen: das ist Schillers Welt. Und da sollen wir, wie Thomas Mann und einige seiner Nachredner sagen, etwas finden von einem „sanft-gewaltigen Willen", von „seine[m] Willen zum Schönen, Wahren und Guten, zur Gesittung, zur inneren Freiheit, zur Kunst, zur Liebe, zum Frieden, zu rettender Ehrfurcht des Menschen vor sich selbst"?[10] Wer hat nun Schiller falsch gelesen? Oder hat ihn jeder ein wenig falsch gelesen und ein wenig richtig?

Natürlich eine rhetorische Frage, und die Antwort kann nur lauten: beide Lesarten sind richtig, unterschiedlich sind allenfalls die Aspekte und Akzentuierungen. Vor allem: Thomas Manns Zeitanalyse, mochte sie 1955 nun zutreffen oder auch nicht, deckte sich dem Gehalt nach nur zu sehr mit dem, was Schiller schon, freilich mit ganz anderen Worten, in seinen Dramen beschrieben hatte. Regression des Menschlichen, Kulturschwund, Verlust an Bildung, Anstand und Rechtsgefühl, an Treue und Glauben und jeder einfachsten Zuverlässigkeit: eben das gibt es ja, wie wir gerade gehört haben, auch in Schillers Dramen. Thomas Mann hätte nicht sein Jahrhundert zur Rechenschaft ziehen müssen – das Jahrhundert Schillers sah bei diesem ähnlich aus, in seinen Dramen war längst passiert, was Thomas Mann für die unmittelbare Zukunft seiner Zeit erst fürchtete. Die Welt der Schrecknisse drohte nicht erst zur Mitte des 20. Jahrhunderts, sie hatte sich längst etabliert – auf Schillers Bühne.

Aber wie verträgt sich die vor allem von Thomas Mann beschworene Welt des Guten, Schönen und Wahren, die es bei Schiller ja tatsächlich gibt, mit der Welt unendlicher Verbrechen? Hat die von Schiller vorgeschlagene und von Thomas Mann gerühmte ästhetische Erziehung einen Sinn, soll sie etwa gar aus der Welt der Verbrechen herausführen oder sie verhindern? War Schiller der Moraltrompeter von Säckingen, wie Nietzsche ihn boshaft bezeichnet hatte? War er ein Weltverbesserer, der das Böse instrumentalisieren wollte, um das Gute zu erreichen – und wenn schon nicht auf der Bühne, dann bei denen, die dafür, daß sie das Böse sehen, auch noch Eintrittsgeld bezahlt haben?

---

10  GW IX, S. 951.

Nun kann man zunächst einmal folgendes feststellen: Das Theater (und da summieren sich ja die Verbrechen bei Schiller) braucht Bösewichter, braucht das Verbrechen so wie der Teufel die arme Seele nötig hat, und das ist bekanntlich seit mehr als zweitausend Jahren so. Euripides und Sophokles, Shakespeare und alle Skandaldramatiker der letzten Jahrhunderte: sie bedürfen des Bösen, nicht so sehr, weil es nun einmal auf der Welt ist, als vielmehr deswegen, weil sonst kein Mensch mehr ins Theater gehen würde. Auch zu Schillers Zeiten ist das Theater nicht der Ort, wo sich Nonnenchöre oder Betschwestern versammeln: so etwas wollte man auf der Bühne nun einmal nicht sehen. Johann Kaspar Riesbeck schrieb 1780 in den ‚Briefen eines Reisenden Franzosen über Deutschland‘:

> Schon zu Straßburg erfährt man, wenn man die deutsche Sprache versteht, daß Deutschland seit einigen Jahren mit einer Art von Theaterwuth befallen ist. [...] Stelle dir vor, lieber Bruder, die jezigen Lieblingscharaktere des dramaturgischen deutschen Publikums sind rasende Liebhaber, Vatermörder, Strassenräuber, Minister, Mätressen, und grosse Herrn, die immer alle Taschen der Ober- und Unterkleider voll Dolche und Giftpulver haben, melancholische und wüthende Narren von allen Arten, Mordbrenner und Todtengräber.[11]

Das war auch Schillers Welt. Er zeigte, was in der Welt wirklich zu sehen war und was auch der Zuschauer sehen wollte. Mord und Totschlag. Und er zeigte zugleich: jede bis dahin noch halbwegs intakte soziale Ordnung war obsolet geworden. Doch er zeigte ein Drittes: daß es dabei nicht bleiben durfte.

Eben hier ist der Punkt erreicht, an dem sich die so unterschiedlichen Schiller-Bilder doch noch übereinander schieben und zur Kongruenz kommen. Das von Thomas Mann so apostrophierte „Schöne, Wahre und Gute“ und die Betrügereien, die Verbrechen und Morde: sie haben miteinander zu tun. Was in der Welt der Verbrechen fehlt, ist das, was Thomas Mann den „Willen [...] zum Frieden, zu rettender Ehrfurcht des Menschen vor sich selbst“ nannte, und was für ihn zum Menschen unauflöslich dazugehörte, war der durch nichts zu erschütternde Glaube, daß es innere Freiheit geben könne und das, was Thomas Mann „Gesittung“ genannt hatte. Aber man muß doch wohl einige Abstriche machen, was diese Eulogie Thomas Manns in seinem ‚Versuch über Schiller‘ betrifft. Vom Wahren, Guten und Schönen ist bei Schiller wortwörtlich nirgendwo die Rede, ebensowenig von der rettenden Ehrfurcht des Menschen vor sich selbst. Das ist Altersrhetorik Thomas Manns. Doch von einem ist sehr wohl die Rede: vom Willen zur inneren Freiheit. Äußere Freiheit gab es nicht. Aber der Welt der Verbrechen, der Gewalt, der Fremdbestimmungen, der Indienstnahme für nicht selbst Gewolltes war zu entkommen: man mußte sich nur zu dem entschließen, was Schiller „Selbstbestimmung“ nannte und Thomas Mann dann „innere Freiheit“. Und vor allem die Dramen wollen zeigen, daß diese selbst unter widrigsten Umständen möglich ist. Ein Himmelreich auf Erden gibt es nicht. Überall aber gibt es in Schillers Welt den Verlust sozialer Ordnungen. Er enthüllt sich in seiner für das 18. Jahrhundert schlimmstmöglichen Form: als Weg in eine vaterlose Gesellschaft, also

---

11  [Johann Kaspar Riesbeck], Briefe eines Reisenden Franzosen über Deutschland an seinen Bruder zu Paris, 1. Bd. Zweite beträchtlich verbesserte Ausgabe, o. O. 1784, S. 69f.

genauer gesagt in ein Chaos, in dem die wichtigste Orientierungsgestalt der damaligen Welt, eben der Vater, so erbarmungslos wie unwiderruflich in Frage gestellt wird. Rebellion ist Schillers Generalthema, aber es geht weniger gegen die Herrschenden, es geht vor allem gegen die Väter. Schillers ‚Räuber‘ ist eines der ersten Dramen, in denen sich eine vaterlose Gesellschaft ankündigt, und in einer solchen Gesellschaft gibt es, nach der Überzeugung des 18. Jahrhunderts, keine Ordnung mehr, bricht die Welt zusammen. In der ‚Verschwörung des Fiesko zu Genua‘ soll ebenfalls eine ehrwürdige Vatergestalt beseitigt werden, das geschieht auch, aber sofort kommt die Frage auf, wie es denn danach weitergehen soll, und Schiller hat keine rechte Antwort darauf. In ‚Kabale und Liebe‘ demontieren die Väter sich selbst; sie bleiben zwar schließlich übrig, aber die Kinder sind auf der Strecke geblieben. ‚Don Karlos‘: in König Philipp versammeln sich alle Scheußlichkeiten, die eine verkommene, dem Untergang geweihte Vaterwelt auszeichnen können – und auch nach Philipp kommt nichts mehr. ‚Wallenstein‘: ein gestürzter Vater, fast ein Übervater, mit seiner Ermordung der Untergang einer Welt. Und so geht es weiter. In der ‚Jungfrau von Orleans‘ versagt der Vater aufs jämmerlichste. In ‚Wilhelm Tell‘ triumphiert zwar der Vater, aber die Geschichte mit dem Apfelschuß geht nur um Haaresbreite gut, und schuldig wird der Vater dennoch: er begeht einen Mord, und wenn er sich auch wortreich gegen den Vatermörder Parricida absetzt: Mord bleibt Mord. Die Väter hatten sich korrumpiert und waren abgesetzt worden – sie, die stark hätten sein sollen, waren schwächer als alle anderen, sie waren machtlos, realitätsblind, von brutalem Egoismus gezeichnet oder von heimtückischem Selbsterhaltungswillen. Von ihnen her, von den hoffnungslosen Versagern also, war die Welt nicht mehr zu regeln, machten sie doch nur zu deutlich vor, wie es nicht sein durfte. An die Stelle einer obsolet gewordenen Väterordnung trat nun die Unabhängigkeitserklärung des Ich als das Einzige, was dem Menschen des ausgehenden 18. Jahrhunderts in der Welt zerstörter Sozialordnungen geblieben war. Das war in gewisser Hinsicht so etwas wie eine aus der Not geborene Tugend. Aber es war zugleich mehr: „Selbstbestimmung“ ist Schillers in ein Wort zusammengefaßtes Glaubensbekenntnis vom Menschen, seiner Fähigkeit ebenso wie seiner Möglichkeit, kurzum das, was ihn erst zum Menschen macht. Es enthielt zugleich unausgesprochen die Erklärung, daß die Väterwelt fortan nicht mehr vonnöten war.

Es war nicht Schillers Erfindung: Am 18. Februar 1793 schrieb er einen Satz nieder, der nicht nur ein Zeugnis seiner Beschäftigung mit der Kantischen Philosophie ist, sondern der zugleich sein Glaubensbekenntnis enthielt: „Es ist gewiß von keinem Sterblichen Menschen kein größeres Wort noch gesprochen worden, als dieses Kantische, was zugleich der Innhalt seiner ganzen Philosophie ist: Bestimme Dich aus Dir selbst.“ (NA 26, 191) Das ist die frohe Botschaft der Aufklärung, der Glaube des 18. Jahrhunderts daran, daß Selbstbestimmung, Freiheit also, möglich sei. Aber das ging nicht ohne Voraussetzungen, und die wichtigste war: daß der Mensch mündig geworden sei, um Freiheit erfahren, ausüben, verbreiten zu können. Dahinter aber stand die Frage: was war Freiheit eigentlich? Wo und wie war sie zu verwirklichen?

Eine Zeitlang versuchte Schiller eine Antwort ohne das Theater zu finden. Er hatte ein schlimmes Beispiel vor Augen, was geschah, wenn Freiheit mißverstanden und mißbraucht wurde: die Französische Revolution. Er hat sie, die doch eigentlich Freiheit bringen sollte, rigoros verurteilt, vor allem deswegen, weil er die Greuel sah, die in den Jahren nach 1789 in Frankreich herrschten. Auch in Frankreich war eine Väterwelt obsolet geworden und war beseitigt worden. Aber die Folgen waren schrecklich gewesen: Mord und Totschlag – wie in seinen Dramen. Und: dabei war es geblieben. Woran es gefehlt hatte, versuchte er in seiner Schrift ,Ueber die ästhetische Erziehung des Menschen, in einer Reihe von Briefen' darzulegen. Diese ,Ästhetischen Briefe' waren Schillers Antwort auf die Französische Revolution gewesen; sie hatten ein Freiheitsprogramm vorgestellt, das zugleich ein ästhetisches Programm enthalten hatte, hatten Kunst als Mittel der Volkserziehung nutzen wollen, um so Freiheit möglich zu machen. Dahinter stand auch eine politische Utopie: ein Staat freier, selbstbestimmter Menschen. Das Drama spielte in diesem Erziehungsprogramm der neunziger Jahre so gut wie keine Rolle.

Eine schöne Theorie. Doch man wird Schiller leider bescheinigen müssen, daß er mit diesem Erziehungsprogramm seiner Briefe gründlich gescheitert ist. Jeder Schiller-Leser merkt, daß die ästhetische Erziehung, wie sie in den ,Briefen über die ästhetische Erziehung' verkündet worden war, ein Phantom gewesen war. Erziehung durch die Kunst? Wie sollte das aussehen? Reichte es aus, Kunstwerke der Antike zu betrachten, um zum besseren Menschen zu werden, wie das der Neunte der ,Ästhetischen Briefe' empfahl? Am Ende geriet Schiller mit seinen Überlegungen in ein Labyrinth, und schließlich hatte er vollends den Boden unter den Füßen verloren, wenn er vom „Staat des schönen Scheins" sprach. Am Schluß der Abhandlung findet sich zwischen den Zeilen denn auch ein Eingeständnis des Scheiterns, wenn er fragte, wo dieser Staat des schönen Scheins denn wohl zu finden sei, und er sich antworten mußte, daß der dem Bedürfnis nach in jeder feingestimmten Seele existiere, daß man ihn der Tat nach aber „wie die reine Kirche und die reine Republik wohl nur in wenigen auserlesenen Zirkeln" antreffen werde. Was mochte er gemeint haben? Vielleicht die Gesellschaft am Weimarer Hof? Eine ideale Geselligkeit, wie sie in dieser Zeit auch anderen, Goethe etwa, vorgeschwebt hat? Es war Theorie, die wirkliche Welt sah anders aus, und sie war eher so, wie er das in seinen Dramen und Erzählungen beschrieben hatte: chaotisch, korrupt, zerstörerisch. Schiller brach seine Abhandlung über die ästhetische Erziehung ab, sie blieb Fragment. Über die Schönheit, das gab er indirekt zu erkennen, war Freiheit nicht zu gewinnen, und was der „ästhetische Zustand" sei, entzog sich, genau besehen, jeglicher Anschauung.

Aber Schiller blieb andererseits überzeugt, daß der Mensch frei sei, daß Selbstbestimmung und Unabhängigkeit zur conditio humana gehören. Und in seiner Schrift ,Ueber das Erhabene', Jahre später als die ,Ästhetischen Briefe' entstanden, interpretiert er „ästhetische Erziehung", wenn wir den Terminus beibehalten, anders, aber entschieden überzeugender: sie hat die Aufgabe, den Menschen gewissermaßen in ein künstliches Unglück hineinzuziehen, damit er gewappnet sei, wenn er in ein wirkliches Unglück gerate. Denn eines weiß Schiller: Unglück kann über den Menschen kommen. Das Einzige, was ihm dann hilft, ist innere Freiheit, und die kann er gewinnen, wenn er sich vorher mit einem quasi künstlichen Unglück vertraut gemacht hat. Schiller benutzt dafür auch den Begriff der Inokulation, der Impfung. Sie wird nicht durch die Lektüre ästhetischer Schriften erreicht, sondern findet vor versammeltem Publikum statt: im Theater.

Es sind nun nicht mehr die griechischen Kunstwerke, die den Menschen bessern sollen, sondern es ist die Schaubühne, ist das dort gezeigte Unglück, das den Menschen widerstandsfähig machen kann. Und so erklären sich auch die Mord- und Totschläge in seinen Dramen als Mittel einer immer noch beabsichtigten, aber jetzt ganz anders formulierten ästhetischen Erziehung. Es waren eigentlich alte Ideen Schillers. Schon in der Schrift ,Was kann eine gute stehende Schaubühne eigentlich wirken?' von 1784 war davon die Rede, daß die Schaubühne „Menschen- und Volksbildung" bewirke, und das ist nichts anderes als das, was er später unter

„ästhetischer Erziehung" verstand. Die Schaubühne, so Schiller damals, sei mehr als jede andere öffentliche Anstalt des Staates „eine Schule der praktischen Weißheit, ein Wegweiser durch das bürgerliche Leben, ein unfehlbarer Schlüssel zu den geheimsten Zugängen der menschlichen Seele". Und: „Sie zieht uns künstlich in fremde Bedrängnisse, und belohnt uns das augenblickliche Leiden mit wollüstigen Thränen, und einem herrlichen Zuwachs an Muth und Erfahrung". (NA 20, 96) Hinzuzufügen wäre: auch mit einem Zuwachs an Freiheit, an Selbstbestimmung.

Selbstbestimmung hat nichts zu tun mit der heute modischen Selbstverwirklichungsideologie, mit der man jede Form des Egoismus legitimieren kann. Selbstbestimmung hat auch nichts zu tun mit der Goetheschen Forderung nach Selbstausbildung, wie das im Fünften Buch von ‚Wilhelm Meisters Lehrjahre' programmatisch zu finden ist (um im Roman selbst später widerlegt zu werden): „Daß ich Dir's mit *einem* Worte sage: mich selbst, ganz wie ich da bin, auszubilden, das war dunkel von Jugend auf mein Wunsch und meine Absicht."[12] Dahinter steht bei Goethe die Vorstellung, daß der Mensch können, ja werden müsse, was er sei, das heißt: was in ihm angelegt sei – ein Entelechiegedanke, der seine Begründung in der damaligen Naturwissenschaft hatte und der gar nicht so weit entfernt ist von der heute gängigen Lehre von der genetischen Vorprägung. Hinter Schillers Forderung nach Selbstbestimmung steht anderes, nämlich die kantische Vorstellung, „daß der Mensch alles, was über die mechanische Anordnung seines tierischen Daseins geht, gänzlich aus sich selbst herausbringe, und keiner anderen Glückseligkeit, oder Vollkommenheit, teilhaftig werde, als die er sich selbst, frei von Instinkt, durch eigene Vernunft, verschafft hat."[13] Das setzt die Interpretation des Menschen als eines Vernunftwesens voraus, und Kennzeichen der Vernunft sind Unabhängigkeit und Urteilsfähigkeit. Schillers Ideal: der „philosophische Kopf", der freie Mensch, der mündige Bürger. Statt des philosophischen Kopfes würden wir heute wohl vom Intellektuellen sprechen. Man kann Freiheit auch ex negativo bestimmen: dem Intellektuellen fehlt ein transzendenter Trost ebenso wie ein plausibles philosophisches System, mit dessen Hilfe er sich von außen her definieren könnte. Was ihn kennzeichnet, ist seine Urteilsfähigkeit, die sich nicht fremden Kräften ausliefert: weder den eigenen Gefühlen noch den Befehlen anderer, weder der Obrigkeit (die er achtet, aber deren Sklave er nicht ist) noch irgendeiner Massenhysterie. Der Intellektuelle folgt keiner Kirche, keiner Partei, keiner Nationalität, keiner irrationalen Botschaft. Der Glaube an das „Bestimme dich aus dir selbst" ist ein Glaube an die Unzerstörbarkeit der menschlichen Vernunft und an die Richtigkeit ihrer Erkenntnisse. Darin ist Schiller ein Zögling des 18. Jahrhunderts. Übertragen läßt sich diese Überzeugung aber durchaus auch auf unsere Gegenwart. Brecht hat die Forderung nach Selbstbestimmung in einem Gedicht etwas anders benannt, als er diesem den Titel gab: ‚Laßt euch nicht verführen'. Gemeint ist das Gleiche. Freiheit kann zwar bedroht sein, aber dennoch ist es dem Menschen möglich, sich unter allen Umständen seine Freiheit zu bewahren.

Wie das zu verstehen sei, lehrt die Schaubühne, lehren vor allem die klassischen Dramen. Thomas Mann hat in seiner Schiller-Rede also zu Recht von der „inneren Freiheit" gesprochen; Freiheit ist kein primär politischer Wert, sondern kennzeichnet das Vermögen des Einzelnen,

---

12   Goethes Werke. Hamburger Ausgabe, Bd. VII, hg. von Erich Trunz, Hamburg ³1957, S. 290.

13   Immanuel Kant, Idee zu einer allgemeinen Geschichte in weltbürgerlicher Absicht. In: ders., Werke in sechs Bänden, hg. von Wilhelm Weischedel, Bd. VI, Frankfurt am Main 1964, S. 33.

sich als autonom zu definieren. Freiheit ist, mit anderen Worten, ein innerer Zustand, der dem Menschen aber nur potentialiter zugesprochen ist: Er muß ihn verwirklichen, das *sapere aude*, erkühne dich, weise zu sein, dieser Leitspruch der Aufklärung, bedarf eigentlich einer Ergänzung: erkühne dich, frei zu sein. Wie das geschehen könne, lernt der Mensch nirgendwo anders als dort, wo er sein Eintrittsgeld bezahlt hat: im Musentempel, denn da geschieht quasi das als künstliches Unglück, was ihm auch in Wirklichkeit zustoßen kann. Dort lernt er, wie man damit fertig werden kann. Und diese Lehre ist wahrlich ihr Geld wert. Sie besagt: die Welt ist Schein, Trug und Täuschung. Besonderes Mißtrauen ist dem Staat gegenüber angebracht, zumal Gesetze nichts ordnen, sondern nur Schlimmeres verhindern können. Gesetze, so Schiller, „drehen sich nur um verneinende Pflichten", und daß sie dem Chaos gerade nur noch zu steuern wissen, sagt Schiller auch: „Geseze hemmen nur Wirkungen die den Zusammenhang der Gesellschaft auflösen." (NA 20, 91) Das Gebiet der „weltlichen Geseze" endigt sich nur zu bald – Freiheit ist dort nicht zu erwarten. Auch die Religion, so Schillers düsteres Zeitgemälde, wirkt nur durch ein Medium, das für Schiller die zweifelhafteste aller Vermittlungsinstanzen ist, nämlich durch „das Sinnliche", und seine Folgerung: „Religion ist dem größern Theile der Menschen nichts mehr, wenn wir ihre Bilder, ihre Probleme vertilgen, wenn wir ihre Gemählde von Himmel und Hölle zernichten – und doch sind es nur Gemählde der Phantasie, Räzel ohne Auflösung, Schreckbilder und Lokkungen aus der Ferne". Schiller fügt viele Einzelheiten zu einem großen Panorama zusammen, um zu zeigen: diese Welt ist nicht die beste, sondern eher die schlechteste aller möglichen. Im Grunde ist sie in diesem nach außen hin so optimistischen und zukunftssicheren Zeitalter der ausgehenden Aufklärung nicht nur düster und mit Schrecknissen belastet, sondern sie ist, so Schiller, in dieser fatalen Befindlichkeit, in ihrer Grundsubstanz nicht veränderbar. Die Menschheit hat wahrlich nichts zu lachen. Es ist kein Zufall, daß Schiller keine einzige Komödie geschrieben hat und daß selbst dort, wo Komödiantisches in die Trauerspiele eindringt wie etwa zu Beginn von ‚Kabale und Liebe', sich dieses als die nur schlimmere Form tragischer Verhältnisse enthüllt. Daß Schiller ein durchwegs und rundum optimistischer Aufklärer gewesen sei, ist eine Legende. Unsere ausführliche Aufzählung der Fälle von Mord und Totschlag spricht ja für sich. Aber seine Forderung ist, sich das Elend des Lebens vom Leibe zu halten, oder besser: das Bewußtsein dafür zu schärfen, daß die innere Freiheit nicht zerstörbar ist, ist um so dringlicher. Das wichtigste Instrument, um das zu erreichen: die Schaubühne. Sie ist keine Welt jenseits der wirklichen, sie will Exempel statuieren, die ins wirkliche Leben übertragbar sind, und sie will gegen die wirkliche Welt immunisieren, indem sie nicht eine gelindere, sondern eine radikalere Dosis dessen zur Verfügung stellt, vor dem sie warnen möchte. Auch im Drama ist „Freiheit" der zentrale Wert. Freiheit ist dem Menschen aber nicht mitgegeben, sondern aufgegeben: zur Freiheit muß er sich angesichts der Unvollkommenheit, ja der Bedrohlichkeit, der Zerbrechlichkeit und der „Nothwendigkeit" dieser Welt entschließen. Wenn Schiller auffordert, sich mit Freiheit in die Notwendigkeit zu fügen, dann ist mit „Nothwendigkeit" etwas bezeichnet, das viele Formen annehmen kann. Es kann der Zwang äußerer Verhältnisse und widriger Umstände sein, es kann über den Menschen verhängte Gewalt sein; meist ist es etwas von außen Aufgegebenes. Manchmal droht ein blindes oder taubes Schicksal den Menschen geradezu zu vernichten, und seine schwierige Aufgabe ist es dann, dieses Schicksal nicht nur zu erleiden, sondern darin einzuwilligen – ein fast übermenschlicher Anspruch Schillers an den Einzelnen, sein Fatum zu akzeptieren. Entschließt er sich aber dazu, so äußert sich darin seine Freiheit, selbst wenn er ein ihm aufgezwungenes Schicksal zu erleiden hat. Freiheit zeigt sich also nicht als Reservoir von Möglichkeiten, sondern wesentlich nur in der Bedrohung – und im Vermögen des Menschen, dieser Bedrohung innerlich zu entkommen, indem man sie, wenn es nicht anders geht, annimmt, sich ihr freiwillig und bewußt unterwirft, sie gleichsam als Aufforderung begreift, sich davon zu befreien. Auch das ist Selbstbestimmung.

Daß die Welt böse ist, feindlich, verlogen, verworfen, häßlich und voller Niedertracht: das kann man, wenn man es noch nicht wissen sollte, von Schillers Dramen lernen. Aber lernen kann man auch, daß man sich darüber hinwegsetzen kann. In den Dramen der Jahrzehnte vor Schiller war von anderem die Rede gewesen, da wurden Vorbilder an Großmut, Sanftheit, Menschenfreundlichkeit gezeigt – man denke nur an Lessings ‚Nathan der Weise‘. Da war die Welt in Ordnung, und gute Menschen standen auf der Bühne. Und von Edelmut und Selbstlosigkeit trieft es auch in so manchem Drama Gellerts oder Schlegels. Aber keine Rede davon bei Schiller: die Bösewichter beherrschen alles. Was Schiller bot, war eine Ästhetik des Schreckens. Aber sie war der Wirklichkeit näher als jene andere Schönwetterdramatik. Der Mensch war nicht edel, hilfreich und gut, er war böse, immer und überall. Das wollte Schiller zeigen – es war seine Variante der Aufklärung. Eigentlich folgte er damit der alten Linie der Schuldramatik: die wollte auch über die „wirkliche Wirklichkeit“ (Stifter) aufklären. Schon bei Christian Weise konnte man 1708 lesen, daß es Aufgabe des Theaters sei, „zu manchem Nachdenken“ anzuführen, um „endlich auch die Welt erkennen [zu] lassen.“[14] Die Absicht Weises: „daß junge Leute mit guter Bequemlichkeit einen Blick in das gemeine Leben tun“;[15] er will erreichen, daß der Zuschauer „auch gegen die spitzigen und betrieglichen Welt zu einer gewissenhaften Behutsamkeit Anlaß nehmen mag.“[16] Er soll, so Weise, „manchen Antrieb zur Geduld, zur Klugheit, zur Behutsamkeit mit nach Hause nehmen.“[17]

Ja, das will auch Schiller. Seine Erziehung zum Guten durch das Zurschaustellen des Bösen: es ist das ureigenste Programm der frühen Aufklärung. Gottsched, der so oft gescholtene Kunstrichter, wollte ähnliches, schrieb in seiner ‚Vorrede‘ zur ‚Deutschen Schaubühne‘ 1743: „Erstlich ist es kein Fehler, wenn ein Trauerspiel Schrecken und Mitleiden bey den Zuschauern erweckt; sondern der eigentliche Zweck desselben. [...] Es wird also ein besondres Zeichen von der Güte dieses Schauspiels seyn, wenn es die Zuschauer mit Grausen und Abscheu erfüllen wird.“[18] Das war das ausdrückliche Programm des Schultheaters, und Gottscheds Frage, „ob es auf Schulen nützlich sey, die Jugend in Vorstellung der Schauspiele zu üben?“, sah er von dem „theuren Luther“ selbst bejaht. Schiller folgt dem bedingungslos, wenngleich er seine Absicht variiert: bei Gottsched sollte der Zuschauer sich in „Standhaftigkeit“ üben, bei Schiller sich zur Selbstbestimmung entschließen.

---

14  Christian Weise, Von Verfertigung der Komödien und ihrem Nutzen. Vorbericht zur Liebes-Alliance aus dem Jahre 1708. In: Aus der Frühzeit der deutschen Aufklärung. Christian Thomasius und Christian Weise, hg. von Fritz Brüggemann, Darmstadt 1972 (= Deutsche Literatur. Sammlung literarischer Kunst- und Kulturdenkmäler in Entwicklungsreihen [...] Reihe Aufklärung [...] Bd. 1), S. 133.

15  Ebd., S. 129.

16  Ebd., S. 133.

17  Ebd., S. 131.

18  Johann Christoph Gottsched, Die Deutsche Schaubühne. Faksimiledruck nach der Ausgabe von 1741–1745. Mit einem Nachwort von Horst Steinmetz. Sechster Teil, Stuttgart o. J. (= Deutsche Neudrucke [...]. Reihe Texte des 18. Jahrhunderts), S. XIII.

Nur so konnte er der „betrieglichen Welt" entkommen. Schiller hatte ein gutes Argument dafür, daß die Welt schrecklich sei: die Natur selbst war ja nicht anders. Sie war der große Gegenspieler der Zivilisation, war für ihn nicht weniger zerstörerisch – um Rousseaus Glaube an die reine, unverfälschte Natur ist es bei Schiller längst geschehen. Da war nicht mehr die frohe Botschaft von der Errettung und Erlösung aus allen Übeln durch die Natur – Schillers Naturverständnis ist vor allem seit den späteren neunziger Jahren das eines abgrundtiefen Pessimisten. Nimmt man zusammen, was sich in Schillers Werken als Natur präsentiert, so ist die Botschaft nur zu eindeutig: Tod und Verderben überall, Erdbeben, Vulkanausbrüche, Stürme, Unwetter, Meeresstürme. Sie selbst immer gesetzlos, anarchisch, chaotisch, unberechenbar und feindlich. Schiller spricht von der „wilden Bizarrerie", „diesem gesetzlosen Chaos von Erscheinungen". „Wer [...] die große Haushaltung der Natur", so schreibt er, „mit der dürftigen Fackel des Verstandes beleuchtet, und immer nur darauf ausgeht, ihre kühne Unordnung in Harmonie aufzulösen, der kann sich in einer Welt nicht gefallen, wo mehr der tolle Zufall als ein weiser Plan zu regieren scheint. [...] Eben der Umstand, daß die Natur im Großen angesehen, aller Regeln, die wir durch unseren Verstand ihr vorschreiben, spottet, daß sie auf ihrem eigenwilligen freyen Gang die Schöpfungen der Weisheit und des Zufalls mit gleicher Achtlosigkeit in den Staub tritt, daß sie das Wichtige wie das Geringe, das Edle wie das Gemeine in einem Untergang mit sich fortreißt, daß sie hier eine Ameisenwelt erhält, dort ihr herrlichstes Geschöpf den Menschen in ihre Riesenarme faßt und zerschmettert, daß sie ihre mühsamsten Erwerbungen oft in einer leichtsinnigen Stunde verschwendet, und an einem Werk der Thorheit oft Jahrhunderte lang baut – mit einem Wort – dieser Abfall der Natur im Großen von den Erkenntnisregeln, denen sie in ihren einzelnen Erscheinungen sich unterwirft, macht die absolute Unmöglichkeit sichtbar, durch *Naturgesetze* die *Natur selbst* zu erklären". (NA 21, 48ff.)

Die „zerstörende Natur"! Zu überwinden ist diese „physische Welt" nur dadurch, daß der Mensch ertragen lerne, was er nicht ändern kann – auch in der Konfrontation mit einer zerstörerischen Natur. Aber selbst da kann er Freiheit zeigen, wenn er sich in eigenem Entschluß in das Unvermeidliche fügt. Die „zerstörende Natur", die „verderbende Natur" erinnert den Menschen „an seine physische Ohnmacht", und nur, wenn es zur „freien Betrachtung gegen den blinden Andrang der Naturkräfte" kommt, „fangen die wilden Naturmassen um ihn herum an, eine ganz andere Sprache zu seinem Herzen zu reden". Den Beweis trat Schiller wiederum in einigen Dramen an: in der ‚Jungfrau von Orleans' und in ‚Wilhelm Tell'.

Die Natur meinte es im übrigen aber nicht so böse, wie sie für Schiller war. Wenn Schiller sich auch um die wirkliche Natur kaum kümmerte, so kümmerten sich andere um ihn, wenn es um Gefahren der Natur ging. Einer von ihnen war der Tübinger Verleger Johann Friedrich Cotta. Der bekam am Himmelfahrtsabend des Jahres 1798 einen Anlaß zum Nachdenken, und das hatte seinen quasi natürlichen Grund: Bei ihm ging nämlich gerade ein Gewitter nieder, und Cotta fürchtete, daß ein Blitz seinen Lieblingsautor zuschanden machen könnte, der, wie Cotta wohl wußte, sich gerne in dem hochgelegenen Gartenhäuschen bei Jena aufhielt. Er schrieb an Schiller: „ich konnte keinen Augenblick schlafen, als ich mir Ihre isolirte und hoch gelegene Wonung und Sie und Ihre schäzbare Familie dem nächsten Bliz ausgesezt dachte". Und so bestellte er am folgenden Tag einen Blitzableiter für Schillers Häuschen und schrieb an Schiller, er möge ihm „die Kosten zu tragen erlauben", „da ich dieses Instrument gerne als ein kleines Zeichen meiner ewigen Dankbarkeit für Ihre Sicherheit errichten möchte". (NA 36, 297) Schiller war sichtlich gerührt – und blieb von Blitzen verschont.

Was bleibt? Es bleibt die Idealgestalt des sich selbst bestimmenden, freien Menschen, der sich nicht instrumentalisieren läßt: ein Wunschtraum des aufgeklärten 18. Jahrhunderts, aber auch der Glaube Thomas Manns. So läuft denn am Ende alles auf den mündigen Bürger hinaus. Überall Mord und Totschlag, Schuld und Verbrechen aller Art, Betrug und Unterschleif – aber es gibt auch die Aufforderung und Ermutigung, sich selbst zu bestimmen, allem Unglück zum Trotz. Und wenn dem Intellektuellen, der Selbstbestimmung zu seiner Lebens- und Handlungsmaxime erheben kann, eben das entgegensteht, was Thomas Mann 1955 schon gegeißelt hatte, nämlich „ein Verlust an Bildung, Anstand, Rechtsgefühl, Treu und Glauben, jeder einfachen Zuverlässigkeit, der beängstigt", wenn die Diagnose heute nur noch düsterer ausfallen dürfte, dem Verlust des Humanen Massenwahnphänomene gegenüberstehen, so bleibt doch die Botschaft: lerne, dem wirklichen Unglück dadurch zu begegnen, daß Du Dich vorher damit am Beispiel anderer vertraut machst. Das geht nirgendwo besser als im Theater.

Das zeigt auch noch etwas anderes. Denn dort ereignet sich, was sonst nur das Jüngste Gericht offenbart: die Guten werden belohnt, die Bösen verdammt, sofern sie das nicht selbst tun wie etwa Sekretarius Wurm in ‚Kabale und Liebe'. Denn wenn das Böse auch in Wirklichkeit überall zu triumphieren scheint: in der Theaterwelt Schillers gibt es dennoch so etwas wie eine höhere Gerechtigkeit; sie ist leicht verletzbar, hat aber unter allen Umständen das letzte Wort – und von den ‚Räubern' bis zum ‚Demetrius' zieht sich auch das durch seine Dramen hindurch. Dabei geht es nicht so sehr um eine äußere Wiederherstellung einer äußeren Ordnung als vielmehr um eine verletzte innere Ordnung, also um eine zu begleichende Schuld, denn Schuld verlangt nach Sühne. Die kann nicht durch Äußerliches abgetragen werden – ein Mord kann nicht durch den Henker gesühnt werden, sondern nur durch die Einsicht in die früher einmal begangene eigene Schuld und die innere Bereitschaft, dafür zu büßen. Das ist Ausdruck einer Gewissenstheologie, die davon ausgeht, daß diese Instanz des Gewissens im Inneren des Menschen nicht nur vorhanden ist, sondern daß sie – wie das ‚Maria Stuart' demonstriert – aktiviert werden kann, wenn der Mensch in Schuld geraten ist. Dahinter steht Schillers Glaube, daß die Macht der inneren guten Stimme groß und unzerstörbar ist – so unzerstörbar wie die Fähigkeit zur inneren Freiheit, zur Selbstbestimmung auch im Unglück; und daß das Theater eigentlich keine andere Aufgabe habe, als das vorzuführen.

Mord und Totschlag, Intoleranz, Neid, Haß, Besserwisserei, ein Absolut-Setzen des eigenen Ich, Mangel an Selbstkritik, Überheblichkeit dem Anderen gegenüber – das gehört wohl zum Dasein immer hinzu. Aber auf dem Theater wird dem Schuldigen der Prozeß gemacht, da werden am Ende die Rechnungen beglichen, die im wirklichen Leben nur zu häufig offen bleiben. Mörder werden bestraft, Betrüger werden entlarvt, Verleumder gemaßregelt, Giftmischer kommen ins Gefängnis oder bringen sich um, und wer den Vater ermorden will, kommt in der Regel selbst nicht mit dem Leben davon, kurzum: Unrecht ist auf der Welt nun einmal nicht zu verhindern, aber auf der Bühne bekommt das Böse seine Quittung. Es paßt nicht in die Welt Schillers, daß man unschuldig leidet. Räuber Moor überliefert sich der Gerechtigkeit, der Usurpator Fiesko wird ins Wasser gestoßen, Präsident Walter in ‚Kabale und Liebe' überstellt sich den Gerichtsdienern, in ‚Wallenstein' wird die alte Ordnung wenigstens pro forma wiederhergestellt, Maria Stuart erkennt ihre frühere Blutschuld und büßt sie ab, Johanna von Orleans büßt ebenfalls und wird zur Heiligen, der Brudermörder in der ‚Braut von Messina' richtet sich selbst, und wenn dem Kaisermörder Parricida in Schillers ‚Wilhelm Tell' auch nur die Bußfahrt nach Rom empfohlen wird: keine Schuld ohne Sühne. Die wiedererrichtete Ordnung war das Ziel der dramatischen Handlung, nur so und nicht anders konnte ein Stück enden. Die Wirklichkeit, das wußte Schiller wohl, sah anders aus: da gab es Schuld, aber keine Sühne. Über die zerstörerischen Züge der Zivilisation hat er vernichtende Urteile gefällt. Aber im Theater wurde die Welt am Ende wieder geheilt.

Das ist eine verborgene Theologie. Für Schiller siegt nicht erst im Jüngsten Gericht die Gerechtigkeit, an die er, bei allen Übeln dieser Welt, dennoch glaubt. Was das Christentum erst für das Ende aller Tage verkündet, erfüllt sich bei Schiller schon hier und jetzt: Begleichung aller Schuld, Befreiung vom Übel, Sühne und Gerechtigkeit. Das Theater hat Erlösungsfunktion. Das alles konnte man schon 1784 lesen, als Schiller die Religion die würdigere Schwester des Theaters nannte. Und dann hat er jahrzehntelang diese heilende und befreiende Macht des Theaters demonstriert. Das Theater also eine Ersatzreligion, die eine frohe Botschaft verkündete – es war die einzige, an die er zu glauben lehrte. Und wie die Religion Jahrtausende überstanden hatte, so seine Dramen, wenigstens bis jetzt, Jahrhunderte – und überstanden haben sie selbst die unmäßige Flut germanistischer Interpretationen.

*Achim Geisenhanslüke*

# Kranich und Albatros

## Schillers klassische Lyrik

## I. Kranich und Albatros

In seiner Ballade ‚Die Kraniche des Ibykus' aus dem Jahre 1798 greift Friedrich Schiller auf ein allegorisches Vogelmotiv zurück, um die Geschichte vom gewaltsamen Tod des Sängers und der unverhofften Bestrafung der Täter zu erzählen.[1] Die Tendenz zur Allegorisierung, die Schillers Lyrik im Unterschied zur Erlebnisdichtung Goethes kennzeichnet, wie der Rekurs auf das Vogelmotiv verbinden ihn mit einem anderen Dichter: mit Charles Baudelaire, der als Begründer der modernen Lyrik gilt.[2] Mit der Frage nach der Bedeutung der Allegorie in Schillers Werk verbindet sich die nach seiner Modernität: Ist der allegorische Dichter Friedrich Schiller ein barocker oder ein moderner Lyriker, oder aber liegt gerade in der barockisierenden Tendenz seiner dramatischen und lyrischen Dichtung der Grund für seine Modernität? Wie immer diese Frage, die Peter-André Alt in seiner Studie ‚Begriffsbilder' und in seiner Schiller-Biographie aufwirft,[3] zu beantworten ist: Der kursorische Vergleich von Schiller und Baudelaire läßt zunächst eher die Differenzen ihrer Dichtungskonzepte hervortreten, die sich aus den unterschiedlichen Weisen ergeben, in denen beide Dichter auf das Vogelmotiv zurückgreifen. In den ‚Blumen des Bösen' findet Baudelaire im Albatros ein Sinnbild für die Situation des modernen Dichters:

> Souvent, pour s'amuser, les hommes d'équipage
> Prennent des albatros, vastes oiseaux des mers,
> Qui suivent, indolents compagnons de voyage,
> Le navire glissant sur les gouffres amers.
>
> À peine les ont-ils déposés sur les planches,
> Que ces rois de l'azur, maladroits et honteux,
> Laissent piteusement leurs grandes ailes blanches
> Comme des avirons traîner à côté d'eux.
>
> Ce vouyageur ailé, comme il est gauche et veule!
> Lui, naguère si beau, qu'il est comique et laid!

---

1   Vgl. Peter-André Alt, Schiller. Leben – Werk – Zeit. Zweiter Band, München 2004, S. 356.

2   Vgl. Hugo Friedrich, Die Struktur der modernen Lyrik, Reinbek bei Hamburg 1956.

3   Vgl. neben der Schillerbiographie Peter-André Alt, Begriffsbilder. Studien zur literarischen Form der Allegorie zwischen Opitz und Schiller, Tübingen 1995.

L'un agace son bec avec un brûle-gueule,
L'autre mine, en boîtant, l'infirme qui volait!

Le poète est semblable au prince des nuées
Qui hante la tempête et se rit de l'archer;
Exilé sur le sol au milieu des huées,
Ses ailes de géant l'empêchent de marcher.[4]

Das Bild des Albatros, das die ‚Blumen des Bösen' einleitend zeichnen, dient Baudelaire zur
Vergewisserung eines Dichterverständnisses, von dem er sich abgrenzen möchte. Die Idealisie-
rung des Poeten zum ätherischen Luftwesen, zum „König der Lüfte", findet den Spott der
Matrosen, die sich über den tolpatschigen Vogel lustig machen. Den Vergleich des Dichters mit
dem ungelenken Albatros, der dem Gedicht zugrunde liegt, macht die letzte Strophe explizit:
„Le poète est semblable au prince des nuées", weil auch er nur im luftigen Raum der
Dichtkunst existieren kann, auf dem prosaischen Boden der Schiffsplanken aber schnell ins
Stolpern gerät. Mit dem Vergleich von Dichter und Albatros errichtet Baudelaire eine Barriere
zwischen der Welt der Literatur und der des alltäglichen Weltverständnisses, derzufolge der
Dichter nur mehr eine Außenseiterposition in der Gesellschaft einzunehmen vermag. Noch
Stefan George steht in der Tradition Baudelaires, wenn er den unbenannten Riesenvogel in sei-
nem Gedicht ‚Der Herr der Insel' „Verscheidend in gedämpften Schmerzeslauten"[5] am Anblick
der Menschen scheitern läßt.

Im Vergleich zu Baudelaire und George zeichnet Schiller in seiner Ballade ein relativ tradi-
tionelles Bild des Dichters, das dessen fast schon sprichwörtliche Lebensuntauglichkeit auf-
nimmt. Der Dichter scheitert an der Waffengewalt der Räuber: „Zum Kampfe muß er sich
bereiten, / Doch bald ermattet sinkt die Hand, / Sie hat der Leyer zarte Saiten, / Doch nie des
Bogens Kraft gespannt." (NA 1, 385) Mit Leier und Bogen greift Schiller wiederum auf einen
allegorischen Vergleich zurück, um Dichtung und Verbrechertum gegenüberzustellen. Gerade
darin unterscheidet er sich von Baudelaires Begründung der modernen Dichtung im Zeichen
des Dandytums. Baudelaires Selbstverständnis als Dichter in der Großstadt ähnelt weit mehr
dem Bild des Verbrechers als dem des unschuldigen Dichters, der im Wald einen einsamen Tod
findet. Wie der kurze Vergleich von Schiller und Baudelaire verdeutlicht, wandelt sich das Bild
der Dichtung in den fünfzig Jahren, die beide voneinander trennt, auf radikale Weise: Der
Musensohn wird zum Dichter-Verbrecher, dessen ästhetisierte Gestalt die Schriften Baudelaires, Rimbauds und Verlaines durchzieht.

Mit dem Wandel im Verständnis der Rolle des Dichters geht eine Veränderung seiner gesell-
schaftlichen Funktion einher. Stellt Baudelaire den Dichter als eine Figur vor, die in ähnlicher
Weise wie ein Krimineller oder Wahnsinniger aus der Gesellschaft ausgeschlossen wird, so
greift Schiller in seiner Ballade auf das Bild einer sozialen Gemeinschaft zurück, in der der
Dichter eine zentrale Rolle einnimmt. Deutlich wird das an der Reaktion auf den Tod des
Ibykus. „Ganz Griechenland ergreift der Schmerz, / Verloren hat ihn jedes Herz" (NA 1, 386),
mit diesen Worten notiert der Text die Trauer des Volkes um den Tod des Dichters, der alle

---

4   Charles Baudelaire, Œuvres completes I. Texte établi, présenté et annoté par Claude Pichois, Paris 1975, S. 9f.

5   Vgl. Stefan George, Der Herr der Insel. In: Werke. Ausgabe in zwei Bänden, Bd. 1, München 2000, S. 70.

Herzen berührt. Schiller bewegt sich damit in einem Verständnis von Dichtung, das sich unmittelbar aus der griechischen Antike abzuleiten scheint und sich von Baudelaires Schock-
erfahrung der Moderne unterscheidet, indem es dem Dichter eine fast priesterliche Funktion
zukommen läßt. Ist Schiller als Dichter und Theoretiker nun ein Antiker oder ein Moderner?
So suggestiv diese Frage im Kontext der „Querelle des Anciens et des Modernes", deren Bedeutung für die Geschichte der Literatur Carsten Zelle unter dem Stichwort ‚Die doppelte
Ästhetik der Moderne' nachgezeichnet hat,[6] zunächst auch klingen mag: Wie die folgenden
Überlegungen am Beispiel von Schillers Gedicht ‚Die Götter Griechenlands' und seiner theo-
retischen Schrift ‚Ueber naive und sentimentalische Dichtung' zu zeigen versuchen, kann
Schiller gerade im Rückgriff auf die Antike als Vorbereiter für eine genuin moderne Form der
Dichtung gelten, auf der Hölderlin, Novalis und Nietzsche auf unterschiedliche Weise aufbau-
en konnten.

## II. Die Götter Griechenlands

Schillers Gedicht ‚Die Götter Griechenlands' aus dem Jahre 1788 gilt der Forschung meist als
Zeichen für den „ersten Höhepunkt von Schillers geschichtsphilosophischer Lyrik"[7], mit der
eine neue Epoche seiner Lyrik beginne. Der geschichtsphilosophische Aspekt, der Schillers
Gedicht kennzeichnet, verbindet sich gattungspoetisch mit der Form der Elegie. Elegisch ist
Schillers Gedicht von Beginn an als Klage um den unwiederbringlichen Verlust des antiken
Schönheitsideals:

> Da ihr noch die schöne Welt regiertet,
> an der Freude leichtem Gängelband
> glücklichere Menschenalter führtet,
> schöne Wesen aus dem Fabelland!
> Ach! da euer Wonnedienst noch glänzte,
> wie ganz anders, anders war es da!
> Da man deine Tempel noch bekränzte,
> Venus Amathusia! (NA 1, 190)

Daß Schiller die Antike im ersten Vers des Gedichtes als „schöne Welt" bezeichnet, weist bereits darauf hin, daß es ihm im Rückgang auf die Götter Griechenlands vor allem um Fragen
der Ästhetik geht. Dementsprechend hat die Forschung Schillers Gedicht meist als „Manifest
eines ästhetisierenden Antikenkults"[8] verstanden, der für die Dichtung der Klassik von weg-

---

6   Carsten Zelle, Die doppelte Ästhetik der Moderne. Revisionen des Schönen von Boileau bis Nietzsche, Stuttgart/
    Weimar 1995.

7   Gerhard Kaiser, Geschichte der deutschen Lyrik von Goethe bis zur Gegenwart. Ein Grundriß in Interpretationen,
    Bd. 1, Frankfurt am Main 1996, S. 433.

8   Werner Frick, Schiller und die Antike. In: Helmut Koopmann (Hg.), Schiller-Handbuch, Stuttgart 1998, S. 91-116;
    hier S. 97.

weisender Bedeutung war. Zum Manifest wird das Gedicht, da es in einer ermüdend genauen Aufzählung mythologischer Motive fast die gesamte griechische Götter- und Heroenwelt zu vergegenwärtigen sucht, um das antike Schönheitsideal noch einmal vor Augen zu führen. Droht dem Gedicht, wie Gerhard Kaiser meint, daß „dieser Gesang im Zitat der Antike stekkenbleibt",[9] daß er also in der Fülle der mythologischen Anspielungen ertrinkt, so bestätigt der bewußt konstruierte Charakter des Gedichts andererseits, daß Schiller weniger in der Tradition der Erlebnislyrik des ausgehenden 18. Jahrhunderts steht als vielmehr in der allegorischer Lehrkunst, die die Klassik nur scheinbar aus ihrem Horizont verbannt hat.[10]

Die Tendenz zur Allegorisierung, die Peter-André Alt zufolge Schillers gesamte Lyrik kennzeichnet,[11] begründet die beiden Momente, die Schillers ‚Die Götter Griechenlands' zu einem wirkungsmächtigen Manifest haben werden lassen, das von Novalis, Hölderlin und Heine auf unterschiedliche Weise aufgenommen werden konnte. Die allegorische Darstellung der griechischen Götterwelt verbindet sich zunächst mit dem geschichtsphilosophischen Moment, das Schiller in die Lyrik einführt: „Schiller ist der Dichter, der die Geschichtsphilosophie in Deutschland zum wirkungsvollen lyrischen Thema gemacht hat",[12] hält Gerhard Kaiser in diesem Kontext fest. Das geschichtsphilosophische Moment verbindet sich wiederum mit der gattungspoetischen Bestimmung der Elegie. Entscheidend ist in diesem Zusammenhang, daß der gattungspoetische Aspekt der Elegie und die geschichtsphilosophische Einsicht in die Vergangenheit der griechischen Antike miteinander vermittelt sind. Wenn Schiller aus einer genuin modernen Perspektive den Verlust des griechischen Schönheitsideals beklagt, dann folgt er den Gesetzen der Elegie, die nicht die Präsenz, sondern den Verlust des dargestellten Gegenstandes voraussetzt: „In der elegischen Klage erst entsteht die Idealität der Antike, die nicht mit einem tatsächlich vorhanden gewesenen Zustand verwechselt werden darf."[13] Die Trauer, die das Gedicht zur Geltung bringt, ist keine authentische Stimmung, sondern durch die Form der Elegie gesetzt. Vor diesem Hintergrund schränkt sich aber zugleich der Manifestcharakter des Gedichts ein: In der Form der Elegie konnte Schiller nicht anders, als den Verlust des antiken Schönheitsideals zu beklagen. Die Frage, die sich an ‚Die Götter Griechenlands' richten läßt, ist daher nicht die, aus welchen Gründen und Überzeugungen Schiller das Ende des griechischen Schönheitsideals betrauert, sondern warum er in seinem geschichtsphilosophischen Gedicht gerade auf die Form der Elegie zurückgreift, um die Antike zu beschreiben. Nicht um die authentische Darstellung der schönen, nun aber endgültig vergangenen Welt der Griechen geht es dem Gedicht, sondern um die scharfe Trennung zwischen der schönen Welt der Antike und der prosaischen Welt der Moderne, wie sie der Schiller-Leser Hegel in seiner ‚Ästhetik' darstellen wird. Begründet wird die Kluft zwischen Antike und Moderne nicht allein in der Lyrik Schillers, sondern mehr noch in seiner Theorie der Dichtkunst, die in dem Aufsatz ‚Ueber naive und sentimentalische Dichtung' ihre prägnanteste Form findet.

---

9   Gerhard Kaiser (wie Anm. 7), S. 437.

10  Helmut Koopmann, Schillers Lyrik. In: Schiller-Handbuch (wie Anm. 8), S. 316-325; hier S. 317.

11  Vgl. Peter-André Alt, Begriffsbilder (wie Anm. 3).

12  Gerhard Kaiser (wie Anm. 7), S. 432.

13  Ebd., S. 434.

## III. Das Naive ist das Sentimentalische

Die Verschränkung von Geschichtsphilosophie und Gattungspoetik, die Schillers Gedicht ‚Die Götter Griechenlands' kennzeichnet und die Peter Szondi im Blick auf den deutschen Idealismus nachgezeichnet hat, betrifft in der gleichen Weise die kunsttheoretischen Abhandlungen. Wie Peter Szondi in seinem Aufsatz mit dem programmatischen Titel ‚Das Naive ist das Sentimentalische' gezeigt hat, ist in diesem Zusammenhang von entscheidender Bedeutung, daß die Leitbegriffe naiv und sentimentalisch keine reinen Epochenbegriffe sind, die der Gegenüberstellung von antiker und moderner Kunst entsprechen, sondern „Dichtungs- und Empfindungsweisen, deren Zuordnung zu den Epochen Antike und Moderne nur auf Grund einer geschichtsphilosophisch konzipierten Poetik möglich ist, nach der jeweils eine dieser Dichtungsweisen und eine oder mehrere ihnen jeweils entsprechende poetische Gattungen in der bestimmten Epoche den Ton angeben."[14] Naiv heißt nicht antik, sentimentalisch heißt nicht modern, vielmehr verfügen sowohl die Antike als auch die Moderne über unterschiedliche Dichtungsweisen, die sich Schiller zufolge unter den Begriffen des Naiven und Sentimentalischen zusammenfassen lassen. Wie Schiller in der dreifachen Auseinandersetzung mit Kants Ästhetik, den eigenen poetischen Arbeiten und der Differenz zu Goethe erkennen muß, geht das Naive nicht im antiken Schönheitsideal auf und das Sentimentalische nicht in dem der Moderne. Naiv und sentimentalisch scheinen also keine eigenständigen Epochenbegriffe zur Unterscheidung von antiker und moderner Welt zu sein, sondern unterschiedliche Weisen, auf die Differenz zu reagieren, die die Moderne von der Antike unterscheidet: „Wie kommt es, daß wir, die in allem, was Natur ist, von den Alten so unendlich weit übertroffen werden, gerade hier der Natur in einem höheren Grade huldigen, mit Innigkeit an ihr hangen und selbst die leblose Welt mit der wärmsten Empfindung umfassen können?" (NA 20, 430), lautet Schillers Frage. Peter Szondis schlüssige Antwort, das Naive sei das Sentimentalische, weist darauf hin, daß der Grund dafür nur darin liegen kann, daß für den naiven wie für den sentimentalen Dichter der Moderne die Präsenz der Natur, von der die griechische Kunst bestimmt sei, ein für allemal verloren sei. In Schillers präziser Diktion heißt das: „Sie empfanden natürlich; wir empfinden das Natürliche." (NA 20, 431) Auch der scheinbar naiv operierende Dichter Goethe ist demzufolge ein sentimentalischer Dichter.

Was die gattungspoetische Form der Elegie in diesem Kontext leistet, ist die Vergegenwärtigung des Verlustes, der die Modernen von den Alten unterscheidet. Schiller schlägt die Elegie daher der sentimentalischen Dichtkunst zu:

> Setzt der Dichter die Natur der Kunst und das Ideal der Wirklichkeit so entgegen, daß die Darstellung des ersten überwiegt, und das Wohlgefallen an demselben herrschende Empfindung wird, so nenne ich ihn elegisch. Auch diese Gattung hat wie die Satyre zwey Klassen unter sich. Entweder ist die Natur und das Ideal ein Gegenstand der Trauer, wenn jene als verloren, dieses als unerreicht dargestellt wird. Oder beyde sind ein Gegenstand der Freude, indem sie als wirklich vorgestellt werden. Das erste giebt die Elegie in engerer, das andere die *Idylle* in weitester Bedeutung. (NA 20, 448f.)

---

14   Peter Szondi, Das Naive ist das Sentimentalische. Zur Begriffsdialektik in Schillers Abhandlung. In: ders., Schriften II, Frankfurt am Main 1978, S. 85.

In den Begriff des Elegischen trägt Schiller die Differenz zwischen Elegie und Idylle ein. Im ersten Fall verpflichtet sich die Dichtkunst der Darstellung von Trauer und Verlust, im zweiten Fall steht die Darstellung der freudigen Wirklichkeit der Natur im Mittelpunkt. In dem Maße, in dem Schiller die zeitgenössische Form der Idylle am Beispiel der Geßnerschen Hirtendichtung scharf kritisiert, wird jedoch zugleich deutlich, daß der Elegie im Rahmen der sentimentalischen Kunst der Moderne ein Vorrang zukommt, der auch ,Die Götter Griechenlands' kennzeichnet. Schillers Gedicht vollzieht nach, was er in grundsätzlicher Weise vom sentimentalischen Geist der Elegie sagt: „Die Trauer über verlorne Freuden, über das aus der Welt verschwundene goldene Alter, über das entflohene Glück der Jugend, der Liebe u. s. w." (NA 20, 450). In ,Die Götter Griechenlands' trifft Schiller daher keine Aussage über die Wirklichkeit der Antike, sondern nur über das Bild, das sich der Moderne aus dem Bewußtsein der Differenz zu ihr ergibt:[15] „Der elegische Dichter sucht die Natur, aber als eine Idee und in einer Vollkommenheit, in der sie nie existirt hat, wenn er sie gleich als etwas da gewesenes und nun verlorenes beweint." (NA 20, 450f.) Der Manifestcharakter, den ,Die Götter Griechenlands' als Bekenntnis zur Antike zu haben scheint, erweist sich damit als eine Setzung, die aus der elegischen Form des Gedichts hervorgeht. Das gleiche gilt für die beiden Autoren, die sich mit Schillers geschichtsphilosophischer Lyrik am intensivsten auseinandergesetzt haben, für Novalis und Hölderlin. Wenn die schöne Welt der Antike bei Schiller, Novalis und Hölderlin nur eine moderne Konstruktion ist, dann stellt sich jedoch zugleich die Frage, wie sich die Moderne durch die ihr eigenen Gesetze von der Antike unterscheidet, welchen Begriff der Moderne Schiller also im Rahmen seiner geschichtsphilosophischen Unterscheidung im Unterschied zu dem der Antike entwirft.

## IV. Die Eigengesetzlichkeit der Moderne: Schiller – Novalis – Hölderlin

Die Frage, was die Moderne im Vergleich zur Antike auszeichne, läßt Schiller in ,Die Götter Griechenlands' eigentümlich unberührt. Auch das steht in Übereinstimmung mit der Elegie als Klage über eine Vollkommenheit, die in dieser Form nie existiert hat. Entscheidend für den elegischen Charakter des Gedichts ist jedoch nicht allein die Trauer um den Verlust des vergangenen Schönheitsideals. Die Trauer richtet sich in der gleichen Weise auf die Leere der eigenen Gegenwart. Nicht allein auf die Vergangenheit bezieht sich das Elegische, sondern zugleich auf das Gegenwärtige, das durch die Klage um die verlorene Vollkommenheit grundsätzlich entwertet wird. Vor diesem Hintergrund weitet sich Schillers Gedicht zu einer Kritik an der eigenen Zeit aus, die in ihrem scheinbar anti-religiösen Impuls für einigen Aufruhr unter den Zeitgenossen gesorgt hat:

---

15  Werner Frick betont Schillers ambivalente Einstellung, „in der sich zeittypische, ja modische Züge eines ästhetisch-idealisierenden Griechenkultes mit prononciertem, Distanz-, Differenz- und Konkurrenzbewußtsein aus dem Horizont einer geschichtsphilosophisch bestimmten ‚Moderne' zu einer spannungsvollen und in ihrem epochalen Kontext ganz unverwechselbaren Synthese verbinden." Werner Frick, Schiller und die Antike. In: Schiller-Handbuch (wie Anm. 8), S. 91.

> Damals trat kein gräßliches Gerippe
> vor das Bett des Sterbenden. Ein Kuß
> nahm das letzte Leben von der Lippe,
> still und traurig senkt' ein Genius
> seine Fackel. Schöne lichte Bilder
> scherzten auch um die Nothwendigkeit,
> und das ernste Schicksal blickte milder
> durch den Schleyer sanfter Menschlichkeit. (NA 1, 193)

Die scheinbare Überlegenheit der Antike über die Moderne vollzieht Schiller am Beispiel des Todes nach. Im Rahmen der Entwertung, die das Bild des Menschen Schiller zufolge erfahren habe, verbinden sich wissenschaftliche und religiöse Motive: Der Tod erscheint nicht mehr wie noch bei den Griechen als schöner Jüngling, sondern als „gräßliches Geripp", die Vielzahl der griechischen Götter, die für unterschiedliche Aspekte der Natur stehen, weichen dem einen Gott des Christentums, der nun „Freundlos, ohne Bruder, ohne Gleichen" (NA 1, 195) regieren muß. Über die schöne Welt der Griechen heißt es in der trauernden Vergegenwärtigung:

> Alle jene Blüthen sind gefallen
> von des Nordes winterlichem Wehn.
> *Einen* zu bereichern, unter allen,
> mußte diese Götterwelt vergehn. (NA 1, 194)

Wie später Hölderlin in seinem Gedicht ‚Hälfte des Lebens', so greift Schiller auf den Gegensatz von sommerlicher Erfüllung und winterlicher Ernüchterung zurück, um die „entgötterte Natur" (NA 1, 194) in ihrer Leere darzustellen. Aus dem Verlust der Natur leitet er ein neues Menschenbild ab, das sich von dem Vorbild der Götter gelöst hat: „Da die Götter menschlicher noch waren, / waren Menschen göttlicher" (NA 1, 195), mit diesen Worten verklärt Schiller die Antike zum Inbegriff des erfüllten Ideals von Natürlichkeit und Menschlichkeit, das in der Moderne einer fundamentalen Leere gewichen sei, die die Götter Griechenlands nach ihrer Entmachtung hinterlassen haben.

Für die elegische Klage um die Armut der eigenen Gegenwart, die die Trauer um den Verlust des antiken Schönheitsideals begleitet, gilt jedoch das gleiche Gesetz, das bereits die Vergegenwärtigung der Vergangenheit kennzeichnete. Die Trauer richtet sich keineswegs auf die geschichtliche Wirklichkeit, sondern auf die Konstruktion von Geschichte im Gedicht. So läßt sich über die Darstellung der modernen Kultur das sagen, was Schiller über die antike Natur sagte: „Der elegische Dichter sucht die Natur, aber als eine Idee und in einer Unvollkommenheit, in der sie nie existirt hat." (NA 20, 540f.) Auch die Kritik am monotheistischen Gott der Gegenwart, die Schiller viel Kritik eingebracht hat, erklärt sich aus dem Formgesetz der Elegie, das aus der Klage um die zerbrochene Einheit der Natur in der Antike die eigene Gegenwart als gänzlich entleerte vorstellt.

Noch ein zweites Moment aber zeigt sich in Schillers Darstellung der eigenen Gegenwart. Wenn Schiller sich einem Bekenntnis zum Polytheismus zu verpflichten scheint, dann spricht er nicht aus einem religiösen, sondern aus einem ästhetischen Bewußtsein heraus. Im Unterschied zu den Lichtgestalten des Olymps, so Schillers knappe Einschätzung, läßt der christliche Gott nur wenig Spielraum für die ästhetische Darstellung, die die Literatur geben kann. Als

Gegenstand der Dichtung ist Christus – ganz anders als die Jungfrau Maria – ein spröder Stoff. Die Klage um den Verlust der schönen Welt der Antike ist eine Klage um den Verlust der Gegenständlichkeit, die sich dem Schönen eignet. Die moderne Kunst, so lautet das Ergebnis von Schillers Überlegungen zur naiven und sentimentalischen Dichtkunst, muß sich daher auf andere, ganz neue Wege begeben. In Schillers Gedicht markiert diese Einsicht zugleich eine Grenze. Im Rahmen der Elegie bescheidet sich Schiller mit dem abschließenden Anruf der Göttin, mit der das Gedicht schon begann:

> nimm die ernste strenge Göttin wieder,
> die den Spiegel blendend vor mir hält;
> Ihre sanft're Schwester sende nieder,
> spare jene für die andre Welt. (NA 1, 195)

Die abschließende Rückkehr zur Venus Amathusia, der sanften, sinnlichen Schwester der vernünftigen Wahrheit, verleiht Schillers Gedicht eine Geschlossenheit, die stillschweigend über den Konflikt hinweggeht, den das Gedicht verhandelt. Auf die Frage, was die moderne Kunst vor der antiken auszeichnet, gibt die Elegie keine befriedigende Antwort. Eine Rückkehr zur griechischen Natur scheint ebenso ausgeschlossen wie das ästhetische Bekenntnis zum Gott des Christentums. Schiller bringt damit eine Aporie zum Ausdruck, die für jüngere Autoren wie Novalis und Hölderlin zum Leitbild werden konnte. In den ‚Hymnen an die Nacht' schließt Novalis daher an Schillers geschichtsphilosophische Lyrik an, um sich zugleich von ihr zu distanzieren. Auf doppelte Weise emanzipiert sich Novalis vom Vorbild Schillers: Zum einen, indem er zwischen den griechischen Göttern und dem einen Gott des Christentums an die mittelalterliche Form der Marienlyrik anknüpft, zum anderen, indem er das ästhetisierende Bild des Todes außer Kraft setzt, das Schiller in den ‚Göttern Griechenlands' zeichnet. Auch Novalis zeichnet den griechischen Tod als sanften Jüngling:

> Mit kühnem Geist und hoher Sinnenglut
> Verschönte sich der Mensch die grause Larve,
> Ein sanfter Jüngling löscht das Licht und ruht –
> Sanft wird das Ende, wie ein Wehn der Harfe.
> Erinnrung schmilzt in kühler Schattenflut,
> So sang das Lied dem traurigen Bedarfe.
> Doch unenträthselt blieb die ewge Nacht,
> Das ernste Zeichen einer fernen Macht.[16]

Gleich auf doppelte Weise verläßt Novalis den von Schiller bereiteten Boden: Indem er die Schönheit des antiken Todes als Ergebnis einer Ästhetisierung begreift und indem er ihr darüber hinaus unterstellt, das Rätsel des Todes nur verschönern, nicht aber lösen zu können. Das, so Novalis, sei erst dem Christentum gelungen, und so geht Jesus geradezu als Reinkarnation des sanften Jünglings in das Gedicht ein, als eine Reinkarnation aber, die den Tod im

---

16  Novalis. Werke, Tagebücher und Briefe Friedrich von Hardenbergs, hg. von Hans-Joachim Mähl und Richard Samuel, Bd. 1: Das dichterische Werk, Tagebücher und Briefe, Darmstadt 1999, S. 163.

Unterschied zum griechischen Vorbild zu bezwingen vermag: „Hart rang er mit des alten Todes Schrecken". Die Auferstehung deutet Novalis als eine Leistung, die nicht allein theologisch, sondern auch kunsttheoretisch über die Perspektive der Antike hinausweist. So entfernt sich Novalis in der neuen Form des Prosagedichts von den Vorgaben des Klassizismus und wird zu einem der Wegbereiter der modernen Lyrik. In ähnlicher Weise wie Novalis operiert Hölderlin mit Schiller gegen Schiller, wenn er in ‚Brot und Wein' „die Schwärmerische, die Nacht" anruft, um auf die rhetorische Frage „wozu Dichter in dürftiger Zeit?" die Antwort zu geben: „Was der Alten Gesang von Kindern geweissagt, / Siehe, wir sind es, wir; Frucht von Hesperien ists!"[17] Aus Hölderlins Worten spricht, wiederum im Rahmen der elegischen Klage, das Selbstbewußtsein des modernen Dichters, der sich nicht nur von der Antike unterschieden, sondern ihr auch überlegen weiß. Auf die Frage nach der Eigengesetzlichkeit der modernen Dichtung, die Schiller in der klassizistischen Rundung seines Gedichts unbeantwortet gelassen hatte, gelangen Novalis und Hölderlin in der neuen Form des Prosagedichts und der Neufassung der antiken Hymnenform auch formal zu innovativen Antworten auf die Aporie, die Schiller ihnen hinterlassen hatte.[18] Im Blick auf die Überschreitung, die Schillers geschichtsphilosophische Lyrik durch Novalis und Hölderlin erfahren hat, besteht sein Verdienst für die Moderne vor allem darin, im Gewand einer klassizistischen Ästhetik über die Geschlossenheit der ästhetischen Form hinausgewiesen zu haben, um dem Raum zu geben, was die Moderne seit Baudelaire auszeichnet: die Autonomie der Dichtung gegenüber ihren Gegenständen, die eine konsequente Entfernung vom Ideal der Schönheit hin zu einer Ästhetik des Häßlichen und des Erhabenen bedeutet.

## V. Die Vergänglichkeit des Schönen

Zeigt sich in ‚Die Götter Griechenlands' und ‚Ueber naive und sentimentalische Dichtung', daß Schiller gerade im Rückgang auf die Antike als genuin moderner Schriftsteller zu begreifen ist, dem die Überschreitung der geschlossenen Formen der klassischen Dichtung selbst noch nicht möglich gewesen ist, so bestätigt auch die Ballade ‚Die Kraniche des Ibykus', daß die Antiken-Verehrung an die poetische Form der Elegie gebunden ist und in dieser Form zugleich ihre Grenzen findet. So antikisierend Schillers Ballade sich auch zu geben scheint: Die Offenbarung des Täters läßt sich in der antiken Begrifflichkeit von Schicksal und Tragödie nicht mehr fassen. An die Stelle der Natur und des Waldes, in dem Ibykus den Tod fand, tritt die Bühne, zu der die Natur selbst wird, als die Kraniche über das Theater ziehen und die verräterischen Worte des Mörders hervorlocken. Daß der Zuschauer selbst zum Darsteller wird,

---

17 Friedrich Hölderlin, Sämtliche Werke. Historisch-Kritische Ausgabe, hg. von D.E. Sattler, Bd. 6, Elegien und Epigramme, Frankfurt am Main 1976, S. 233.

18 Vgl. Claudia Amtmann-Chornitzer, „Schöne Welt, wo bist du?". Die Rückkehr des Goldenen Zeitalters in geschichtsphilosophischen Gedichten von Schiller, Novalis und Hölderlin, Erlangen und Jena 1997, S. 4: „Von Schillers ‚Die Götter Griechenlands' zu Hölderlins ‚Brot und Wein' zeichnet sich eine Entwicklung ab, im Zuge derer die retrospektive Griechenland-Utopie zunehmend durch eschatologische Zukunftshoffnungen ersetzt wird."

das Bühnenspiel zur wirklichen Bestrafung der Verbrecher führt, zeigt, daß Schiller, darin ein Wegbereiter Hegels, den heroischen Weltzustand der Antike durch die Prosa der Moderne abgelöst hat. Nicht die Macht des Schicksals richtet über die Schuldigen, sondern der Zufall, der „in schwärzlichtem Gewimmel" (NA 1, 389) über die Szene hinwegfliegt. Der Text läßt kaum einen Zweifel daran, daß die schwarzen Kraniche, die über das Theater fliegen, nicht die grauen Kraniche des Ibykus sind,[19] so daß die Interpretation der Zuschauer, „Das ist der Eumeniden Macht!" (NA 1, 390), einer späten Rationalisierung des Geschehens geschuldet ist, die zu erklären sucht, was keiner Erklärung bedarf. Nicht das Schicksal verrät die Mörder, sondern ihre eigene Unbedachtheit, die Macht der Sprache, die die Täter nicht der Poesie über-antwortet, sondern der modernen Instanz des Rechtes. Wie Hegel in seiner ‚Ästhetik' setzt Schiller in den ‚Kranichen des Ibykus' Rechtszusammenhänge an die Stelle ästhetischer Gesetze, um zugleich die Vergänglichkeit der Schönheit zu betonen, die das 1799 entstandene Klagegedicht ‚Nänie' in der Auseinandersetzung mit der Kunsttheorie von Karl Philipp Moritz zusammenfaßt:

> Auch das Schöne muß sterben! Das Menschen und Götter bezwinget,
> Nicht die eherne Brust rührt es des stygischen Zeus.
> Einmal nur erweichte die Liebe den Schattenbeherrscher,
> Und an der Schwelle noch, streng, rief er zurück sein Geschenk.
> Nicht stillt Afrodite dem schönen Knaben die Wunde,
> Die in den zierlichen Leib grausam der Eber geritzt.
> Nicht errettet den göttlichen Helden die unsterbliche Mutter,
> Wann er, am skäischen Thor fallend, sein Schicksal erfüllt.
> Aber sie steigt aus dem Meer mit allen Töchtern des Nereus,
> Und die Klage hebt an um den verherrlichten Sohn.
> Siehe! Da weinen die Götter, es weinen die Göttinnen alle,
> Daß das Schöne vergeht, daß das Vollkommene stirbt.
> Auch ein Klagelied zu seyn im Mund der Geliebten, ist herrlich,
> Denn das Gemeine geht klanglos zum Orkus hinab. (NA 2, 326)

Die mythischen Vorbilder Orpheus, Adonis und Achill ruft das Gedicht als Beispiel für die Vergänglichkeit des Schönen an, einer Form der Vergänglichkeit, die selbst die Götter gerührt zu haben scheint. „Was unsterblich im Gesang soll leben, / Muß im Leben untergehn" (NA 2, 367), schreibt Schiller in der zweiten Version der ‚Götter Griechenlands' zum Abschluß des Gedichts. Herrlich ist das Klagelied über den Tod des Vollkommenen aus der Gewißheit, nur das Gemeine gehe zum Orkus hinab. ‚Die Götter Griechenlands', nach Schillers nicht unbe-scheidenem Urteil „ziemlich das Beste, was ich neuerdings hervorgebracht habe" (NA 25, 29), verdankt die Idealisierung der Antike der Verschränkung von Geschichtsphilosophie und Gattungspoetik, die Schiller zu einem Wegbereiter der Moderne hat werden lassen, ohne ihn klanglos im Orkus des Gemeinen verschwinden zu lassen. Daß die Einsicht in die Vergänglich-keit des Schönen nicht allein dem sentimentalischen Geist der Moderne vorbehalten bleibt,

---

19  So betont Alt: „Es sind keineswegs die Kraniche, die die Entlarvung des Verbrechers bewirken." Peter-André Alt, Schiller (wie Anm. 1), S. 358.

sondern schon in der von Schiller ganz im Zeichen des Naiven beschworenen Antike eine Rolle spielt, zeigt Pindar, dessen Odenform für den späten Hölderlin von entscheidender Bedeutung gewesen ist. In der achten Pythischen Ode heißt es über den Menschen: „Eintagswesen! Was ist einer, was ist einer nicht? Eines Schattens Traum / ist der Mensch."[20] Der Vergänglichkeit des Menschen kann Pindar dennoch positive Aspekte abgewinnen. „Aber wenn gottgeschenkter Glanz kommt, / ruht helles Licht und freundliches Dasein auf den Menschen."[21] Vermögen die Götter dem Menschen Glanz zu schenken, so rühren die Menschen bei Schiller die Götter zu Tränen: „Siehe! Da weinen die Götter, es weinen die Göttinnen alle, / Daß das Schöne vergeht, daß das Vollkommene stirbt" (NA 2/1, 326), so lautete Schillers Klage über die Vergänglichkeit des menschlichen Daseins, die den Neid der Götter zu erregen vermag. Die Aufgabe der Kunst liegt in diesem Zusammenhang darin, Vergänglichkeit ästhetisch zu bewältigen. Kunst als Dauer zu statuieren, die über das menschliche Leben hinausreicht, ist die idealistische Prämisse, der sich die klassizistische Ästhetik Goethes und Schillers anvertraut. Noch 200 Jahre nach seinem Tod legt Schillers Lyrik davon Zeugnis ab.

---

20 Pindar, Oden. Übersetzt und hg. von Eugen Dönt, Stuttgart 1986, S. 153.
21 Ebd., S. 153f.

*Ursula Regener*

# „Cagliostros und Starkes, Flamels, Geisterseher, geheime Chronicken, Reiseberichte […] – das sind Objecte für Journale"

## Alternative Kontexte zu Schillers ‚Geisterseher'

Schillers Roman ‚Der Geisterseher' wird gemeinhin in der Landschaft der Geheimbündelei und der Schauerliteratur verortet, die realhistorische Folie in den Verhältnissen des württembergischen Hofes gesucht, die Schrift mithin als Dokument einer mehr als fragwürdigen Prinzenmanipulation gedeutet. Über einen Blick in die Medienhistorie (Laterna magica und ihre Anwendungen) und die Verschiebung der Ereignisse in ein preußisches Umfeld soll im folgenden so etwas wie ein Ausbruch aus dieser Deutungsbefangenheit versucht werden.

In den ‚Memoiren des Grafen von O***' wird die Geschichte eines inkognito in Venedig lebenden Prinzen erzählt, der in der Thronfolge durch unerklärliche Todesfälle aufrückt. Dieser Prinz wird durch ein Komplott eines jesuitischen oder rosenkreuzerischen Geheimbundes zur Konversion veranlaßt. Von Haus aus protestantisch hört er am Ende, nachdem er durch eine sich erfüllende Todesprophezeiung, Geisterbeschwörungen, Spielleidenschaft und Verschuldung sowie Liebe und Tod initiiert wurde, die katholische Messe.

## Ein Zeitschriftenprojekt

In all seinen Details bedient dieser Fortsetzungsroman, der Schillers Zeitschriftenunternehmen ‚Thalia' zum finanziellen Durchbruch verhelfen sollte, den Publikumsgeschmack seiner Zeit. Schiller war sich dessen bewußt. In einem Brief an Körner vom 12.6.1788 zählt er die erfolgversprechenden Zutaten zu seinem ‚Geisterseher' auf: „Cagliostros und Starkes, Flamels, Geisterseher, geheime Chronicken, Reiseberichte […] – das sind Objecte für Journale".[1] Ein Blick in die prominente ‚Berlinische Monatsschrift' beweist Schillers Sinn fürs Geschäftliche. Die Zahl der hier allein in den Jahren 1785 und 1786 publizierten Titel zu Wunderglaube, Magnetismus/Mesmerismus, Katholizismus/Jesuiten, Geheimbünde/Illuminaten, Venedig/Staats-Inquisition[2] ist für ein Blatt, das sich der (protestantischen) Aufklärung verschrieben

---

1    Die fünf Teile des ‚Geistersehers' erschienen in Schillers von Körner gesponsortem Zeitschriftenunternehmen ‚Rheinische Thalia' wie folgt: Viertes Heft, Januar 1787, S. 68–94, Fünftes Heft, April 1788, S. 67–132, Thalia, Sechstes Heft, April 1789, S. 84–164, Siebentes Heft, Mai 1789, S. 70–109, Achtes Heft, Oktober 1789, S. 84–96. Die Buchausgaben erschienen 1789, 1792 und 1798.

2    Diesbezügliche Titel der ‚Berlinischen Monatsschrift' (1783–1811, hg. von Friedrich Gedike und Johann Erich Biester, 6-8 Beiträge pro Nummer) lauteten 1785: Januar: ‚Graf Saint-Germain', ‚Dr. Mesmer', ‚Beitrag zur Ge-

hat, verblüffend und nur damit zu erklären, daß die Herausgeber sich diesen, die Sensationslust bedienenden Themen zwar mit der gebotenen Kritik und Häme angenommen, deren verkaufsfördernde Wirkung jedoch mindestens ebenso im Auge behalten haben.


## Aufklärungskrise


Am 15. März 1784, also im gleichen Jahr, in dem in der ‚Berlinischen Monatsschrift‘ die Frage „Was ist Aufklärung?" gestellt und beantwortet wurde, diagnostizierte Friedrich Victor Leberecht Plessing in einem Brief an Immanuel Kant:

> Durch Schwärmerei und Aberglauben steht uns allerdings (: traurigen Wahrscheinlichkeiten zufolge:) wieder große Einschränkung der Denk=Freiheit, ia, wohl noch was schlim-

---

schichte itziger geheimer Proselytenmacherei‘; Februar: ‚Noch etwas von dem allgemein verbreiteten Fluidum‘; März: ‚Labre, der neueste Heilige der katholischen Kirche‘; April: ‚Uber den Beitrag zur Geschichte itziger geheimer Proselytenmacherei‘, ‚Verfügungen an die Universität Ingolstadt zur Erhaltung des reinkatholischen Glaubens‘, ‚Nimmt der Papst Behauptungen zurück?‘; Juli: ‚Ueber die Besorgnisse der Protestanten in Ansehung der Verbreitung des Katholicismus‘; August: ‚Zwey vorgeblich Königl. preußische Wunderdoctoren‘; September: ‚Nachricht von Verbreitung des Wunderglaubens in Nordamerica‘; Oktober: ‚Neuer Beitrag zu einiger Kenntnis verschiedener jetzt existierender Geheimen Gesellschaften‘, ‚Aberglaube und Schwärmerei in Wirkung und Rükwirkung aufeinander‘; November: ‚Nachrichten von Jesuiten in Rußland‘, ‚Magnetische Desorganisation in Paris, Straßburg und Zürich‘ (über Mesmerismus), ‚Fortsetzung der Illuminatengeschichte zu München‘, ‚Itziger Hang zu Geheimnissen‘; Dezember: ‚Ueber die Besorgnisse der Protestanten in Ansehung der Verbreitung des Katholicismus‘, ‚Beitrag zur Geschichte der Illuminaten und der Lesefreiheit in Baiern‘, ‚Neue Aufklärung einer alten sächsischen Gespenstergeschichte‘. 1786 folgten Berichte über: Januar: ‚Magnetische Desorganisation‘ (aus der Schweiz); Februar: ‚Von der Gräfin Conway, nebst einem gelegentlichen Beitrag zur Geschichte des animalischen Magnetismus von Mesmer‘, ‚Zwey Maurerreden gehalten in der Mutterloge zu den drei Weltkugeln in Berlin bei Jahresschluß 1784 und 1785‘; April: ‚Ueber die Verteidigung der katholischen Messe von einem protestantischen Theologen und Mitgliede der Gesellschaft der reinen Lehre‘, ‚Musikalische Malerei, und Wunderglauben‘; Mai: ‚Elisa an Preißler‘, ‚Verbreitung des Katholicismus‘, ‚Auszüge aus einer neuen, noch ungedruckten Beschreibung von Venedig, von einem Manne, der sich drey Jahre daselbst aufgehalten hat‘ (Staats-Inquisition); Juni: ‚Schreiben an P.J.K. in W.. Über die künftige Vereinigung der evangelischen und katholischen Kirche‘, ‚Einräumung einer katholischen Kirche zu Gottesdienste der Protestanten‘, ‚Wunderglauben in England‘, ‚Wunderglauben in Deutschland‘, ‚Cagliostros ägyptische Pyramiden‘, ‚Noch ein Wundermittel‘; Juli: ‚Ueber Elisens Aufsatz im Mai der Berliner Monatsschrift 1786‘ (Beitrag von Prinz Eugen von Württemberg), ‚Noch etwas über geheime Gesellschaften‘; August: ‚Brüderlicher Zuruf an die Obern der bekannten Freimaurer-Systeme‘, ‚Geglaubte Neigung der Protestanten zum Katholicismus‘; September: ‚Elisens Antwort an Prinz Eugen von Würtemberg‘, ‚Neues Beispiel des Aberglaubens und der Mönchsgewalt in Baiern‘, ‚Ein Pommerscher Cagliostro‘; Oktober: ‚Wenn nur Christus verkündigt wird! oder: Empfindungen eines Protestanten in einer katholischen Kirche‘ (Lavater); November: ‚Parodie auf Lavaters Empfindungen eines Protestanten in einer katholischen Kirche‘.

mers bevor; und alle Rechtschaffne, die die Wahrheit lieben, zittern. Ew. Wohlgeb. haben die eine Seite, von der Gefahr droht, gerathen: nur daß Sie sich dieselbe etwas zu gering vorstellen. Die Jesuiten sind vorzüglich diejenigen, welche, als Feinde der Vernunft und menschlichen Glückseeligkeit, itzt unter allen möglichen Gestalten und Konnexionen ihr Werk treiben. Dieser Orden ist mächtiger als jemahls, und er würkt allenthalben unter M-r-n, unter Katholiken und Protestanten; ein protestantischer König soll selbst heimlicher J-s-t sein: diese höllischen Geister haben die Herzen der Prinzen und Fürsten vergiftet; der Schein von Toleranz bei den Katholiken ist ein Werk, das von ihnen herkommt, und wodurch sie sogar die Protestanten suchen endlich unter den Katholicismus zu bringen. Geisterbannen und dergleichen Schwärmereien, auch wohl Gold machen u.d.g. sind Dinge, die von den angesehensten Personen geglaubt werden: ich selbst habe zu Berlin in Gesellschaften von vornehmen Personen dergleichen gehört. Auch hält sich ein ehmaliger Gefährt von Schröpfer bei einer sehr großen Person in Potsdam oder Berlin auf.[3]

Und im August 1785 wurde in der ‚Regensburger Reichstagszeitung' eine Art Psychologie des um sich greifenden Obskurantismus veröffentlicht:

> Nie hat sich der Sektengeist tätiger gezeigt als in unsern Tagen, welche man die aufgeklärten nennt... Der immer allgemeiner werdende Hang zum Aberglauben, der uns in die Zeiten des Mittelalters zurückwirft, wird durch den alle Kräfte der Erwerbung übersteigenden *Luxus* und durch das *geschwächte Nervensystem* der jetzigen Generation ungemein befördert. Unsere Großen suchen den Stein der Weisen, um unsterblich zu werden, und erhoffen von den Geheimnissen der Alchimie die Mittel zur Befriedigung ihrer Neigungen.[4]

Die gängigen Bezeichnungen für die Symptome der Aufklärungskrise der 1780er Jahre lauteten „Obscurantisten-Jagd" und „Jesuiten-Riecherei". Mit besonderem Argwohn wurde zur Kenntnis genommen, wenn sich Rosenkreuzer an den Schaltstellen der Macht als Berater positionierten, wie der Jesuitenpater Ignaz Frank (Beichtvater des bayrischen Königs Karl Theodor und zugleich Zirkelsekretär der Münchener Rosenkreuzer), der Offizier Johann Rudolf von Bischoffwerder (Ratgeber und späterer Generaladjutant von Friedrich Wilhelm II.) oder der Pfarrer Johann Christoph Wöllner (Justizminister und Chef des geistlichen Departments unter Friedrich Wilhelm II).[5]

---

3    Kants Briefwechsel 1747–1788, 2. Abth. Bd. 1, Berlin und Leipzig 1922, S. 371f.

4    Der anonym publizierte Artikel wurde in der ‚Berlinischen Monatsschrift' noch 1785 nachgedruckt unter dem Titel: ‚Neuer Beitrag zu einiger Kenntnis verschiedener jetzt existierender Geheimen Gesellschaften'.

5    Ralf Klausnitzer, Unsichtbare Kirche, unsichtbare Hand. Zur Imaginationsgeschichte geheimer Gesellschaften in der Vorromantik und bei Ludwig Tieck. In: Ludwig Tieck (1773–1853), hg. vom Institut für Deutsche Literatur der Humboldt-Universität zu Berlin unter Mitarb. von Heidrun Markert. 2004, S. 71–112, zit. nach http://www.goethezeitportal.de/db/wiss/epoche/klausnitzer_kircher.pdf, S. 23.

## Preußische Verhältnisse

Zu Recht also hat die Forschung Schillers ‚Geisterseher' sozialhistorisch vorzugsweise in den Kontexten des Geheimbundwesens im 18. Jahrhundert verankert.[6] Daß sie sich dabei auf die württembergischen Verhältnisse konzentriert hat, ist mit Rücksicht auf Schillers Herkunft nachzuvollziehen. Aber ist die in den Kommentaren immer wieder genannte komplizierte Erbfolge im württembergischen Hause tatsächlich das einzige Bezugssystem, das den ‚Geisterseher' geschichtlich fundiert?[7] Plausibel wird dieses Verweissystem jedenfalls nur, wenn man darüber hinwegsieht, daß die württembergische Thronfolge zum Zeitpunkt der Niederschrift des Romans wenig absehbar war.[8] Aktueller und den Zeitgenossen wiederum durch die ‚Berlinische Monatsschrift' präsent, waren die preußischen Verhältnisse.

In Preußen fürchtete man nach dem Tod Friedrich II. am 17. August 1786 und der Thronbesteigung seines Neffen Friedrich Wilhelm II., dessen obskurantistische Neigungen mit Skepsis betrachtet wurden, dieser werde das Zeitalter der Aufklärung beenden. Bei genauerem Hinsehen entpuppen sich die „magischen" Aktivitäten des Thronfolgers allerdings eher als Faszination an der damit verbundenen Technik denn als leicht manipulierbare Versponnenheit. Die „Geisterschar", die bei verschiedenen Seancen, an denen er teilnahm, herbeizitiert wurde, jedenfalls vermittelt den Eindruck eines sportiven und gezielten Umgangs mit dem „Schrepferschen Apparat" und seinen Möglichkeiten: Zu nicht Geringeren als Marc Aurel, Leibniz, dem Großen Kurfürst, Julius Caesar, dem früh verstorbenen Graf von Mark wurden Kontakte hergestellt.[9]

---

6  Grundlegend hierzu: Michael Voges, Aufklärung und Geheimnis, Tübingen 1987, S. 343-398; Hans-Jürgen Schings, Die Brüder des Marquis Posa. Schiller und der Geheimbund der Illuminaten, Tübingen 1996; Die Weimarer Klassik und ihre Geheimbünde, hg. von Walter Müller-Seidel und Wolfgang Riedel, Würzburg 2003.

7  Der Text stützt diese Zuschreibung durch die Angaben: „Als dritter Prinz seines Hauses hatte er keine wahrscheinliche Aussicht zur Regierung" und „Er war Protestant, wie seine ganze Familie" (NA 16, 46).

8  Württemberg, das in der Mehrheit protestantisch war, wurde regiert von dem katholischen Regenten Herzog Karl Eugen (1744–1793). Aus seiner ersten Ehe mit Elisabeth Friederike Sophie v. Brandenburg-Bayreuth (gest. 1780) stammt eine Tochter: Friederike Wilhelmine Auguste Louise Charlotte v. Württemberg (19.2.1750–12.3.1751). Aus der zweiten Ehe mit Franziska von Hohenheim (1785 geschlossen, erst 1790 vom Papst anerkannt) gingen, wenn überhaupt, nicht erbberechtigte Kinder hervor. Der erste Thronfolger war Karl Eugens Bruder Ludwig Eugen (regierte 1793–1795). Seine Kinder waren nicht erbberechtigt, weil Ludwig Eugen unter Stand verheiratet war. Der zweite Bruder Friedrich Eugen regierte 1795–1797 und war verheiratet mit einer Nichte Friedrich des Großen und zeugte acht Kinder protestantischer Konfession. Der dritte Sohn dieser Verbindung Friedrich Heinrich Eugen veröffentlichte im Jahre 1786 einen Aufsatz, der die Möglichkeit des Verkehrs mit Geistern aus religiösen Gründen bejahte und die Vermutung aufkommen ließ, der Verfasser würde – wie bereits zwei seiner Schwestern – demnächst zum Katholizismus übertreten. Daß er einmal den Thron besteigen könnte, war allerdings 1786/87 nicht in Sicht. Thronfolger von Friedrich Eugen wurde dessen ältester Sohn, ein Neffe Herzog Karl Eugens und Herzog Ludwig Eugens: Friedrich II. = König Friedrich I. (reg. 1797–1816, ab 1806 König).

9  Klausnitzer (wie Anm. 5), S. 29, Anm. 65.

## Der „Schrepfersche Apparat“ und die Hexe von Endor

Ermöglicht wurde dies durch ein Gerät, das man als Vorläufer heutiger Diaprojektoren oder Beamer bezeichnen kann. Der Leipziger Johann Georg Schrepfer konnte bei der Konstruktion seines Apparates auf eine Erfindung des 17. Jahrhunderts zurückgreifen. Athanasius Kircher beschreibt die Funktionsweise einer Laterna magica in der zweiten Auflage seines Werkes ‚Ars magna lucis et umbrae‘.[10] Dabei geht er auch auf den Einsatz dieser „Zauberlaterne“ im Rahmen der jesuitischen propaganda fide ein, auf die bekanntlich das Sprichwort vom Zweck, der die Mittel heilige, zurückgeht:

> Es ist aber diese Vorstellung der Bilder und Schatten in finstern Gemächern viel förch-
> terlicher als die so durch die Sonne gemacht wird. Durch diese Kunst könten gotlose
> Leute leichtlich von der Begehung Vieler Laster abgehalten werden / wenn man auff den
> Spiegel des Teufels Bildnuss entwürffe und an einen finstern Ort hinschlüge.[11]

Durch bewegliche Projektionsflächen (Rauchwände) und Taschenlaternen konnte recht bald die Illusion laufender Bilder generiert werden. Der moralisch-ethischen Grenzwertigkeit solcher sensationslüsternen Beschäftigung begegnete man vorzugsweise mit einem Hinweis auf die alttestamentarische Hexe von Endor, eine Totenbeschwörerin, die König Saul aufsucht, um sich vom Geist seines Vorgängers Samuel strategisch beraten zu lassen (1 Samuel 28). Wie gängig diese Rechtfertigungsmünze war, bezeugt ein ironisch anmutender Titel zu einer Experimentieranleitung zur Taschenlaterne: „Die künstliche Auferstehung der Todten auf einem Kirchhofe oder die magische Geisterbeschwörung in freier Luft, als ein Pendant zur Hexe von Endor im Zimmer.“[12] Von hierher erklärt sich dann auch die Wahl des Titelkupfers zur ersten Buchausgabe des ‚Geistersehers‘, das dem berühmten Gemälde von Benjamin West ‚Saul und die Hexe von Endor‘ (1777) abgenommen ist.

## „Cagliostros“

In der Regel verweisen die Kommentare auf Cagliostro, wenn es darum geht, das historische Vorbild für die Geisterbeschwörer im ‚Geisterseher‘ zu benennen. Fundiert wird dieser Hinweis mit Elisa von der Reckes ‚Nachricht von des berüchtigten Cagliostro Aufenthalt in Mitau im Jahr 1779 und von dessen magischen Operationen‘, der 1787 in der ‚Berlinischen Monats-

---

10  Zur technischen Entwicklung der Laterna magica vgl. Wilhelm Ranke, Magia naturalis, physique amusante und aufgeklärte Wissenschaft. In: Laterna magica. Lichtbilder aus Menschenwelt und Götterwelt, hg. von Detlev Hoffmann und Almut Junker, Berlin 1982, S. 11–54.

11  Athanasius Kircher, Ars magna lucis et umbrae. Zit. nach der kommentierten deutschen Ausgabe von Kaspar Schott, Magia optica, Würzburg 1671, S. 407.

12  Sie findet sich im 2. Band von Johann Samuel Halles ‚Fortgesetzter Magie‘, Berlin 1789.

schrift' veröffentlicht wurde. Mindestens ebensoviel Aufsehen erregten in den Entstehungs-
jahren des ‚Geistersehers' jedoch Berichte über eine weitere ominöse Figur: Graf Saint Germain.[13] Dem Vernehmen nach lebte der Rosenkreuzer unter wechselnden Pseudonymen von
1698 bis 1784. Zugeschrieben werden ihm neben der Beherrschung zahlreicher Sprachen eine
frappierende Alterslosigkeit und eine universelle Bildung. Voltaire, der mit ihm in Kontakt
stand, schrieb ihm am 6. Juni 1761: „Ich beantworte Ihren Brief, Monsieur, den Sie mir im
April geschrieben haben, worin Sie schreckliche Geheimnisse offenbaren, einschließlich des
schlimmsten aller Geheimnisse, das es für einen alten Mann, wie mich, geben kann – die Stunde des Todes."[14] Er soll ab 1762 beim Sturz des russischen Zaren Peter III. mitgewirkt haben
und wurde daraufhin von Katharina der Großen zum General ernannt.

Berücksichtigt man neben Cagliostro Saint Germain als möglichen Impulsgeber für die
Ausgestaltung der ‚Geisterseher'-Figuren, so wird eine differenziertere Zuordnung möglich:
ersterer würde als Vorbild des Sizilianers wahrscheinlich, letzterer als Folie für den weltge-
wandteren Armenier.


## „Beitrag zur Geschichte des Betrugs und der Verwirrungen des menschlichen Geistes"


Schillers virtuoses ‚Geisterseher'-Spiel um die Instanzen von Schein und Sein verliert durch
den Blick auf seine multiplen kultur- und medienhistorischen Kontexte nichts von seinem
Tiefsinn. Wie es funktioniert, habe ich an anderer Stelle bereits dargelegt.[15] Hier soll abschließend weniger auf die Strategien des Schreibens in Fortsetzungen eingegangen werden als auf
die Grundzüge der vom Text transportierten Medienkritik.

Schiller selbst nennt seinen Roman einen „Beitrag zur Geschichte des Betrugs und der
Verwirrungen des menschlichen Geistes":

> Man wird über die *Kühnheit* des *Zwecks* erstaunen, den die Bosheit zu entwerfen und
> zu verfolgen imstande ist; man wird über die Seltsamkeit der *Mittel* erstaunen, die sie auf-
> zubieten vermag, sich dieses Zwecks zu versichern. (NA 16, 45)

Nicht die Vernunftbegabung bzw. die heute so genannte „Medienkompetenz" sind es, die den
Prinzen zum Opfer einer Intrige werden lassen, sondern die Ungeschütztheit seiner
Einbildungskraft. So triumphiert er zum Ende des ersten Buches gleichsam durch eine lücken-

---

13  Einen solchen bringt die ‚Berlinische Monatsschrift' in der Januarausgabe von 1785.

14  Peter Krassa, Wer war der Graf von Saint-Germain? In: http://www.ta7.de/txt/mystik/myst0007.htm. Vgl. auch
    ders., Der Wiedergänger, das zeitlose Leben des Grafen St. Germain, München 1998.

15  Ursula Regener, Zufall oder Intention? Zum verborgenen Plan von Schillers „Geisterseher". In: Critica poeticae.
    Lesarten zur deutschen Literatur. Hans Geulen zum 60. Geburtstag von seinen Schülern und Freunden, hg. von
    Andreas Gößling und Stefan Nienhaus, Würzburg 1992, S. 125–138.

lose Erklärung über seine okkulten Erlebnisse, doch der Erzähler bleibt skeptisch und diagnostiziert eine Glaubens- und Vertrauenskrise:

> Die Leichtigkeit, mit der es ihm gelungen war, *diesen* Betrug aufzulösen, schien ihn selbst überrascht zu haben. In seinem Kopfe hatten sich Wahrheit und Irrtum noch nicht so genau voneinander gesondert, daß es ihm nicht oft begegnet wäre, die Stützen der einen mit den Stützen des andern zu verwechseln; daher kam es, daß der Schlag, der seinen Glauben an Wunder stürzte, das ganze Gebäude seines religiösen Glaubens zugleich zum Wanken brachte. Es erging ihm hier wie einem unerfahrnen Menschen, der in der Freundschaft oder Liebe hintergangen worden, weil er schlecht gewählt hatte, und der nun seinen Glauben an diese Empfindungen überhaupt sinken läßt, weil er bloße Zufälligkeiten für wesentliche Eigenschaften und Kennzeichen derselben aufnimmt. Ein entlarvter Betrug machte ihm auch die Wahrheit verdächtig, weil er sich die Wahrheit unglücklicherweise durch gleich schlechte Gründe bewiesen hatte. (NA 16, 104)

Die Funktionsweise der Einbildungskraft hatte Schiller in seiner ersten medizinischen Dissertation ‚Philosophie der Physiologie' (§ 9 „Assoziation. Anwendung der Theorien") erörtert. Wie diese Kenntnisse zu Mitteln der Manipulation, wie ein Assoziationsmechanismus automatisiert werden kann und Assoziationsketten entstehen, davon zeugt der ‚Geisterseher':

> Wenn eine gewisse Vorstellung auf eine feierliche und ungewöhnliche Art in die Seele gebracht worden, so kann es nicht fehlen, daß alle darauf folgende, welche nur der geringsten Beziehung auf sie fähig sind, sich an dieselbige anschließen und in einen gewissen Rapport mit ihr setzen. (NA 16, 435)

Am Ende liest sich sogar die Philosophie des Prinzen als Resultat einer Intrige, die ihn durch den „ganz mit schwarzen Tüchern behangen[en] und sparsam erleuchtet[en]" Saal der Staatsinquisition geführt (NA 16, 50) und die ihn durch erlebte und erzählte Geisterprojektionen mit Traumbildern und Schatten bekannt gemacht hat:

> Was mir vorherging und was mir folgen wird, sehe ich als zwei schwarze undurchdringliche Decken an, die an beiden Grenzen des menschlichen Lebens herunterhängen und welche noch kein Lebender aufgezogen hat. Schon viele hundert Generationen stehen mit der Fackel davor und raten und raten, was etwa dahinter sein möchte. Viele sehen ihren eigenen Schatten, die Gestalten ihrer Leidenschaft, vergrößert auf der Decke der Zukunft sich bewegen und fahren schaudernd vor ihrem eigenen Bild zusammen. Dichter und Philosophen und Staatenstifter haben sie mit ihren Träumen bemalt, lachender oder finstrer, wie der Himmel, der über ihnen trüber oder heiterer war; und von weitem täuschte die Perspektive. Auch manche Gaukler nutzen diese allgemeine Neugier und setzen durch seltsame Vermummungen die gespannten Phantasien in Erstaunen. Eine tiefe Stille herrscht hinter dieser Decke hervor; alles, was man hörte, war ein hohler Widerhall der Frage, als ob man in eine Gruft gerufen hätte. Hinter diese Decke müssen alle, und mit Schaudern fassen sie sie an, ungewiß, wer wohl dahinter stehe und sie in Empfang nehmen werde […]. Freilich gibt es auch Ungläubige darunter, die behaupten, daß diese Decke die Menschen nur narre, und daß man nichts beobachtet hätte, weil auch nichts

dahinter sei; aber um sie zu überweisen, schickte man sie eilig dahinter. […] Sehen Sie
nun, lieber Freund, ich bescheide mich gern, nicht hinter diese Decke blicken zu wollen
– und das Weiseste wird doch wohl sein, mich von aller Neugier zu entwöhnen. Aber
indem ich diesen unüberschreitbaren Kreis um mich ziehe und mein ganzes Sein in die
Schranken der Gegenwart einschließe, wird mir dieser kleine Fleck desto wichtiger.
(NA 16, 166f.)

Daß Schiller sich über das ästhetische Potential solcher Assoziationsketten im klaren war,
erhellt aus einer Passage seiner Rezension ‚Über Matthissons Gedichte' (1794):

> Nichtsdestoweniger muß der Dichter diesen empirischen Effekt der Assoziation zu *be-
> rechnen* wissen, weil er nur insoferne Dichter ist, als er durch eine freie Selbsthandlung
> unsrer Einbildungskraft seinen Zweck erreicht. Um ihn zu berechnen, muß er aber eine
> Gesetzmäßigkeit darin entdecken und den empirischen Zusammenhang der Vorstellung
> auf Notwendigkeit zurückführen können. (NA 22, 267f.)

Ähnlich wie 1774 Goethes ‚Werther' die Gefährdung des Individuums durch ungefilterte
Lektüre vor Augen führt, dekuvriert ‚Der Geisterseher' den mißbräuchlichen Einsatz ästhetischer Mittel, die keineswegs durch den Zweck geheiligt sind. Hierbei macht er nicht einmal vor
der später im klassischen Erziehungsprojekt (‚Ueber die ästhetische Erziehung des Menschen
in einer Reihe von Briefen', 1795) für das Gute und die Idee einer vollendbaren Menschlichkeit
reklamierten Schönheit halt, denn die Schönheit der „vermeintlichen" Griechin gehört im
‚Geisterseher' zu den Mitteln des Betrugs. Der Rückzug der Weimaraner auf die klassische
Position autonomer Kunst inklusive ihrer Rezeptionshaltung des „interesselosen Wohlgefallens" könnte somit auch als Moral zweier Erfolgsromane (‚Werther' und ‚Geisterseher')
gedeutet werden.

*Jürgen Daiber*

# „Im dunkeln Orakel der körperlichen Schöpfung [...] verkündigt"

## Figuren des Skeptizismus in der Anthropologie des jungen Schillers

„Die gesunden, normalen und mittelmäßigen Menschen haben keine Erfahrung der Agonie und auch sonst keinerlei Todesempfindung. Sie leben dahin, als hätte das Leben endgültigen Charakter."[1] So lesen wir es bei Émile Michel Cioran, und wir fürchten insgeheim, daß er rechthaben könnte. Kaum angesprochen gefühlt von diesem Skeptizismus-Statement hätten sich wohl die neun jungen Medizinstudenten, welche am 10. Oktober 1778 unter Anleitung des Chirurgen Christian Klein eine Leichenöffnung durchführten.

Die jungen Männer mußten ihre Affekte unter Kontrolle halten, um ihre Arbeit zu tun, denn sie hatten den Verstorbenen allesamt persönlich gekannt. Es handelte sich um den 17jährigen Malerschüler Johann Christian Hiller, der wenige Stunden zuvor einer Embolie zum Opfer gefallen war. Die Sektion fand in einem Anatomiesaal an der Stuttgarter Hohen Karlsschule hinter dem Neuen Schloß statt.

Die Studenten öffneten den Leib Hillers. Magen, Darm, Leber, Milz, Nieren, Lunge und Herz wurden nacheinander aufgeschnitten und auf ihre Gewebestruktur geprüft. Der Herzbeutel war mit einer wäßrigen Flüssigkeit angefüllt, und so fiel die Diagnose eindeutig aus: Eine akute Herzbeutelentzündung sowie eine offenkundige Vereiterung der Lunge, vermutlich durch eine verschleppte Pneumonie (Lungenentzündung) ausgelöst, hatten zum Tode des jungen Mannes geführt.[2]

Aufgabe der Studenten ist es nun, ihre Beobachtungen während der Sektion in peinlich genauen Verlaufsprotokollen festzuhalten. Dies gilt auch für den 19jährigen Eleven Friedrich Schiller, der im dritten Studienjahr an der Karlsschule weilt und an Kleins praktischer Demonstration pathologischer Diagnostik teilnimmt. Schillers zweiseitiges Protokoll ‚Beobachtungen bei der Leichen-Öffnung des Eleve Hillers' ist durchgängig in jener Sprache nüchterner Bestandsaufnahme verfaßt, die von dem werdenden Mediziner erwartet wird. Eine Ausnahme bilden zwei Sätze am Ende des Rapports. Der erste: „Und die Ursache des Todes scheint mehr außer dem Herzen als von dem Herzen hergeleitet werden zu können."[3] Der zweite Satz, der gleichzeitig auch das Protokoll beschließt, lautet: „Das Haupt ist nicht geöffnet worden." (NA 22, 18)

---

1    Émile Michel Cioran, Auf den Gipfeln der Verzweiflung, Frankfurt am Main 1989, S. 31.

2    Die Fakten der Sektion sind der Studie von Peter-André Alt, Kartographie des Denkens. Literatur und Gehirn um 1800, entnommen. In: Norbert Elsner/Werner Frick (Hg.), Scientia poetica. Literatur und Naturwissenschaft, Göttingen 2004, S. 163–193.

3    Friedrich Schiller, Werke. Nationalausgabe. Begründet von J. Petersen, fortgeführt von L. Blumenthal und B. v. Wiese, seit 1992 im Auftrag der Stiftung Weimarer Klassik und des Schiller-Nationalmuseums Marbach a. N. hg. von Norbert Oellers, Weimar 1943ff. (= im Folgenden NA). Zitat: NA 22, 18.

Ich beginne in meiner Analyse mit dem zweiten Satz, um von ihm aus die Absicht dieser Studie zu entwickeln. Schädelöffnungen an Menschenkörpern waren im anatomischen Unterrichtsprogramm der Herzoglichen Karlsschule untersagt.[4] Für die medizinische Hirnforschung in der Mitte des 18. Jahrhunderts bedeutete dies, daß ihr der Blick ins Innere des menschlichen Schädels verwehrt blieb. Das Vetorecht der Kirche sorgte dafür, daß die Obrigkeit anatomische Leichensektionen zwar für die Zwecke der Organdiagnose zuließ, die Öffnung des Hauptes (Trepanation) aber verbot. Der Grund: Mit der Öffnung des Schädels – so die Vorstellung – werde die Seele des Toten entweiht. Es handelte sich um eine anatomische Vermutung: Die Seele lokalisierten die Zeitgenossen Schillers im Gehirn, und dieses Gefäß hatte – der Büchse der Pandora gleich – geschlossen zu bleiben. So blieb den Ärzten der Spätaufklärung vordergründig nur übrig, ihre Kenntnisse nicht durch Experimente am Menschen, sondern durch das Studium schriftlicher Fallstudien zu erwerben.[5] In der medizinischen Praxis indes wurden diese ethischen Vorgaben regelmäßig unterlaufen. Zum einen dadurch, daß man die Körper von Verbrechern und psychisch Kranken unter der Hand für anatomische Untersuchungen freigab. Mary Shelleys ‚Frankenstein‘ und Robert Louis Stevensons ‚Der Leichendieb‘ bilden den narrativen Reflex auf diese gängige Praxis. Zum zweiten konzentrierte sich die Hirnforschung der Spätaufklärung angesichts besagter Restriktionen auf die schon seit der Antike praktizierten Experimente an Tieren (zumeist an lebenden Fröschen, Hunden, Katzen und Schweinen), deren Grausamkeit häufig unvorstellbare Ausmaße annahm. Albrecht von Haller, führender Neurophysiologe dieser Phase auf deutschem Boden, unternimmt nachgewiesenermaßen Vivisektionen an mehr als 400 Tieren. Die Experimente gereichen jeder Ausstattung eines Horrorkabinetts zur Ehre und – glaubt man dem Zeugnis des Mathematikers Abraham Gotthelf Kästner – so ist die Todesfurcht, welche von Haller in späteren Jahren als Zwangsneurose befällt, unmittelbare psychische Folge dieser Experimente: „Ich glaube, ihm sind alle die armen Tiere vorgekommen, die er gemartert hat, um seine Irritabilität [Reizbarkeit der Nervenfaser] zu untersuchen, die, nach allen Qualen so vieler Unschuldiger, doch immer noch viel Unausgemachtes hat und zum Nutzen der Menschen ganz entbehrlich ist."[6]

An ein solch inneres Gericht mag man nun glauben oder auch nicht. Fest steht: Descartes' in seiner ‚Abhandlung über die Methode des richtigen Vernunftgebrauchs‘ vertretene These, wonach Tiere keine Seele besäßen,[7] liefert die „unheilvolle Lizenz für experimentelle Rücksichtslosigkeiten", welche die „Geschichte der Erkundung des Gehirns" zu einer „Geschichte des Schmerzes" und zu „einem Schauplatz der Beschädigungen und Verletzungen, der Folterung und Tötung animalischen Lebens"[8] machen.

4    Vgl. zu folgendem: Alt, Kartographie (wie Anm. 2), S. 163f.

5    Vgl. hierzu: Carsten Zelle (Hg.), „Vernünftige Ärzte". Hallesche Psychomediziner und die Anfänge der Anthropologie in der deutschsprachigen Spätaufklärung, Tübingen 2001 (vor allem: S. 156–171).

6    Zitiert nach: Erhard Oeser, Geschichte der Hirnforschung. Von der Antike bis zur Gegenwart, Darmstadt 2002, S. 77. Haller wies durch die Experimente nach, daß eine zerschnittene Muskelfaser sich zusammenzieht und daß ein vom Körper abgetrenntes Glied sich eine Zeitlang unabhängig von diesem weiterbewegt.

7    René Descartes, Abhandlung über die Methode des richtigen Vernunftgebrauchs und der wissenschaftlichen Wahrheitsforschung (1637), Stuttgart 1993, Kap V., S. 54ff.

8    Alt, Kartographie (wie Anm. 2), S. 165. Vgl. auch: Olaf Breidbach, Die Materialisierung des Ichs. Zur Geschichte der Hirnforschung im 19. und 20. Jahrhundert, Frankfurt am Main 1997.

Zurück zu Schiller. Auch er teilt die Sehnsucht der Epoche, ins Innere der Gehirne zu blicken. Die erste Version der Erzählung ‚Verbrecher aus Infamie' (1786) des jungen Schiller bietet eine vielsagende – später von Schiller gestrichene – Erläuterung, aus welchem Impuls sich dieser Forschungsdrang speist:

> Die Heilkunst und Diätetik, wenn die Ärzte aufrichtig sein wollen, haben ihre besten Ent-
> deckungen und heilsamsten Vorschriften vor Kranken- und Sterbebetten gesammelt. Lei-
> chenöffnungen, Hospitäler und Narrenhäuser haben das helleste Licht in der Phisiologie
> angezündet. (NA 16, 7)

Schiller will also Physiologie, und er will sie, um mit ihrer Hilfe dem ‚Zusammenhang der Thierischen Natur des Menschen mit seiner geistigen' – so bekanntlich der Titel von Schillers dritter medizinischer Dissertation – auf die Spur zu kommen. Es geht um eine Erhellung dessen, was seit Descartes als die „zwei Naturen" des Menschen gilt. Die bei Descartes vorgenommene kategoriale Scheidung von Materie (als räumlich ausgedehnter, fester und unendlich teilbarer *res extensa*) und Geist (als ausdehnungsloser, unkörperlicher und unteilbarer *res cogitans*) erlaubte es nicht, „eine wechselseitige Wirkung dieser beiden in jeder Hinsicht heterogenen Substanzen zu denken. Mit Blick auf den Menschen, in dem sich diese beiden Seinsformen vermischen, entsteht das Dilemma, ihre Gemeinschaft als Vermittlung des schlechterdings Unvermittelbaren beschreiben zu müssen."[9]

   Das Problem des *commercium mentis et corporis*, die Frage der Möglichkeiten einer Verbindung von Geist und Körper, entsteht und erzeugt jenen anthropologischen Dualismus, den die Philosophie und Medizin der Aufklärung logisch zu bewältigen sucht.[10] Exakt an dieser Schnittstelle setzt der junge Schiller an. In seiner ersten Dissertation ‚Philosophie der Physiologie' heißt es:

> Alle Bewegung der Materie beruht auf der Undurchdringlichkeit [impenetrabilitas, als
> Voraussetzung für Druck und Stoß, der Ermöglichungsgrund mechanischer Kausalität],
> eine Eigenschaft derselben, die sie vom Geist, soviel wir von ihm wissen, besonders
> unterscheidet. Allein, wenn der Geist nicht undurchdringlich ist, wie soll die Materie auf
> ihn wirken, die doch nur auf das Undurchdringliche wirket? (NA 20, 12)

Präzise gefragt: „Wie gelangt ein durch materielle Impulse in den Sinnesorganen erregter und mechanisch durch die Nerven fortgepflanzter Wahrnehmungsreiz ‚zu Bewußtsein'? Die nachcartesianische Philosophie vermochte die Commercium-Frage nur metaphysisch zu lösen, d.h. durch die Annahme eines [...] aktuellen göttlichen Aktes, der die Ereignisse der beiden Substanzen parallel schaltet und so den Anschein einer unmittelbaren Wirkung aufeinander erweckt (harmonia praestabilita, Okkasionalismus)."[11]

---

9  Wolfgang Riedel, Schriften der Karlsschulzeit. In: Helmut Koopmann (Hg.), Schiller-Handbuch, Stuttgart 1998,
   S. 551.

10  Vgl. zum Commercium-Problem die bis heute profundeste Studie zur Anthropologie Schillers: Wolfgang Riedel,
   Die Anthropologie des jungen Schiller. Zur Ideengeschichte der medizinischen Schriften und der „Philosophischen Briefe", Würzburg 1985, S. 61–154.

11  Riedel, Schriften (wie Anm. 9), S. 551.

Mit dieser Antwort konnten sich die Ärzte der Spätaufklärung nicht mehr zufrieden geben. Auch Schiller nicht. Nicht nach A priori-Konstruktionen, sondern nach den Möglichkeiten eines schöpfungsimmanenten und empirisch überprüfbaren Einflusses (influxus) der beiden Substanzen von Körper und Geist aufeinander galt es zu suchen.

Philosophie und Physiologie (Medizin) – die hierzu angestrebte Verbindung der beiden Disziplinen ist kein origineller Einfall des jungen Schiller, mit dem er die Konventionen der Zeit torpediert. Schiller partizipiert vielmehr an einer Strömung, die in der zweiten Hälfte des 18. Jahrhunderts sich formiert, und im Rahmen der verfügbaren Kenntnisse der Epoche „die Einheit von Psyche und Soma [Körper] propagiert."[12]

Dieses Kapitel der medizinischen Ideengeschichte innerhalb der deutschen Spätaufklärung wird literarhistorisch als die Zeit der „philosophischen Ärzte"[13] verbucht, in deren Reihe der junge Schiller zu stellen ist. Zu diesen philosophischen Ärzten zählen der bereits genannte Physiologe und Dichter Albrecht von Haller, sein Schüler, der mit Wieland befreundete Johann Georg Zimmermann (1728–1795), die äußerst populären Autoren Johann Friedrich Zückert (1737–1778) und Samuel Auguste David Tissot (1728–1797) sowie Ernst Platner (1744–1818), Professor für Medizin und Philosophie in Leipzig und Lehrer Jean Pauls.[14]

Der gemeinsame Nenner, welcher die Bestrebungen der philosophischen Ärzte verbindet, ist die Forderung, daß „die Känntniß des körperlichen Menschen […] von der Känntniß des Menschen, wiefern er Geist ist, nicht getrennt werden"[15] sollte, wie es in einer zeitgenössischen Rezension heißt. So wird denn der Ruf nach dem Arzt, der Körper und Geist des Menschen gleich gut kennt, während der Studienjahre Schillers an der Karlsschule allerorten laut.

Psycho-physiologische Menschenkenntnis lautet also das Programm der philosophischen Ärzte. Diese Wissenschaft erhält im späten 18. Jahrhundert den Namen Anthropologie.

Als Teilgebiet der Philosophie war die anthropologia bereits im späten 16. Jahrhundert entstanden. Sie löst sich jedoch innerhalb der Spätaufklärung aus ihrem theologisch-philosophischen Kontext als Synonym für Anthropomorphismus, indem sie, um es mit Odo Marquard zu sagen, die neue Frage stellt, „wie ist der Mensch zu bestimmen, wenn nicht (mehr) durch Metaphysik und (noch) nicht durch mathematisch experimentelle Naturwissenschaft?"[16]

In der Vorrede zu seiner ‚Anthropologie für Aerzte und Weltweise' von 1772 gibt Ernst Platner im Rahmen einer Trias der Humanwissenschaften jene klassische Neudefinition der Anthropologie, an welcher sich auch der junge Schiller orientieren wird:

> Die Erkenntnis des Menschen wäre […] in drey Wissenschaften abzutheilen. Man kann erstlich die Theile und Geschäffte der Maschine allein betrachten, ohne dabey auf die Einschränkungen zu sehen, welche diese Bewegungen von der Seele empfangen […] das

12  Riedel, Anthropologie (wie Anm. 10), S. 11.

13  Hans-Jürgen Schings, Melancholie und Aufklärung. Melancholiker und ihre Kritiker in der Erfahrungsseelenkunde und Literatur des 18. Jahrhunderts, Stuttgart 1977, S. 11–40.

14  Vgl. Riedel, Anthropologie (wie Anm. 10), S. 11ff.

15  Das Zitat findet sich in einer Rezension von F. J. Riedel zu J. G. H. Feders Logik und Metaphysik. In: Philosophische Bibliothek, Bd. I, Halle 1769, S. 127.

16  Odo Marquard, „Anthropologie". In: Historisches Wörterbuch der Philosophie, Bd. I, hg. von Joachim Ritter, Basel und Darmstadt 1971, Sp. 362–372; Zitat: Sp. 363.

> ist Anatomie und Physiologie. Zweytens kann man eben auf diese Art die Kräfte und
> Eigenschaften der Seele untersuchen, ohne allezeit die Mitwirkung des Körpers […] in
> Betracht zu ziehen; das wäre Psychologie, oder welches einerley ist, Logik, Aesthetik und
> ein großer Theil der Moralphilosophie […] Endlich kann man Körper und Seele in ihren
> gegenseitigen Verhältnissen, Einschränkungen und Beziehungen zusammen betrachten,
> und das ist es, was ich Anthropologie nenne.[17]

Platners Credo, „der Mensch ist weder Körper noch Seele allein; er ist die Harmonie von beyden",[18] findet bei Schiller ein exaktes Echo: „der Mensch ist nicht Seele und Körper, der
Mensch ist die innigste Vermischung dieser beiden Substanzen" (NA 20, 64), heißt es in der
dritten Dissertation. Wolfgang Riedel hat in einer profunden Studie zur Anthropologie des jun-
gen Schiller zu Recht herausgearbeitet, daß die Dissertationen Schiller weniger als jungen
Mediziner profilieren denn vielmehr als „praktizierenden Anthropologen", der „nach einer
Körper und Geist gleichermaßen erfassenden Theorie des Menschen strebt".[19]
   Dieses Urteil wird durch das Zeugnis Jakob Friedrich Abels bestätigt, der an der Karlsschule
Philosophie und Psychologie lehrte, und von allen Professoren Schiller am nächsten stand. In
seinen Aufzeichnungen über den später berühmt gewordenen und ihn übertrumpfenden
Zögling notiert Abel:

> Besonders suchte er sich mit großem Eifer über Menschenkenntniß [gemeint ist Abels
> Fach Psychologie] zu unterhalten, ein Studium, das er auch nachher, als er […] zur Medi-
> cin übergegangen wart, fortsezte. Vorzüglich bemühte er sich diese beyde Arten von
> Kenntnissen zu einem Zweck zu verbinden sowie die eine Art durch die andere zu erwei-
> tern und zu erhöhen.[20]

Von welcher Hypothese über die Leib-Seele-Verbindung geht Schiller nun aus? Im Streit über
das Leib-Seele-Verhältnis kursieren in Schillers Epoche im zweiten Drittel des 18. Jahrhunderts drei wirkungsmächtige Theorien, mit denen Schiller über die Vorlesungen Abels auch
konfrontiert wird. Auf der einen Seite steht der Versuch, in eigenwilliger Neudeutung der car-
tesianischen Tradition den Leib des Menschen als reine Maschine aufzufassen, die allein phy-
sikalisch-physiologischen Gesetzen gehorcht. Diese Position vertritt mit hoher Wirkungskraft
nach außen der niederländische Arzt Hermann Boerhaave (1668–1738). Boerhaave radikalisiert die Überlegungen von Descartes: Während der französische Philosoph „auf der Grundlage
der Substanztrennung der Körperwelt […] eine Sphäre des unteilbaren Geistes entgegen-
setzt[e] und […] einen radikalen Dualismus schuf, der die Kooperation von Leib und Seele nur

---

17  Ernst Platner, Anthropologie für Aerzte und Weltweise, Leipzig 1772, S. XVf.

18  Ebd., S. IV.

19  Riedel, Anthropologie (wie Anm. 10), S. 16.

20  Zitiert nach: Richard Weltrich, Friedrich Schiller. Geschichte seines Lebens und Charakteristik seiner Werke,
    Bd. 1, Stuttgart 1899, S. 838f. Vgl. zum Einfluß Abels auf den jungen Schiller die vorbildliche Edition der
    Schriften Abels und den beigefügten Kommentar von Wolfgang Riedel, Jacob Friedrich Abel. Eine Quellenediti-
    on zum Philosophieunterricht an der Stuttgarter Karlsschule (1773–1782). Mit Einleitung, Übersetzung, Kommentar
    und Bibliographie hg. von Wolfgang Riedel, Würzburg 1995.

im Akt eines göttlichen Eingriffs, also metaphysisch möglich scheinen ließ,"[21] fällt bei Boerhaave exakt dieser göttliche Eingriff dem Materialismus der mechanistischen Medizin zum
Opfer.

Laut Boerhaave bildet die Seele selbst ein Element des Körpers, stirbt der Körper, stirbt auch
sie – Strom ein, Strom aus. In den Fokus der Medizin tritt hier erstmals am Ende des späten
17. Jahrhunderts allein die physische Existenz des Homo sapiens fernab aller nicht empirisch
festzumachenden metaphysischen Aktivitäten. Vollends zur Verneinung psychischer Autonomie führt dieser Ansatz dann im Denken des französischen Arztes und Boerhaave-Schülers La
Mettrie, der in seinem Schlüsselwerk ,L'homme machine' (1748) die Vorstellung der Seele als
selbständiger Substanz endgültig verabschiedet. La Mettrie will „den Zugang zur Seele [...]
über die Organe des Körpers suchen".[22] Da „nun aber einmal alle Funktionen der Seele [...]
von der entsprechenden Organisation des Gehirns und gesamten Körpers abhängen", folgert La
Mettrie, daß diese Funktionen der Seele identisch mit der Organisation des Körpers sind, der
Mensch folglich eine Maschine sei. Die Konsequenzen dieser Erkenntnis sind erheblich:

> Seele ist also nur ein leeres Wort, von dem man keinerlei inhaltliche Vorstellung hat. Ein
> seriöser Denker sollte es nur gebrauchen, um den Teil in uns zu bezeichnen, der denkt.
> Läßt man als Voraussetzung das Minimalprinzip der Bewegung gelten, so genügt das für
> die belebten Körper vollkommen, um sich zu bewegen, um zu empfinden, zu denken, zu
> bereuen und, kurz gesagt, um sich in der physischen Welt ebenso richtig zu verhalten wie
> in der dieser nachgeordneten moralischen.[23]

Schiller lernt derartige Hypothesen der materialistischen Anthropologie in den Vorlesungen
Abels an der Karlsschule kennen. Dem jungen Mediziner ist die Monokausalität des Materialismus, seelisches Geschehen auf die leibliche Ökonomie des homo sapiens zu reduzieren, zuwider.[24] Anders stellen sich die Verhältnisse beim Literaten Schiller in jener Phase dar:

> Ich trug meinen Kaiserthron in meinem Gehirne [...] aber – unglükseliger Widerspruch
> der Natur – dieser freie emporstrebende Geist ist in das starre, unwandelbare Uhrwerk
> eines sterblichen Körpers geflochten, mit seinen kleinen Bedürfnissen vermengt, an seine
> kleinen Bedürfnissen vermengt, an seine kleinen Schicksale angejocht – dieser Gott ist in
> eine Welt von Würmer verwiesen [...] Ein kühner Angriff des Materialismus stürzt meine
> Schöpfung ein. (NA 20, 111f.; 115)

So heißt es in den noch auf der Akademie konzipierten ,Philosophischen Briefen'. Ein Jahr
zuvor, also 1781, hatte Schiller in seinem Drama ,Die Räuber' mit der Figur des Franz Moor

---

21  Peter-André Alt, Schiller. Leben – Werk – Zeit, Bd. 1, München 2000, S. 152.

22  Julien Offray de La Mettrie, Der Mensch als Maschine, Nürnberg 1985, S. 21.

23  Ebd., S. 68.

24  Die erste Dissertation versucht den Stoß gegen die bloße Monokausalität des Materialismus über die Einfüh-
    rung einer nicht schlüssig begründeten, sogenannten *Mittelkraft* zu führen: „Oder endlich mus eine Kraft vor-
    handen sein, die zwischen den Geist und die Materie trit und beede verbindet [...] Ich nenne sie *Mittelkraft*."
    Vgl. NA 20, 13.

den „Philosophen unter den Theaterschurken des 18. Jahrhunderts"[25] geschaffen, dessen Monologe (I/1, II/1, IV/2) sowie der Dialog mit dem Pastor Moser (V/1) von der Schiller-Forschung als literarischer Bastard aus La Mettries ‚L'homme machine' und dem Marquis de Sade[26] gelesen wurden. Davon später mehr.

Zunächst kurz zur zweiten Theorie, welche als Einflußgröße auf die anthropologische Position des jungen Schiller wirkt und den Gegenpol im Commercium-Streit zu den französischen Materialisten markiert. Es handelt sich um den auf den Hallenser Mediziner Georg Ernst Stahl (1659–1734) zurückgehenden Animismus. Stahl wählt die entgegengesetzte Stoßrichtung von La Mettrie. Die Psyche erscheint bei Stahl, dessen Theorien vor allem im pietistischen Milieu Württembergs zu großem Einfluß gelangten, als Baumeisterin des Körpers. Von ihren Zuständen hängt die jeweilige Beschaffenheit der Physis ab. Ausgehend von dem Phänomen der Leichenfäulnis stellt Stahl die Frage nach dem Unterschied zwischen dem lebenden und dem toten Körper. Er entwickelt gegen Descartes' und La Mettries Maschinenmodell des menschlichen Leibes ein antimechanistisches Konzept vom Organismus, welcher laut Stahl durch ein ihm innewohnendes seelisches Movens von aller toten Materie prinzipiell unterschieden war. Diese nicht-körperliche Kraft (anima), welche durch Experiment und Beobachtung indes nicht nachzuweisen war, bewahrt laut Stahl den Menschen „vor physischer Zersetzung und Dissoziation seiner Teile, indem sie sämtliche physiologischen Prozesse zielbewußt und nach den Regulationen der Selbsterhaltung steuert."[27] Wenn organische Funktionen ins Pathologische umschlagen, der Mensch mit anderen Worten krank wird, ist dies laut Stahl primär auf mangelhafte Erhaltungsbewegungen der Seele zurückzuführen. Stahl behauptet diesen seelischen Einfluß trotz des Einwands von Leibniz, daß keine direkte Kausalität zwischen Körper und Geist möglich sei, und trotz des Spottes von La Mettrie, einen anthropologischen Spiritualismus kreiert zu haben. Er baut ihn zu seiner animistischen Anthropologie aus, die den Körper nur mehr als passives Bewegungsinstrument begreift und in der berühmten Sentenz gipfelt, „daß die Seele sich ihren Leib erschafft".[28]

Wo steht nun Schiller? Wallensteins berühmtes Diktum im gleichnamigen Schillerdrama „Es ist der Geist, der sich den Körper baut" (NA 8, 258) kann als Plädoyer für die spiritualistische Variante von Stahl gelesen werden, sie gibt jedoch ein Extrem wieder, welches mit der Anthropologie des jungen Schiller in keiner Weise kompatibel ist.

Der junge Schiller ist, wie die meisten der philosophischen Ärzte, ein überzeugter Influxionist. Die Influxus-Hypothese (sie wird übrigens auf Aristoteles zurückgeführt) betont den wechselseitigen Einfluß (= influxus) von Körper und Seele aufeinander. Schiller entwickelt in seinen beiden Dissertationen, fraglos beeinflußt durch seinen Lehrer an der Karlsschule, den Mediziner Johann Friedrich Consbruch (‚Von dem Einfluß der physikalischen Erziehung auf die Bildung der Seelenkräfte'), den ab der Mitte des 18. Jahrhunderts anthropologisch wieder-

25 Wolfgang Riedel, Die Aufklärung und das Unbewußte. Die Inversionen des Franz Moor. In: Jahrbuch der deutschen Schillergesellschaft 37 (1993), S. 198–220 (Zitat: S. 198).

26 Vgl. Harald Steinhagen, Der junge Schiller zwischen Marquis de Sade und Kant, Aufklärung und Idealismus. In: Deutsche Vierteljahrsschrift für Literaturwissenschaft und Geistesgeschichte 56 (1982), S. 135–157.

27 Riedel, Anthropologie (wie Anm. 10), S. 25.

28 Zitiert nach NA 21, 131.

belebten Ansatz des Influxionismus. Im zweiten Teil seiner Dissertation ‚Versuch über den Zusammenhang der thierischen Natur des Menschen mit seiner geistigen' formuliert Schiller seine beiden „Fundamentalgesez[e] der gemischten Naturen" (NA 20, 56).

Das erste Elementargesetz des Influxionismus betont, daß Zustände der intellektuellen bzw. seelischen Lust oder Unlust jeweils Einfluß auf die leibliche Befindlichkeit nehmen.

> Die Thätigkeiten des Körpers entsprechen den Thätigkeiten des Geistes; d.h. Jede Über-
> spannung von Geistesthätigkeit hat jederzeit eine Ueberspannung gewisser körperlicher
> Aktionen zur Folge, so wie das Gleichgewicht der erstern, oder die harmonische Thätig-
> keit der Geisteskräfte mit der vollkommensten Uebereinstimmung der leztern vergesell-
> schaftet ist. Ferner: Trägheit der Seele macht die körperlichen Bewegungen träg, Nicht-
> thätigkeit der Seele hebt sie gar auf. Da nun Vollkommenheit jederzeit mit Lust, Unvoll-
> kommenheit mit Unlust verbunden ist, so kann man dieses Gesez auch also ausdruken:
> Geistige Lust hat jederzeit eine thierische Lust, geistige Unlust jederzeit eine thierische
> Unlust zur Begleiterin. (NA 20, 57)

Reichhaltiges Anschauungsmaterial für diesen Befund konnte Schiller in der Studie von Johann Georg Zimmermann ‚Von der Erfahrung in der Arzneykunst' (1763–64) vorfinden, die eine komplette medizinische Affektpathologie entwirft und sich detailliert für die Wirkungen der „unangenehmen Leidenschaften" interessiert. Detailliert wird die Frage auch bei Zückert unter Bezugnahme auf Zimmermann in der ‚Abhandlung von den Leidenschaften' erörtert. Dort heißt es: „Der Schreck, die Furcht, Traurigkeit, unglückliche Liebe, Schamhaftigkeit, die Indignation, das Erstaunen und der Zorn" sind „diejenigen [Leidenschaften], welche den grö-ßesten Einfluß in unseren Körper haben."[29] Wenn Franz Moor im Drama ‚Die Räuber' bei Schiller nach einer wirkungsvollen Strategie des Psychoterrors sucht, um den lästigen Vater unter die Erde zu bringen, so läßt ihn sein Schöpfer exakt diesen aus der zeitgenössischen medizinischen Literatur bekannten Katalog potentiell pathogener Affekte durchgehen:

> Welche Gattung von Empfindnissen ich werde wählen müssen? Welche wohl den Flor
> des Lebens am grimmigsten anfeinden? Zorn? […] Sorge? […] Gram? […] Furcht? […]
> Schreck! […] Jammer […] Reue […] Verzweiflung? (NA 3, 39)

Triumphierend entsteht schließlich vor den Augen von Franz Moor der Plan zum perfekten Mord. Ein Plan, der auf einer ausgeklügelten Strategie seelischer Zerrüttung basiert, die den Körper über seinen Influxus mit der Seele zerstört und von keiner Sektion nachgewiesen wer-den kann: „Des Zergliederers Messer findet ja keine Spuren von Wunde oder korrosivischem Gift." (NA 3, 40) Auch die ersten Szenen des fünften Aktes zwischen Franz Moor und seinem Diener Daniel demonstrieren den Einfluß von Furcht und Gewissensangst auf den Körper, wie ihn Schiller in seiner dritten Dissertation entwickelt, und den Zückert in seiner Abhandlung über die Leidenschaften mit der dem ärztlichen Stil eigenen Drastik ausführt. Dort heißt es über die Furcht – und Franz Moors Erscheinung vollzieht diese Symptomatik Punkt für Punkt nach –:

---

29  Johann Friedrich Zückert, Von den Leidenschaften, Berlin [3]1774, S. 37f.

Die Furcht ziehet die Haut und die Schweißlöcher zusammen. Die Muskeln werden con-
vulsivisch bewegt [...] Die Lebensbewegungen [= Motorik] gehen sehr unordentlich von
statten. Daher zittert der Furchtsame am ganzen Körper; er hat eine schwache lallende
Stimme; er holt kurzen und geschwinden Athem. Das Herz klopfet. Das Gesicht ist bald
blas, bald roth. Der Angstsschweiß bricht ihm aus [...] Die Würkungen der Furcht sind
übrigens einem Fieber-Anfall vollkommen gleich. Selbst der Puls gehet unordentlich
schnell, und fast so wie in den Wechselfiebern. Man begreifet leicht, dass eine anhalten-
de Furcht den Körper sehr schwächen müsse.[30] [Franz Moor fällt bei Schiller in Ohnmacht.]

Im Gegensatz zu den Auffassungen von Stahls anthropologischem Animismus jedoch behauptet der von Schiller in der Dissertation vertretene Influxionismus, wie gesagt, keine einseitige
Vorherrschaft der Seele gegenüber dem Leib. Aus dieser Tatsache ergibt sich folgerichtig ein
zweites Elementarprinzip, welches das Spiegelbild des ersten darstellt und den Einfluß des körperlichen Organismus auf den Geist betont. Schiller schreibt:

So ist es also ein zweites Gesez der gemischten Naturen, daß mit der freien Thätigkeit der
Organe auch ein freier Fluß der Empfindungen und Ideen, daß mit der Zerrüttung dersel-
bigen auch eine Zerrüttung des Denkens und Empfindens sollte verbunden seyn. Also
kürzer: daß die allgemeine Empfindung thierischer Harmonie die Quelle geistiger Lust,
und die thierische Unlust die Quelle geistiger Unlust seyn sollte. (NA 20, 63)

Auch was dieses zweite Gesetz angeht, dürfte Schiller von Zimmermanns ‚Von der Erfahrung
in der Arzneykunst‘ mit reichhaltigem Belegmaterial versorgt worden sein, welches ihm seine
Professoren Abel und Consbruch nahegebracht haben.[31] Abel zitiert in seiner ‚Dissertatio de
origine characteris animi‘ eine Fallbeschreibung bei Zimmermann, die zum Topos der influ-
xionistischen Literatur geworden ist: Die Obduktion eines Gelehrten, der in eine schlagartige
Stumpfsinnigkeit verfallen war und nach kurzer Zeit starb, erbrachte „in denen zur Seiten liegenden Hirnhöhlen sieben bis acht Unzen Wasser, in dem dritten anderthalb Unzen und in dem
vierten anderthalb Unzen. Folglich hatte ein Pfund Wasser aus einem so grossen Genie ein
Thier gemacht."[32] Schiller greift diese Überlegungen in seiner Dissertation auf und konstatiert
illusionslos, daß der Geist zusammen mit dem Körper verfällt und daß „Zerrüttungen im
Körper [...] das ganze System der moralischen Empfindungen in Unordnung bringen, und den
schlimmsten Leidenschaften den Weg bahnen" (NA 20, 65) können.

Der Sanftmüthige wird zänkisch, der Lacher mürrisch, und der sich vorher im Geräusch
der geschäftigen Welt verlohr, flieht den Anblik der Menschen und entweicht in düstere
melankolische Stille. Unter dieser heimtükischen Ruhe rüstet sich die Krankheit zum
tödtlichen Ausbruch. Der allgemeine Tumult der Maschine, wenn die Krankheit mit offener Wuth hervorbricht, gibt uns den redensten Beweis von der erstaunlichen Abhängigkeit der Seele vom Körper in die Hand. (NA 20, 65f.)

---

30  Ebd., S. 41f.

31  Vgl. dazu Riedel, Anthropologie (wie Anm. 10), S. 26ff.

32  Vgl. Abel (wie Anm. 20), S. 140–181, Zitat: S. 149.

Schillers Argumentation richtet sich hier – in seiner dritten Dissertation – gezielt gegen ein Bild vom Menschen, welches einseitig dessen geistige Natur favorisiert. Der Arzt Schiller sieht sich gedrängt, die Naturseite des Menschen gegen ihre Verächter in Schutz zu nehmen. Attackiert wird, vor allem im ersten Teil des ‚Versuchs‘, die platonische, von Schiller als „Stoizismus" bezeichnete Vorstellung, wonach „der Körper gleichsam der Kerker des Geistes sey", der diesen „allzu sehr an das Irdische hefte, und seinen sogenannten Flug zur Vollkommenheit hemme." (NA 20, 40f.) Mit bemerkenswerter Nüchternheit, ja geradezu Illusionslosigkeit werden die Grenzen jener Herrschaft der Vernunft ausgelotet, welche der Idealismus sich gerne als uneingeschränkt denkt. Schiller rückt die Grenzen des geistigen Höhenflugs schonungslos in den Blick. Nachdrücklich werden die Beschränkungen markiert, welcher der Körper jeglicher mentalen Strebung zu setzen vermag:

> Den Mathematiker, der in den Regionen des Unendlichen schweifte, und in der Abstrak-
> tionswelt die wirkliche verträumte, jagt der Hunger aus seinem intellektuellen Schlummer
> empor, den Physiker, der die Mechanik des Sonnensystems zergliedert und den irrenden
> Planeten durchs Unermeßliche begleitet, reißt ein Nadelstich zu seiner mütterlichen Erde
> zurük, den Philosophen, der die Natur der Gottheit entfaltet, und wähnet, die Schranken
> der Sterblichkeit durchbrochen zu haben, kehrt ein kalter Nordwind, der durch seine bau-
> fällige Hütte streicht, zu sich selbst zurück, und lehrt ihn, daß er das unseelige Mittelding
> von Vieh und Engel ist [...] So heftig wirket die thierische Fühlung auf den Geist. So
> wachsam hat der Schöpfer für die Erhaltung der Maschine gesorgt [...] (NA 20, 47)

Jene berühmte Formulierung vom „unseligen Mittelding zwischen Vieh und Engel" entlehnt Schiller einem Lehrgedicht Albrecht von Hallers.[33] Die Formulierung vom „Mittelding" zwischen „Vieh und Engel" ist Schiller anscheinend so wichtig, daß er sie auch noch einmal wenige Monate später seiner Figur Karl Moor in seinem Drama ‚Die Räuber‘ in den Mund legt: „Nenn es Schwäche, daß ich meinen Vater ehre – es ist die Schwäche eines Menschen, und wer sie nicht hat, muß entweder ein Gott oder – ein Vieh seyn. Laß mich immer mitten inne bleiben." (NA 3, 250) Deutlich wird: im Gegensatz zu den anthropologischen Prämissen des Frühaufklärers Haller möchte Schiller in der Doppelnatur des Menschen keine beschwerende Erblast erkennen. Die Tatsache, „daß die thierische Natur [des Menschen] mit der geistigen sich durchaus vermischet" (NA 20, 68), erniedrigt beim jungen Schiller den Menschen nicht, sondern gemahnt ihn an seine Natur; die Natur, ein Mischwesen zu sein. Auch die lyrische Produktion Schillers jener Phase bringt immer wieder das Menschenbild des ‚Versuchs‘ literarisch zur Sprache. Im Gedicht ‚An einen Moralisten‘ aus der Anthologie auf das Jahr 1782 heißt es zur Stellung des „Mitteldings zwischen Vieh und Engel":

> Zwingt doch der thierische Gefährte
> Den gottgebornen Geist in Sklavenmauern ein –
> Er wehrt mir, dass ich Engel werde;
> Ich will ihm folgen Mensch zu seyn. (NA 1, 87)

---

33  Es lautet: ‚Gedanken über Vernunft, Aberglauben und Unglauben‘ (1729). Vgl. dazu Alt, Schiller (wie Anm. 21),
    S. 180.

Immer wieder findet sich beim jungen Schiller in dieser Phase – sowohl in den medizinischen als auch den poetischen Schriften – dieser Versuch einer Rehabilitierung der Sinnlichkeit gegenüber einem allzu enthusiastischen Weltbild, welches im Körper lediglich den Erfüllungs-gehilfen des Geistes wahrzunehmen vermag. Das hat nicht allen Schiller-Exegeten geschmeckt. Die um 1782 entstandenen Gedichte an Laura zelebrieren etwa das „elektrisch geladene Feuer" (NA 1, 163) erotischer Zuneigung bis zum Exzeß. „Seelenbrodem" und „wilde Veranstaltun-gen" eines Liebes-Terroristen hat sie Emil Staiger einmal mit Schaudern genannt.[34] Und in der Tat: dem jungen Schiller scheint nichts Menschliches fremd zu sein.

Das Gedicht ‚Freigeisterei der Leidenschaft' aus dem Jahre 1784 verhandelt exakt den Kon-flikt zwischen dem Affekten unterworfenen Körper und der geforderten Selbstdisziplinierung dieser Neigung durch einen auf Sittlichkeit programmierten Geist. Das Gedicht beginnt mit der kunstvoll schwärmerischen Aussprache eines lyrischen Ichs, das in unerfüllter Liebe zu einer verheirateten Frau entbrannt ist. Es pendelt zwischen emotionalem Pathos und skeptischer Re-flexion und zieht die Gültigkeit moralischer Gesetze ebenso in Zweifel wie deren christliche Rechtfertigung. Die Möglichkeit eines Ehebruchs zur Löschung der erotischen Flamme wird ungeschminkt ins Auge gefaßt. Derartige Zweifel und Gewissenskämpfe waren nun auch im Sinne aufklärerischer Ethik durchaus erlaubt, nämlich dort, wo sie das Ich über die dann letzt-lich praktizierte Entsagung zu einer neuen Verbindlichkeit und moralischen Größe führten. Bei Schiller liest sich das Ganze indes ein bißchen anders:

> Geschworen hab ichs, ja ich habs geschworen,
> Mich selbst zu bändigen.
> Hier ist dein Kranz. Er sei auf ewig mir verloren,
> Nimm ihn zurück, und laß mich sündigen. (NA 1, 163)

Mit trotzigem Gestus attackiert das Gedicht eine christliche Moraltheologie, welche die natür-lichen Triebe und das damit gekoppelte körperliche Verlangen des Menschen unterdrückt. Ein Gott, der dem Menschen die Begierde ins Wesen implantierte, darf, so heißt es in dem Gedicht, nicht zugleich deren Befriedigung verbieten:

> Bestict man dich mit blutendem Entsagen?
> Durch eine Hölle nur
> Kannst du zu deinem Himmel eine Brüke schlagen?
> Nur auf der Folter merkt dich die Natur? (NA 1, 165)

Das Ganze ist doch ein ganzes Stück entfernt von jenem Gott der Liebe, wie ihn die ‚Theosophie des Julius' in den ‚Philosophischen Briefen' zeitgleich (1782) beschwört. Ich denke, dies ist von Schiller mit Bedacht so gestaltet, der polemische Tonfall Programm. In einer „wohlkalkulierten Folge anti-enthusiastischer Kälteschocks"[35] räumt der junge Schiller sowohl in seiner Dissertation als auch in Teilen der literarischen Produktion jener Phase mit der

---

34 Emil Staiger, Friedrich Schiller, Zürich 1967, S. 107ff.
35 Riedel, Anthropologie (wie Anm. 10), S. 110.

idealistischen Vorstellung auf, wonach bei der Begründung des Sittlichen das Sinnliche keinerlei Rolle zu spielen habe. Weit gefehlt, meint Schiller, die körperlichen Empfindungen vermögen die Seele vielmehr im Sinne der physischen Selbsterhaltung zu dirigieren. Sie werden dem menschlichen Geist „durch eine blinde Nothwendigkeit, durch das Gesetz des Mechanismus aufgedrungen". Sie lassen sich zwar, und hier spricht eine unbewußte Körperfeindlichkeit aus Schiller, durch Selbstbeherrschung um „vieles schwächen und verdunkeln […], aber dennoch schüzt weder die höchste Tugend, noch die tiefste Philosophie, noch selbst die göttliche Religion vor dem Gesez der Nothwendigkeit." (NA 20, 45–48)

Es scheint Schiller nicht leicht gefallen zu sein, dieses „Gesez der Nothwendigkeit" für sich selbst, seinen eigenen Körper und den Umgang mit ihm zu akzeptieren. Denn dieser Umgang ist von Anfang an alles andere als pfleglich. Die Kontrolle, ja Manipulation des Leibes im Dienste des der Kunst geweihten Willens exerziert der Dichter mit großer Radikalität an sich durch. Das beginnt früh: ‚Die Räuber' entstehen weitgehend in Nachtarbeit in der Krankenstube der Militärakademie. Um wach zu bleiben, konsumiert Schiller große Mengen Kaffee und Schnupftabak, eine Gewohnheit, die er – ebenso wie die Nachtarbeit und die damit verbundenen Produktionsexzesse (bis zu 14 Stunden ohne Unterbrechung etwa 1790 an der ‚Geschichte des Dreißigjährigen Krieges') – zeitlebens beibehält. Der Jugendfreund J. W. Petersen charakterisiert den jungen Dichter an der Karlsschule wie folgt: „Ein Schnupfer wie Schiller war nicht leicht zu finden. Hatte er bisweilen keinen Tabak, so kitzelte er seine Geruchsnerven mit Staub."[36] Für das „Mitanstiften" einer Magd, ihm „Caffé zu bereiten", erhält bereits der 14jährige Eleve Schiller 1773 mit zwei Freunden einen Verweis. Wenn Goethe nach Schillers Tod etwas pathetisch vermerkt, „[s]eine durchwachten Nächte haben unseren Tag erhellt", so hatte das nicht zuletzt auch etwas mit dem Kaffee zu tun. Dieser an sich noch recht ungefährliche, wenn auch nicht besonders gesunde Umgang mit dem eigenen Leib durch Nachtwachen, Kaffee- und Tabakkonsum radikalisiert sich im Laufe der Jahre. Schiller entwickelt ein draufgängerisches, rücksichtsloses Verhältnis zur eigenen Natur, frei nach dem Motto: „Der Körper ist dein Attentäter!",[37] wie Rüdiger Safranski dies einmal genannt hat. In Mannheim, wo er in den Jahren 1783/84 als Theaterdichter angestellt ist, erkrankt Schiller im September 1783 an Malaria, von der in jener Phase knapp ein Drittel der gesamten Stadtbewohner infiziert ist (6000 von 20 000).[38] Der Mediziner Schiller unterzieht sich zur Therapie der wiederkehrenden Fieberanfälle einer aus heutiger Sicht katastrophalen Falschbehandlung. Er verschreibt sich eine wochenlange Hungerkur („Wassersuppen morgens, Wassersuppen abends"), die nur unterbrochen wird durch den Konsum extrem großer Mengen an Chinarinde, volkstümlich auch Fieberrinde genannt. Der extrem hohe Chiningehalt der Pflanze dürfte Schillers Magenschleimhäute chronisch geschädigt haben – bei 3g treten Übelkeit und Erbrechen auf, über 3g können zum sogenannten „Chininrausch" führen (Erregungszustände mit Schwindelanfällen, Sehstörungen, Ohrensausen), 10–15g Chinin sind lebensgefährlich.

Immer wieder scheint Schiller derartige Rauschzustände gesucht zu haben, die seinen Körper schädigten, seinen Geist jedoch zu Höhenflügen befähigten. Berühmt geworden ist das Zeugnis Goethes, welcher gegenüber seinem Sekretär Eckermann am 7. Oktober 1827 äußert:

---

36 Zitiert nach: Volker Hesse, Vermessene Größen, Jena 1997, S. 18.

37 Rüdiger Safranski, Schiller oder die Erfindung des Deutschen Idealismus, München 2004, S. 11.

38 Hesse (wie Anm. 36), S. 25.

> Ich besuchte ihn [Schiller] eines Tages, und da ich ihn nicht zu Hause fand und seine Frau mir sagte, daß er bald zurückkommen würde, so setzte ich mich an seinen Arbeitstisch, um mir Dieses und Jenes zu notieren. Ich hatte aber nicht lange gesessen, als ich von einem heimlichen Übelbefinden mich überschlichen fühlte, welches sich nach und nach steigerte, so daß ich endlich einer Ohnmacht nahe war. Ich wusste anfänglich nicht, welcher Ursache ich diesen elenden, mir ganz ungewöhnlichen Zustande zuschreiben sollte, bis ich endlich bemerkte, dass aus einer Schieblade neben mir ein sehr fataler Geruch strömte. Als ich sie öffnete, fand ich zu meinem Erstaunen, daß sie voll fauler Äpfel war. Ich trat sogleich an ein Fenster und schöpfte frische Luft, worauf ich mich denn augenblicklich wieder hergestellt fühlte. Indes war seine Frau wieder hereingetreten, die mir sagte, daß die Schieblade immer mit faulen Äpfeln gefüllt sein müsse, indem dieser Geruch Schillern wohltue und er ohne ihn nicht leben und arbeiten könne.[39]

Überreife Äpfel geben den ungesättigten Kohlenwasserstoff Ethylen ab, der die Reifung von Früchten (ggf. bis zur Fäulnis) beschleunigt.[40]

Ab 1791 bricht schließlich – Schiller ist gerade einmal 31 Jahre alt – eine Organtuberkulose mit vorwiegender Manifestation im Lungen- und Darmbereich aus, von der sich der Dichter zeitlebens nicht mehr erholen wird.[41] Die Krankheit breitet sich schubartig in phasenhaftem Verlauf aus, und es ist wohl nicht zuletzt Schillers unfaßbarer Willenskraft zu verdanken, daß er der Organtuberkulose weitere 14 Jahre Schaffenszeit abtrotzt, in welcher seine größten Dichtungen entstehen. Nach Schillers Tod am 9. Mai 1805 wird die Leiche obduziert. Man findet die Lunge „brandig, breiartig und ganz desorganisiert", das Herz „ohne Muskelsubstanz", die Nieren „in ihrer Substanz aufgelöst und völlig verwachsen." Der Leibmedicus des Weimarer Herzogs fügt dem Obduktionsbefund die Bemerkung hinzu: „Bei diesen Umständen muß man sich wundern, wie der arme Mann so lange hat leben können."[42] Ist es also nicht doch so, daß sich der Geist den Körper baut, wie Schiller seine Schöpfung Wallenstein kundtun läßt? Der Obduktionsbefund zumindest scheint zu verifizieren, was Schillers Sterbebegleiter Heinrich Voß notierte: „Nur bei seinem unendlichen Geiste wird es erklärbar, wie er so lange leben konnte."[43]

---

39  Johann Peter Eckermann, Gespräche mit Goethe. Dritter Teil, 7. Oktober 1827. In: Goethe, Sämtliche Werke, hg. von Karl Eibl u.a. II. Abteilung, Bd. 12, Frankfurt am Main 1999, S. 632.

40  Ethylen gehört zur Obergruppe der Olefine, Sammelausdruck für einfach ungesättigte Kohlenwasserstoffe. Die einfachen Olefine (Ethylen, Propylen) werden vorwiegend aus Rohbenzin gewonnen und bilden das Ausgangsmaterial für die Herstellung von Kunststoffen, Wasch- und Reinigungsmitteln, Lacken und Farbstoffen, Kunstfasern. Über die Atemwege aufgenommen, kann es narkotische Wirkung entfalten. Vgl. http://www.chemieonline.de/forum/archive/index.php/t-5120.html (29.03.05).

41  Alle Abschnitte der Atmungsorgane waren bei Schiller in wechselndem Ausmaß ergriffen. Ein immer wieder, vor allem in Wintermonaten sehr belastender Husten, Brustschmerzen bei der Atmung, Fieberschübe sind die Symptome einer chronischen Bronchitis, einer Entzündung der Nasennebenhöhlen, von Schüben einer Lungenentzündung mit Rippenfellreizung bis hin zu einem Lungenabszeß begleitet, der große Abschnitte der rechten Lunge zerstört, sich in den Rippenfellraum entleert und schließlich durch das Zwerchfell in den Bauchraum einbricht. Vgl.: Michael Hertl, Schillers faule Äpfel. In: Goethe Jahrbuch 115 (1998), S. 231–237.

42  Zitiert nach Safranski (wie Anm. 37), S. 11.

43  Ebd., S. 11.

Doch jeder Idealismus hat Grenzen. Und die nimmt der junge Schiller – zu dem ich nach diesem kleinen Exkurs zurückkehren will – mit einem illusionsfreien anthropologischen Realismus in den Blick. Am Ende des ersten Teils seines ‚Versuchs' steht unleugbar und als zielsicher gesetzter Schock am Ende das Primat des Körpers: „Wider die überhandnehmenden thierischen Fühlungen vermag endlich die höchste Anstrengung des Geistes nichts mehr" (NA 20, 47), heißt es da. „Die Seele [wird] gewaltsam an den Organismus gefesselt": „Hunger und Durst zu löschen wird der Mensch Thaten tun, worüber die Menschlichkeit schaudert, er wird wider Willen Verräther und Mörder, er wird Kannibal". (NA 20, 47) Auch wenn sich das wie eine Kreuzung aus de Sade und La Mettrie anhört: die Anthropologie des jungen Schiller ist gleich weit vom materialistischen wie idealistischen Perfektibilitätsideal entfernt, sie beschreitet die „Mittellinie der Wahrheit", huldigt weder der Einseitigkeit des Maschinenmenschen eines La Mettrie noch jenem anthropologischen Spiritualismus, der im Körper nur den Kerker des Geistes sieht. Zielvision ist die anthropologische Konzeption eines Gleichgewichts der psychophysischen Kräfte, welche die dritte medizinische Dissertation im Ideal des Menschen als gemischtem Wesen entwirft, nicht als unseliges, sondern als notwendiges, weil seine Humanität begründendes Mittelding zwischen Vieh und Engel.[44]

Doch der junge Schiller, die Lektüre der literarischen Produktionen jener Phase drängt diesen Eindruck auf, steht dabei noch auf schwankendem Grund. An der Veranlagung des Menschen, sich regelmäßig wie ein Vieh zu gebärden, hegt der Mediziner Schiller keinen Zweifel. Zum Engel allerdings und dem damit verbundenen Höhenflug reicht es in seinen Augen nur für wenige. Gegenüber dem Freund Christian Gottfried Körner bemerkt der Dichter am 7. Mai 1785:

> Das Leben von tausend Menschen ist meistens nur Zirkulation der Säfte, Einsaugung durch die Wurzel, Destillazion durch die Röhren und Ausdünstung durch die Blätter; das ist heute wie gestern, beginnt in einem wärmeren Apriltage und ist mit dem nämlichen Oktober zu Ende. Ich weine über diese organische Regelmäßigkeit des grösesten Theils in der denkenden Schöpfung, und den preiße ich selig, dem es gegeben ward, der Mechanik seiner Natur nach Gefallen mitzuspielen, und das Uhrwerk empfinden zu laßen, daß ein freier Geist seine Räder treibt. […] unsre Seele ist für etwas höheres da, als bloß den uniformen Takt der Maschine zu halten. Tausend Menschen gehen wie Taschenuhren, die die Materie aufzieht, oder, wenn sie so wollen, ihre Empfindungen und Ideen tröpfeln hidrostatisch wie das Blut durch seine Venen und Aterien, der Körper usurpiert sich eine traurige Diktatur über die Seele, aber sie kann ihre Rechte reclamieren, und das sind dann die Momente des Genius und der Begeisterung. Nemo unquam vir magnus fuit sine aliquo afflatu divino. (NA 24, 6)

Maschinenmensch und konditionierte Triebmarionette oder willensfreier Geist und Schöpfergenius? Aus den divergierenden Stimmen des jungen Mediziners, Dichters und Philosophen destilliert sich noch eine brüchige Ethik heraus, ein Menschenbild, das sich zwar bereits um

---

44  Vgl. zu dieser polar angelegten Natur des Menschen aus psychologischer Perspektive vor allem das erste Kapitel der Studie von Lothar Pikulik, Der Dramatiker als Psychologe. Figur und Zuschauer in Schillers Dramen und Dramentheorie, Paderborn 2004, S. 19–89.

die Synthesen der klassischen Phase müht, jedoch noch eine auffällige Unsicherheit der welt-
anschaulichen Orientierung aufweist. Verhandelt werden diese anthropologischen Zweifel bei
Schiller dabei – so meine These – zurückhaltend in den medizinischen Schriften, offen ausge-
spielt auf der „fiktionalen Spielwiese" seiner Literatur.

Und so treten mit Julius in den ‚Philosophischen Briefen', mit Franz Moor im zeitgleich ent-
stehenden Drama ‚Die Räuber' und mit Wollmar in der 1782 für das ‚Wirtembergische Reper-
torium' verfaßten Prosaskizze ‚Spaziergang unter den Linden' gleich drei Stimmen auf, die
figurale Träger dessen sind, was man in der Forschung einmal mit einem glücklichen Begriff
als das „Skeptizismusexperiment"[45] des jungen Schiller bezeichnet hat.

An diesen Figuren spielt Schiller rückhaltlos die „kritische Pointe" der materialistischen
Anthropologie durch, ihre Nachtseite sozusagen: Es ist die Negation der Unsterblichkeit und
die damit geleugnete Möglichkeit einer Bestimmung des Menschen über das physische Dasein
hinaus. Es ist eine Angst, mit welcher das Gedicht ‚Eine Leichenphantasie' von 1780 pessimistisch ausklingt: „Starr und ewig schließt das Grabes Riegel / Dumpfer – dumpfer schollerts
über'm Sarg zum Hügel / Nimmer gibt das Grab zurück." (NA 1, 90)

Schiller ist 21 Jahre alt, als er diese Zeilen schreibt, er sitzt an seiner Dissertation, arbeitet
parallel dazu an seinem ersten Drama, ‚Die Räuber', und verbringt den Juni 1780 am Sterbe-
lager des Freundes August von Hoven, dessen frühen Tod ‚Eine Leichenphantasie' literarisch zu
kompensieren sucht. Die Frage nach einer Größe im Menschen, die den leiblichen Tod überste-
hen könnte, treibt Schiller in jener Zeit erheblich um. Hoffnungen, wie die ästhetische Utopie
einer die eigene Mortalität transzendierenden Kraft der Liebe (Theosophie) werden konzipiert,
aber es bleiben wohl Zweifel. Und manches spricht dafür, daß der junge Schiller diese Zweifel
seinen literarischen Figuren injiziert. Vielleicht auch, um sie im eigenen Geist besser unter
Kontrolle halten zu können. Dem materialistischen Ansatz zufolge, so heißt es in der ersten
Dissertation ‚Physiologie der Philosophie' (1779), müßte „der Geist selbst Materie sein. Denken
wäre also Bewegung. Unsterblichkeit wäre ein Wahn. Der Geist müste vergehen." (NA 20, 12)

Diese bedrohende Vorstellung eines Wegfalls der transzendenten Bestimmung des
Menschen führt bei den „Skeptizismus-Figuren" Schillers in jener Phase zu einer zynischen
Definition der menschlichen Bestimmung. Paradebeispiel ist Franz Moor, die vollkommene
Verkörperung aller negativen Folgerungen einer rein materialistischen Anthropologie:

> Der Mensch entstehet aus Morast, und watet eine Weile im Morast, und macht Morast,
> und gährt wieder zusammen in Morast, bis er zulezt an den Schuhsohlen seines Uhrenkels
> unflätig anklebt. Das ist das Ende vom Lied – der morastige Zirkel der menschlichen
> Bestimmung, und so mit – glükliche Reise, Herr Bruder! (NA 3, 95)

Das Schockierende dieser Figur, dies haben Lothar Pikulik,[46] Wolfgang Riedel und Hans-
Jürgen Schings mit großer Deutlichkeit herausgearbeitet, liegt für Schiller weniger darin, daß
sie mörderische Pläne hegt und ausführt (Vatermord, Brudermord) – dies ist in Tragödien so
üblich – das Schockierende liegt vielmehr in einer „Krise und Rebellion des Selbstgefühls",[47]

---

45  Riedel, Anthropologie (wie Anm. 10), S. 208.

46  Vgl. Pikulik (wie Anm. 44), S. 109–133.

47  Ebd., S. 109.

die bei Franz sich derart gesteigert ausspricht, daß sie schließlich in eine explizit ausgearbeite-
te „Theorie des Egoismus"[48] mündet.

Franz bedient sich nämlich „kaltblütig der Technik der aufklärerischen Vorurteilskritik, um
sämtliche Normen und Werte, die zur Verhinderung jener Verbrechen etabliert sind", außer
Kraft zu setzen. Es ist die bewußte Orientierung am Bösen, welche sich an Franz Moor zeigt:
„Wer es einmal so weit gebracht hat [...] seinen Verstand auf Unkosten seines Herzens zu ver-
feinern, dem ist das Heiligste nicht heilig mehr – dem ist die Menschheit, die Gottheit nichts –
Beide Welten sind nichts in seinen Augen" (NA 3, 6), so Schiller in seiner Vorrede zu den
‚Räubern'.

Auch Wollmar im kurz darauf entstandenen ‚Spaziergang unter den Linden' bezieht wesentliche Elemente seines Pessimismus aus der Überzeugung, im Leben einen Kreislauf der Vergänglichkeit vorzufinden. Auch in seinem Innern gärt das Argument des monistischen Ansatzes, wonach „das Schicksal der Seele in die Materie geschrieben"[49] ist. Die Idee einer un-
sterblichen Psyche erweist sich unter solcher Perspektive wiederum als Fiktion: „Auf jeden
Punkt im ewigen Universum hat der Tod sein monarchisches Siegel gedrückt."[50] Die Bilanz
des Lebens ist in den Augen Wollmars demzufolge notwendig negativ, die Natur ein Muster
ewigen Verfalls, die Wirklichkeit von der Grundfigur ständiger Wiederholung in Richtung
Auslöschung hin bestimmt, und der Körper als Medium der Täuschung mittendrin:

> Ein verdorbener Magen verschwärzt diesen Planeten zur Hölle, ein Glas Wein kann seine
> Teufel vergöttern. Wenn unsre [körperlichen] Launen die Modelle unsrer Philosophien
> sind – [...] in welcher wird die Wahrheit gegossen?[51]

Wie vermag der Mensch als „das einzige Wesen in der Welt, das *weiß*, daß es sterben muß",[52]
und das, mit einem Wort des Soziologen Zygmunt Baumans, „die Metaphysik aus der Sterblichkeit"[53] verbannt hat, im Angesicht dieses Wissens sinnvoll zu existieren? So könnte die
Ausgangsfrage des Skeptizismus-Experiments lauten, welches Schiller über diese Figuren
initiiert. „Worauf gründen wir das Recht, den Anfang zu bejahen und das Ende zu verneinen?"
(NA 20, 110), fragt Julius, die dritte Skeptizismusfigur jener Phase, sein Gegenüber Raffael in
den ‚Philosophischen Briefen'. Mit der Figur des Julius treibt Schiller den materialistischen
Diskurs auf die Spitze. Der Glaube an die Metaphysik wird hier als bloße Manifestation
menschlicher Einbildungskraft gedeutet, welche wiederum ihren Ursprung in der Affektnatur
des Menschen hat und damit zwangsläufig den Mechanismen der Täuschung preisgegeben ist:

> Meine Glückseligkeit ist [...] dem harmonischen Takt meines Sensoriums anvertraut.
> Wehe mir, wenn die Saiten dieses Instruments in den bedenklichen Perioden meines

---

48  Riedel, Aufklärung (wie Anm. 25), S. 202.

49  Friedrich Schiller, Spaziergang unter den Linden. In: ders., Sämtliche Werke, hg. von Gerhard Fricke/Herbert
    Göpfert, Bd. 5, München [8]1987, S. 329.

50  Ebd., S. 332.

51  Ebd., S. 330.

52  Thomas Macho, Todesmetaphern, Frankfurt am Main 1987, S. 108.

53  Zygmunt Bauman, Tod, Unsterblichkeit und andere Lebensstrategien, Frankfurt am Main 1994, S. 227.

> Lebens falsch angeben – wenn meine Überzeugungen mit meinem Aderschlag wanken!
> [...] unglückseliger Widerspruch der Natur – dieser freie emporstrebende Geist ist in das
> starre, unwandelbare Uhrwerk eines sterblichen Körpers geflochten, mit seinen kleinen
> Bedürfnissen vermengt, an seine kleinen Schicksale angejocht – dieser Gott ist in eine
> Welt von Würmern verwiesen. (NA 20, 111f.)

Metaphysik als ein von körperlichen Reaktionen erzeugtes Wahngebäude – dieses Konzept ist
nicht mehr weit entfernt von der Religionskritik eines David Hume, der 1757 in seiner berüchtigten ‚The natural history of religion' die geschichtlich überlieferten Glaubenssysteme als
„sick men's dreams"[54] bezeichnete.

An derartigen Dekonstruktionen – so meine These – ist Schiller nicht gelegen. Seine Skepti-
zismusexperimente sind eher Exerzitien der inneren Reinigung, Katharsisübungen, deren
Zweck es ist, über das radikale Ausagieren philosophischer Zweifel zu anderen Größen vorzu-
stoßen. Anthropologisch gesprochen: So wie im Sinne der philosophischen Ärzte jeder Heilung
ein Fieber, eine Krisis vorausgehen muß, stellen die durch die materialistische Anthropologie
implizierte

> Skeptizismus und Freidenkerei [...] die Fieberparoxysmen des menschlichen Geistes
> [dar] und müssen durch eben die unnatürliche Erschütterung, die sie in gut organisierten
> Seelen verursachen, zuletzt die Gesundheit befestigen helfen. Je blendender, je verfüh-
> render der Irrtum, desto mehr Triumph für die Wahrheit, je quälender der Zweifel, desto
> größer die Aufforderung zu Überzeugung und fester Gewißheit. Aber diese Zweifel, diese
> Irrtümer vorzutragen, war notwendig; die Kenntnis der Krankheit mußte der Heilung vor-
> angehen. (NA 20, 108)

Die Analogie von „Skeptizismus" und „Fieber", von „philosophischer und physiologischer
Krisis", ist von Schiller nicht zufällig gewählt. Sie setzt – wie Wolfgang Riedel gezeigt hat –
einen teleologisch-finalen Krankheitsbegriff voraus, dessen Einflußgrößen Schiller in seiner
zweiten Dissertation ‚De discrimine febrium'[55] detailliert ins Blickfeld nimmt. Darauf muß
hier nicht weiter eingegangen werden. Entscheidend ist: Der philosophische Exkurs, der den
mächtigen Einfluß körperlicher Zustände auf geistige Energien erweisen soll, mündet erneut
ins Fahrwasser einer anthropologischen Argumentation. Doch Schiller wendet im Fortlauf der
Argumentation der ‚Philosophischen Briefe' sukzessive die Stoßrichtung. Julius beginnt unter
dem Einfluß seines Mentors Raffael zu erkennen, daß das, was „im dunkeln Orakel der körperlichen Schöpfung" dem menschlichen Geiste „vorherverkündigt liegt" (NA 20, 116), nicht
notwendigerweise bloße Zerstörung und reiner Verfall sein muß. Der Einzelne hat vielmehr ein
sicheres Gleichgewicht zwischen seelischen und körperlichen Kräften herzustellen, um deren
jeweilige Überlastung durch einseitige Nutzung zu verhindern. Die Zielvisionen der klassischen Ästhetik Schillers tauchen hier – 1782 –, von vielerlei Unsicherheiten noch geplagt, am
Horizont auf. Das Individuum muß letztlich das rechte Maß an Sinnlichkeit und Intellekt,
Muße und Tätigkeit, Genuß und Arbeit finden, will es dem Gesetz des Gleichgewichts folgen,

---

54 Zitiert nach Riedel, Anthropologie (wie Anm. 10), S. 226.
55 Vgl. Riedel, Anthropologie (wie Anm. 10), S. 211f.

welches das Ideal seiner natürlichen Bestimmung bildet. Die Influxustheorie des Mediziners Schiller, die Vorstellung eines Ausgependeltseins der psychophysischen Kräfte, mündet hier als aufscheinende Vision in jene Allianz zwischen „Kopf und Herz" (NA 22, 245), welche der Klassiker Schiller später als erreichbare Zielvorgabe schöner Seelen ausrufen wird.

Schön und gut – ist man geneigt, als Postmoderner zu sagen: Und der Tod? Wie vermag der Mensch, als „das einzige Wesen in der Welt, das *weiß*, daß es sterben muß", um die Ausgangsfrage zu wiederholen, im Angesicht dieses Wissens sinnvoll zu existieren?

Schillers Antwort ist, und ich kann dies am Ende nur andeuten, ungeheuer modern: Das Individuum begegnet dem Tod bei Schiller angemessen, indem es ihn mit einem Wort Georg Simmels als „Generator von Individualität"[56] zu integrieren sucht. Der griechische Arzt Alkmaion soll einmal mit Zustimmung des Aristoteles gesagt haben, daß die Menschen sterben müssen, weil sie nicht in der Lage sind, Anfang und Ende miteinander zu verknüpfen.

Laut Julius in den ‚Philosophischen Briefen' erweist sich der Tod als Resultat einer solchen Unmöglichkeit. Doch er wird gleichzeitig damit auch zum Antrieb, Vorstellungen zu entbinden, die ihm seinen Stachel, seine zerstörerische Kraft, zu nehmen suchen. An dieser Stelle schlägt Natur bei Schiller irreversibel in Kultur um, wird der Tod, genauer, das Wissen um unsere Sterblichkeit, zu einem „Kultur-Generator ersten Ranges".[57] Spätestens seit der Mitte der achtziger Jahre, darüber herrscht in der Forschung weitgehend Einigkeit, ist Schiller klar, daß er ohne die Annahme einer Transzendenz, ohne die Idee eines personalen Gottes, auskommen muß und gleichzeitig nicht dem nihilistischen Schrecken eines reinen Materialismus zu verfallen gedenkt. Seine ästhetische Utopie des Schönen als einer Philosophie des möglichen Glücks sowie die Theorie des Erhabenen als einer Philosophie angesichts des sicheren Todes entfalten ihre Humanität aus diesem Bewußtsein, ihre moralischen Energien aus dem Jetzt und Hier dieser Welt ziehen zu müssen. Anmut und Würde, das Erhabene, das Schöne – der spätere Schiller wird als Ausweg aus der anthropologisch-psychologischen Krise der Jugendjahre die ästhetische Lösung wählen. Ein langer und schwieriger Weg, der hier nicht mehr nachvollzogen werden kann, der jedoch – dies hoffe ich, gezeigt zu haben – bereits beim jungen Schiller seinen Anfang nimmt.

„Was ist das Leben der Menschen", so fragt Friedrich Schiller am 22. Januar 1789 den Freund Körner,

> wenn ihr ihm nehmt, was die Kunst ihm gegeben hat? Ein ewiger aufgedeckter Anblick der Zerstörung. […] denn wenn man aus unserm Leben herausnimmt, was der Schönheit dient, so bleibt nur das Bedürfniß und was ist das Bedürfniß anders, als eine Verwahrung vor dem immer drohenden Untergang? (NA 25, 186f.)

---

56  Vgl. Alois Hahn, Tod und Zivilisation bei Georg Simmel. In: Der Tod ist ein Problem der Lebenden, hg. von Klaus Feldmann und Werner Fuchs-Heinritz, Frankfurt am Main 1995, S. 80–96.

57  Jan Assmann, Der Tod als Thema der Kulturtheorie, Frankfurt am Main 2000, S. 14.

*Hans Rott*

# „Alle andere Dinge müssen;
# der Mensch ist das Wesen, welches will."

## Anmerkungen zu Schillers Philosophie des Geistes

## I. Einleitung

„Kein Mensch muß müssen" sagt der Jude Nathan zum Derwisch, und dieses Wort ist in einem weiteren Umfange wahr, als man demselben vielleicht einräumen möchte. Der Wille ist der Geschlechtscharakter des Menschen, und die Vernunft selbst ist nur die ewige Regel desselben. Vernünftig handelt die ganze Natur; sein Prärogativ ist bloß, daß er mit Bewußtseyn und Willen vernünftig handelt. Alle andere Dinge müssen; der Mensch ist das Wesen, welches will. (NA 21, 38)

Mit diesen Worten beginnt Schiller seinen Aufsatz ‚Ueber das Erhabene'. Vermutlich ist diese Schrift in der ersten Hälfte der 1790er Jahre entstanden. Eine genaue Datierung ist nicht mehr möglich. Man darf aber annehmen, daß sie Schiller zur Erstveröffentlichung im dritten Band seiner ‚Kleineren prosaischen Schriften' im Mai 1801 gründlich überarbeitet hat. Einen Hinweis darauf mag man darin sehen, daß er im Monat zuvor, einem lang gehegten Wunsche Goethes folgend, eine Bühnenbearbeitung von Lessings ‚Nathan' für die Aufführung im Weimarer Theater vorbereitet hatte.[1] Jedenfalls ist ‚Ueber das Erhabene' die vorletzte ästhetische Schrift, die von Schiller erschienen ist. Wir haben demnach eine späte, ausgereifte Formulierung (eines Teils) seiner ästhetischen Theorie vor uns, und wollen uns ihren Inhalt in aller Kürze und Bündigkeit vergegenwärtigen.

Als „Wesen, welches will", verliere, so Schiller, der Mensch eben Wesentliches, wenn er Gewalt oder Zwang unterliege, wenn er also „nur muß und nicht will". (NA 21, 38) Nun muß jeder Mensch aber sterben und unterliegt damit letzten Endes einer natürlichen Gewalt. Da der Wille auf physischem Gebiet (hier: der Wille, weiterzuleben) also an offensichtliche Grenzen stößt, verweist Schiller auf die Möglichkeit des Menschen, Gewalt „dem Begriffe nach zu vernichten", und das heißt, „sich derselben freywillig unterwerfen".[2] (NA 21, 39) Dies zu errei-

---

1   Die Bearbeitung war nicht besonders gravierend, und die Vorbereitung der Aufführung in Weimar (zuerst am 28. November 1801) für Schiller ziemlich unerquicklich (vgl. Peter-André Alt, Schiller. Leben – Werk – Zeit, Bd. 2, München 2000, S. 487f.). Schiller hatte das Manuskript für den dritten Band seiner ‚Kleineren prosaischen Schriften' schon im April 1801 an den Drucker schicken müssen, aber man darf davon ausgehen, daß die ‚Nathan'-Pläne schon länger gereift waren.

2   Schiller nimmt hier im wesentlichen Nietzsches *amor fati* vorweg (Die fröhliche Wissenschaft 1882, 2. Aufl.,

chen, könne die „moralische Kultur" dem Menschen helfen. Wir erfahren durch das Gefühl des Erhabenen, daß die Naturgesetze uns nicht vollständig bestimmen und sich der Zustand unseres Geistes nicht notwendig nach dem Zustand der Sinne richten muß. Wir haben, so Schiller, ein „selbstständiges Prinzipium in uns", welches von allen körperlich-sinnlichen Einflüssen unabhängig ist (NA 21, 42). Bei einem Theaterbesuch kann der Mensch erfahren, „daß folglich zwey entgegengesetzte Naturen in uns vereiniget seyn müssen" (NA 21, 42): Die eine, die ihm als Bewohner der körperlichen Welt der Erfahrung zukommt, ist die *Sinnlichkeit*, der im übrigen auch der Verstand zuarbeitet; die andere, ganz andere, *vernünftige* Natur ist von den Gesetzlichkeiten der Sinnenwelt unabhängig und kann sich ihre Gesetze selbst geben.

Die Doppelnatur des Menschen liegt im Bereich der Ästhetik der Dualität von *Schönem* und *Erhabenem* zugrunde, mit zwei je eigenen Begriffen von Freiheit. Beim *Schönen* stimmen Sinnlichkeit und Vernunft zusammen, der Mensch kann lustvoll Gerechtigkeit, Mäßigkeit und Standhaftigkeit üben. Es macht gerade den *schönen* Charakter aus, Lust an der Erfüllung seiner Pflichten zu finden. Die Freiheit bei der Schönheit liegt in der Übereinstimmung zwischen Trieb und Vernunftgesetz.[3] Beim *Erhabenen* hingegen – beim Großen und Ernsten, das immer auch etwas Furcht- oder Ehrfurcht-Einflößendes hat – befinden sich die Ideen der Vernunft im Widerspruch mit den Trieben der Sinnlichkeit: Der Mensch will eigentlich nicht, was er vernünftigerweise soll. (NA 21, 43f.) Die Freiheit beim Erhabenen besteht darin, daß sich der Mensch nicht von den körperlichen Notwendigkeiten „versklaven" läßt, sondern unabhängig von diesen handelt, „als ob sein Geist unter keinen anderen als seinen eigenen Gesetzen stünde" und so sein „absolute[s] moralische[s] Vermögen[]" (NA 21, 45) die Oberhand behält. Es öffnet sich eine Kluft zwischen Physis und Psyche. Das heitere Gefühl für die Schönheit kommt früher im Leben des Menschen, doch nimmt die tiefere Empfindung des Erhabenen einen höheren Rang ein und macht den Menschen erst zum wirklich tugendhaften. (NA 21, 43f.)

Moral und Religion erfordern gelegentlich „Ergebung in den göttlichen Rathschluß" oder die „Resignation in die Nothwendigkeit". (NA 21, 40) Zugleich aber ist der „moralisch gebil-

---

Leipzig 1887, § 276, und Ecce Homo, entstanden 1888, publiziert postum 1908, Leipzig 1911, „Warum ich so klug bin", § 10).

3   Beim schönen Charakter ist nicht genau auszumachen, ob eine tugendhafte Handlung aus Lustgewinn oder aufgrund des Vernunftgesetzes ausgeführt wird. Schiller scheint sogar sagen zu wollen, daß der Handelnde durch einen solchen Charakter determiniert ist, das zu tun, was er tut: „Wenn es dieser Mensch auch bloß auf angenehme Empfindungen angelegt hätte, so könnte er, ohne ein Thor zu seyn, schlechterdings nicht anders handeln, und er müßte seinen eignen Vorteil hassen, wenn er lasterhaft seyn wollte." (NA 21, 44) Daß guten Menschen gar nichts andres übrig bleibt, als gut zu sein, ist ein alter Topos. Ein oft genanntes Beispiel stellt Cato der Jüngere dar, vgl. Thomas Hobbes (Of Liberty and Necessity 1654. In: Vere Chappell (Hg.), Hobbes and Bramhall on Liberty and Necessity, Cambridge 1999, S. 26), Gottfried W. Leibniz (Theodizee 1710, 1. Teil, § 75, und 3. Teil, § 318. In: Herbert Herring (Hg.), Philosophische Schriften, Frankfurt am Main 1996, Bd. 2.1, S. 316f., und Bd. 2.2, S. 116f.) und Thomas Reid (Essays on the Active Powers of Man 1788, Essay IV, Kap. 4. In: ders., Philosophical Works, Bd. II, Hildesheim 1967, S. 600). Nicht minder berühmt für seine (angebliche) Unfähigkeit zu lügen war George Washington, über den Mark Twain sagte: „I am different from Washington; I have a higher and grander standard of principle. Washington could not lie. I can lie but won't." („Roughing It Lecture". In: Paul Fatout (Hg.), Mark Twain Speaking, Iowa City 1976, S. 48–64; hier: S. 60).

dete Mensch, und nur dieser, [...] ganz frey [...]. Nichts was [die Natur] an ihm ausübt, ist Gewalt, denn eh es bis zu *ihm* kommt, ist es schon *seine eigene Handlung* geworden". (NA 21, 39) Durch eine gefühlsmäßige Anverwandlung natürlicher Gegebenheiten, durch „moralische Kultur" gelingt es dem Menschen, „seinen Willen zu behaupten, denn der Mensch ist das Wesen, welches will." (NA 21, 39)

Die Lehre des Aufsatzes ‚Ueber das Erhabene' ist typisch für Schillers ästhetische Schriften. Ähnlich wie ‚Ueber Anmuth und Würde' von 1793 oder die Briefe ‚Ueber die ästhetische Erziehung des Menschen' von 1795 werden hier ästhetische Fragen, Fragen der *Schönheit* also, in engstem Verbund mit Fragen der *Freiheit* verhandelt. Denn „Freyheit regiert also jetzt die Schönheit" und „Anmuth ist die Schönheit der Gestalt unter dem Einfluß der Freyheit; die Schönheit derjenigen Erscheinungen, die die Person bestimmt." (NA 20, 264)

Das Problem der *Freiheit* aber verweist uns schließlich in die *Philosophie des Geistes*. Die Kategorien des Schönen und des Erhabenen, der Anmut und der Würde bei Schiller wären nicht denkbar, wenn er keine scharfe Trennung zwischen der körperlich-sinnlichen und der geistig-vernünftigen Natur des Menschen vorgenommen hätte. Schillers Schriften aus den 1790er Jahren setzen also eine Form des Dualismus voraus. Schillers Gedankenkreise um diesen Zusammenhang werden den Großteil meines Beitrags einnehmen. Am Ende werde ich dann eine Frage aufwerfen, die für Schiller selbst höchstens eine rhetorische Frage gewesen wäre: Können wir denn frei sein, wenn Geist und Seele nicht unabhängig von der Materie existieren und wirken können?

Was heute als „Leib-Seele-Problem" oder, moderner, als „Geist-Körper-Problem" in der Philosophie des Geistes verhandelt wird, war zu Schillers Zeit als „Commercium-Problem" in der Disziplin der Anthropologie verortet.[4] Die Platnersche Definition von Anthropologie als die Lehre von „Körper und Seele in ihren gegenseitigen Verhältnissen, Einschränkungen und Beziehungen"[5] wäre auch gut als Charakterisierung des genannten Kernteils der Philosophie des Geistes brauchbar. Im vorliegenden Beitrag möchte ich mich erstens auf die Philosophie des Geistes konzentrieren, soweit sie ganz besonders für den Schillerschen Zentralbegriff der Freiheit wichtig ist. Zweitens werde ich diese Thematik nicht unter literaturwissenschaftlichem, sondern unter philosophischem Blickwinkel betrachten. Dabei werde ich drittens weniger auf den jungen Schiller abheben als vielmehr, ausgehend von der späten Schrift ‚Ueber das Erhabene', das philosophische Schaffen Schillers vom Ende her zurück zum Anfang hin aufrollen. Viertens werden wir dabei natürlich unweigerlich der Gestalt begegnen, die nicht nur für Schiller, sondern für das ganze ausgehende 18. Jahrhundert eine Revolution der Denkungsart bedeutete.

---

4   Der Terminus „Commercium", im Wortsinne Umgang oder (Geschäfts-)Verkehr bedeutend, scheint bereits die Existenz zweier unabhängiger Entitäten zu implizieren.

5   Ernst Platner, Anthropologie für Aerzte und Weltweise, Leipzig 1772, S. XVf. Vgl. Wolfgang Riedel, Die Anthropologie des jungen Schiller, Würzburg 1985, besonders S. 13–17, und Jürgen Daiber, „Im dunkeln Orakel der körperlichen Schöpfung [...] verkündigt". Figuren des Skeptizismus in der Anthropologie des jungen Schillers, in diesem Band.

## II. Friedrich Schiller, 31, Professor für Geschichte und Student der Philosophie

Aus den oben wiedergegebenen Gedanken blitzt überall Kant. Immanuel Kant, 35 Jahre älter als Schiller, hatte seine wirkungsreichste Periode zur gleichen Zeit wie der früher reife Schiller. Kants ‚Kritik der reinen Vernunft' erschien 1781, in demselben Jahr, in welchem der zwanzigjährige Schiller seine ‚Räuber' drucken ließ. In den Jahren 1793 und 1795, in denen die meisten und wichtigsten philosophisch-ästhetischen Schriften Schillers erschienen, publizierte Kant ‚Die Religion innerhalb der Grenzen der bloßen Vernunft' und ‚Zum ewigen Frieden', zwei Jahre darauf, 1797, folgt sein letztes großes Werk, die ‚Metaphysik der Sitten'. Schiller, dem um mehr als eine Generation jüngeren, war es nicht vergönnt, länger als Kant zu wirken, denn er überlebte diesen nur um ein Jahr.

Um zu verstehen, wie sich das Verhältnis zwischen dem großen Philosophen und dem großen Dichter darstellte, und um uns ein Bild von Schiller als Philosophen zu machen, ist es nützlich, zuerst die Chronologie zu betrachten. Wenn die Philosophie Schiller auch seit der Karlsschulzeit nicht losgelassen hatte, so gab es doch eine philosophische Periode Schillers im engeren Sinn, die sich sehr genau datieren läßt. Sie dauerte fünf Jahre, von Anfang 1791 bis Ende 1795.

Vergegenwärtigen wir uns die Situation zu Beginn des Jahres 1791, in der Schiller seine intensive philosophische Phase begann. Nachdem er 1787 die quälend lang dauernde Arbeit an seinem vierten großen Schauspiel ‚Don Karlos' vollendet hatte,[6] verfiel der gefeierte Dramatiker Schiller in eine dramatische Pause. Über ein Jahrzehnt, mehr als elf Jahre sollte es dauern, bevor sein nächstes Schauspiel, der ‚Wallenstein', aufgeführt wurde.[7] Was war in diesem Jahrzehnt geschehen? Schiller hatte sich der Geschichte zugewandt und, unter anderem mit der Hilfe Goethes, am Ende des Jahres 1788 den Ruf auf eine Professur für Geschichte an der Universität Jena erhalten.[8] Er investierte ein ungeheures Arbeitspensum in seine ‚Geschichte des Dreißigjährigen Krieges' – eine Geschichte, die „alle Requisiten [hatte], unter der Hand des Philosophen interessant zu werden" (NA 25, 304).[9] Doch nach dem sensationellen Erfolg dieser Arbeit bricht Schiller am 3. Januar 1791 zusammen. Er versucht, seine Jenaer Kollegs weiter abzuhalten, aber sein Gesundheitszustand verschlechtert sich rapide. Die Krankheit bringt ihn im Februar und noch einmal im Mai an den Rand des Todes.[10] Schiller lebte noch 14 wei-

---

6   Die erste Serie von Dramen bestand in ‚Die Räuber' 1781, ‚Fiesko' 1784, ‚Kabale und Liebe' 1784, ‚Don Karlos' 1787.

7   Welches dann wiederum Auftakt einer neuen, bis zu Schillers Tod anhaltenden Serie von fünf weiteren Dramen war: ‚Wallenstein' 1799–1800, ‚Maria Stuart' 1800, ‚Die Jungfrau von Orleans' 1801, ‚Wilhelm Tell' 1803, ‚Die Braut von Messina' 1803.

8   Sachlich ist dies richtig, anläßlich der Sonderausgabe seiner Antrittsvorlesung im November 1789 intervenierte Geschichtsprofessor C.G. Heinrich aber und stellte klar, daß Schiller offiziell nur Professor für Philosophie war (vgl. Peter-André Alt, Schiller. Leben – Werk – Zeit, Bd. 1, München 2000, S. 597).

9   Brief an Körner vom 13.10.1789.

10  Die Symptome sind Husten mit eitrigem Blutauswurf, Atemnot, hohes Fieber, Erbrechen und Magenkrämpfe. Am 8. Juni 1791 vermeldet die ‚Oberdeutsche allgemeine Literaturzeitung' sogar Schillers Ableben und bringt – eine zwiespältige Ehre – einen hymnischen Nachruf (Alt [wie Anm. 1], S. 55).

tere Jahre, aber er fühlte selbst, daß er krank bleiben und jung sterben würde. Zeitlebens ein extremer *Workaholic*, verschärfte er in der neuen Situation nur den Raubbau am eigenen Körper.

Mitten in dieser ausgedehnten Phase einer lebensbedrohlichen Krankheit, am 3. März 1791, schreibt Schiller seinem Freund Christian Gottfried Körner (1756–1831) nach Dresden:[11]

> Du erräthst wohl nicht, was ich jetzt lese und studiere? Nichts schlechteres als – Kant. Seine Critik der Urtheilskraft, die ich mir selbst angeschafft habe, reißt mich hin durch ihren neuen lichtvollen geistreichen Inhalt und hat mir das größte Verlangen beygebracht, mich nach und nach in seine Philosophie hinein zu arbeiten. (NA 26, 77)

Ein knappes Jahr später, am Neujahrstag 1792, berichtet er demselben Adressaten:

> Ich treibe jetzt mit grossem Eifer Kantische Philosophie [...] Mein Entschluss ist unwiderruflich gefasst, sie nicht eher zu verlaßen, bis ich sie ergründet habe, wenn mich dieses auch 3 Jahre kosten könnte. (NA 26, 127)

Schiller, so sollte sich zeigen, war kein Amateur-Philosoph, der sich einmal in einem geliebten Nachbarfach versuchen wollte. Er stellt sein philosophisches Licht durchaus unter den Scheffel, wenn er in einem berühmten Brief an Goethe, vom 31.8.1794, schreibt:

> ich [...] schwebe [...] zwischen dem technischen Kopf und dem Genie [...] denn gewöhnlich [...] übereilte mich der Poet, wo ich philosophieren sollte, und der philosophische Geist, wo ich dichten wollte [...]. (NA 27, 32)

Schiller wollte das, was er philosophisch mitzuteilen hatte, nicht „nur", wie Dichter dies zu tun pflegen, an beispielhaften Geschichten zeigen oder vorführen. Er war getrieben vom unbedingten Willen zur systematischen Ausformulierung und Durcharbeitung einer ästhetischen Theorie.[12] In einer Hinsicht war er allerdings doch mehr Literat als Philosoph: Er setzte seine

---

[11] Zu den ersten Auseinandersetzungen Schillers mit der Kantischen Philosophie gehörten Diskussionen mit Karl Leonhard Reinhold (1758–1823) in Jena, die schon im August 1787 (genauer: am 21.–26. August 1787) stattfanden. Reinhold, der ab 1786 ‚Briefe über die Kantische Philosophie' publizierte, war als erster Schüler und Propagandist Kants bekannt geworden. In ‚Ueber Anmuth und Würde' (NA 20, 291, Fußnote) empfahl Schiller Reinholds Theorie des Willens in diesen Briefen mit Nachdruck, es ist aber nicht ganz klar, ob er sie selbst gelesen hat (Peter-André Alt [wie Anm. 1], S. 133, meint ja, Sabine Roehr, Zum Einfluß K. L. Reinholds auf Schillers Kant-Rezeption. In: Martin Bondeli und Wolfgang H. Schrader [Hg.], Die Philosophie Karl Leonhard Reinholds, Amsterdam und New York 2003, S. 105–121, hier S. 112, meint eher nein). Laut Schiller (Brief an Körner vom 29. August 1787, NA 24, 143) hat Reinhold prophezeit, daß Kant bis zum Ende des 19. Jahrhunderts „die Reputation von Jesus Christus haben müsse".

[12] Das und speziell die Anklänge an Kant haben Schiller den Spott Nietzsches eingetragen: „Und nun stehen seine Prosa-Aufsätze da – in jeder Beziehung ein Muster, wie man wissenschaftliche Fragen der Ästhetik und Moral nicht angreifen dürfe [... so] entfaltet er oftmals keine geringe Kunst darin, alle die Fehler, Unarten und schlechten Gelehrtenhaftigkeiten, wie sie in der wissenschaftlichen Zunft vorkommen, *nachzuahmen*, im Glauben, dies

meisterliche Beherrschung der Sprache ein, um seine Thesen in immer und immer wieder erneuter Variation zu präsentieren.

Es sollte mehr als drei Jahre dauern, bevor Schiller, sichtlich erleichtert, seinem neu gewonnenen Freund Goethe am 17. Dezember 1795 mitteilt:[13]

> Ich habe mich lange nicht so prosaisch gefühlt, als in diesen Tagen und es ist hohe Zeit, daß ich für eine Weile die philosophische Bude schließe. Das Herz schmachtet nach einem betastlichen Objekt. (NA 28, 132)

Von einigen Nachbearbeitungen abgesehen, bleibt Schillers philosophische Bude nach dem Erscheinen von ‚Ueber naive und sentimentalische Dichtung‘ im Januar 1796 für immer geschlossen. Die Jahre 1791–1795 genügten, um Schillers Ruf als eines der führenden, wenn nicht des führenden Ästhetikers Deutschlands seiner Zeit zu begründen. Für diesen Beitrag ist aber weniger Schillers Philosophie des Schönen selbst wichtig als die Voraussetzungen, auf denen sie ruht.

## III. Kant

Kants Begriff der Freiheit ist zunächst negativ und meint, daß der Wille dann frei ist, wenn er nicht durch unsere sinnlichen Bedürfnisse und Triebe (die Kant als „fremde Ursachen"[14] einordnen würde) determiniert ist. Damit ist aber keineswegs eine Gesetzlosigkeit impliziert. Denn Kant hat auch einen *positiven Begriff der Freiheit*: Freiheit als Autonomie. Der Wille ist demnach insofern frei, als er sich selbst das Gesetz gibt. Dieses Gesetz ist aber für Kant die Formel des kategorischen Imperativs und das Prinzip der Sittlichkeit. Das kantische Resultat lautet in Kurzfassung: „[A]lso ist ein freier Wille und ein Wille unter sittlichen Gesetzen einerlei."[15] Freiheit des Willens, praktische Vernunft und Sittlichkeit sind bei Kant so eng aneinander geknüpft, daß sie kaum zu unterscheiden sind. Kant fordert die Dominanz des selbstge-

---

eben gehöre, wenn nicht zur Sache, so doch zum Schein der Sache" (Menschliches, Allzumenschliches, 3. Teil 1880/1886, § 123). Daß Nietzsche selbst keinen Drang zur systematischen Ausformulierung und Durcharbeitung einer Theorie verspürte, ist bekannt.

13   Ähnlich explizit hatte Schiller seine historischen Arbeiten für beendet erklärt, in einem Brief an Körner vom 21. September 1792 (NA 26, 151–153). Die historische (1787–1792) und die philosophische (1791–1795) Fünfjahresphase überlappten sich also im Umfang von 1 ¾ Jahren.

14   Vgl. Grundlegung zur Metaphysik der Sitten, BA 97 (Akad.-Ausg. IV, 446).

15   Grundlegung zur Metaphysik der Sitten, BA 98 (Akad.-Ausg. IV, 447). Vgl. auch die Metaphysik der Sitten, AB 5 (Akad.-Ausg. VI, 213f.): „Die Willkür, die durch reine Vernunft bestimmt werden kann, heißt die freie Willkür. [...] Die Freiheit der Willkür ist jene Unabhängigkeit ihrer Bestimmung durch sinnliche Antriebe; dies ist der negative Begriff derselben. Der positive ist: das Vermögen der reinen Vernunft für sich selbst praktisch zu sein."

gebenen moralischen Gesetzes über Sinnlichkeit und Neigung. Die Entscheidungen des Menschen sind „pathologisch" (d.h. durch Bewegursachen der Sinnlichkeit) affiziert, aber nicht determiniert.[16] Allein auf seiten der Sinnlichkeit herrscht Notwendigkeit, auf seiten der Vernunft hingegen gibt es Freiheit, Spontaneität, das selbstgegebene moralische Gesetz.

Diese hier nur sehr verkürzt wiedergegebene Auffassung hat zwei in unserem Zusammenhang wichtige Probleme. Zum einen ist das Verständnis der thematisch einschlägigen Dritten Antinomie aus der ‚Kritik der reinen Vernunft' notorisch problematisch. Es ist einfach schwer zu verstehen, wie ein und „derselbe Wille in der Erscheinung (den sichtbaren Handlungen) als dem Naturgesetze notwendig gemäß und sofern *nicht frei*" sein kann und „doch andererseits, als einem Dinge an sich selbst angehörig, jenem nicht unterworfen, mithin als *frei* gedacht, ohne dass hierbei ein Widerspruch vorgeht."[17] Wie sollen wir uns vorstellen, daß unsere Handlungen, insofern sie Vorgänge in Raum und Zeit sind, durch Ursachen vollständig determiniert sind, also als solche Vorgänge notwendig vollzogen werden müssen, und andererseits in einer außer der Zeit liegenden Dimension doch in unserer freien Entscheidung liegen sollen? Kant verwendet viel Mühe, seine Unterscheidung zwischen Erscheinung und Ding an sich hier fruchtbar zu machen, doch scheint ein Rätsel zu bleiben.

Ein zweites, für unsere Fragestellung wichtigeres Problem der Theorie Kants, das von vielen Philosophen und insbesondere von Reinhold[18] angegriffen wurde, ist das folgende. Für den Kant der ‚Metaphysik der Sitten' ist freier Wille immer ein vernünftiger, moralischer Wille. Gehen wir nun davon aus, daß wir nur für Handlungen verantwortlich sind, daß uns nur Handlungen zugerechnet werden können, die wir aus freiem Willen vollziehen.[19] Aus den Kantischen Prämissen folgt dann aber logisch, daß wir nur für moralische Handlungen verantwortlich sind. Für unmoralische, mithin unfreie Handlungen können wir nicht zur Rechenschaft gezogen werden. Diese Konklusion steht im Widerspruch zu grundlegenden moralischen Intuitionen: Gerade auch für „schlechte" Handlungen wird die Verantwortung beim Handelnden gesucht. Kant hat dies gesehen und in der ‚Metaphysik der Sitten' versucht, dem Rechnung zu tragen, indem er das Begehrungsvermögen ausdifferenzierte in *Wille* von *Willkür*:

> Von dem Willen gehen die Gesetze aus; von der Willkür die Maximen. Die letztere ist im Menschen eine freie Willkür; der Wille, der auf nichts Anderes, als bloß auf Gesetz geht, kann weder frei noch unfrei genannt werden, weil er nicht auf Handlungen, sondern unmittelbar auf die Gesetzgebung für die Maxime der Handlungen (also die praktische

---

16 Kritik der reinen Vernunft, B 562, 830. Vgl. Kritik der praktischen Vernunft, A 142f. (Akad.-Ausg. V, 80).
17 Kritik der reinen Vernunft, B XXVII–XXVIII.
18 S. Anm. 11.
19 Die innige Verbindung von Freiheit und Zurechnung durchzieht die ganze ‚Religionsschrift' Kants. Vgl. A 12, 28, 29, 32, 33 / B 14, 31, 33, 35, 37, und besonders A 45/B 48 (Akad.-Ausg. VI, 44): „Was der Mensch im moralischen Sinne ist oder werden soll, gut oder böse, dazu muß er sich selbst machen oder gemacht haben. Beides muß eine Wirkung seiner freien Willkür sein; denn sonst könnte es ihm nicht zugerechnet werden, folglich er weder moralisch gut noch böse sein." Eine moderne Wiederaufnahme dieses Gedankens im Kontext einer „pessimistischen" oder „tragischen" Position in der Willensfreiheitsdebatte findet sich in Galen Strawson, The Impossibility of Moral Responsibility. In: Philosophical Studies 75 (1994), S. 5–24.

Vernunft selbst) geht, daher auch schlechterdings nothwendig und selbst keiner Nötigung *fähig* ist. Nur die *Willkür* also kann *frei* genannt werden.[20]

Diese Konzeption stellt den „legislativen" *Willen* als an die Sittlichkeit gebunden vor, doch scheint die „exekutive" *Willkür* in der Wahl der Maximen Freiheit im Sinne eines Spielraums an Möglichkeiten zu besitzen.[21] Im Anschluß an diese Stelle setzte sich Kant von Reinholds Willenslehre ab („wie es wohl einige versucht haben"[22]), der die Freiheit der Willkür als „Vermögen der Wahl, für oder wider das Gesetz zu handeln (libertas indifferentiae)" definierte. Kants Entgegnung endet mit der Erklärung, eine solche Definition sei eine „Bastarderklärung". Sie hat seine Interpreten aber nicht überzeugen können.

## IV. Schiller als Kantianer und Kantkritiker

Was sagt Schiller zu all diesem? Einerseits kannte sein Enthusiasmus für die Philosophie „des großen Weltweisen" (NA 20, 284) kaum Grenzen. Im Brief vom 18. Februar 1793 an Körner schreibt er:

> Es ist gewiß von keinem Sterblichen Menschen kein größeres Wort noch gesprochen worden als dieses Kantische, was zugleich der Innhalt seiner ganzen Philosophie ist: Bestimme dich aus dir selbst! (NA 26, 191)

In den ‚Augustenburger Briefen‘ desselben Jahres bekennt er sich noch ganz zu den Gründsätzen Kants und stimmt diesem zu, daß „gut ist, was nur darum geschieht, weil es gut ist."[23]

Doch Schiller wäre nicht Schiller, wenn er sich nicht auch kritisch gegenüber dem Bewunderten geäußert hätte. Zunächst ist festzustellen, daß alle philosophischen Schriften der ersten Hälfte der 90er Jahre von der Idee angestoßen waren, einen objektiven Begriff des Schönen zu finden – etwas, was Kant für unmöglich hielt. Wie bei Kant führen auch bei

---

20  Einleitung in die ‚Metaphysik der Sitten‘, Rechtslehre AB 26f. (Akad.-Ausg. VI, 226). Zur Interpretation dieser wichtigen Stelle vgl. Henry Allison, Kant's Theory of Freedom, Cambridge 1990, Kapitel 7, und Sabine Roehr, Freedom and Autonomy in Schiller. In: Journal of the History of Ideas 64 (2003), S. 119–134.

21  Zur Anwendung der Dichotomie von Legislative und Exekutive auf die Kantische Unterscheidung von Wille und Willkür vgl. Jens Timmermann, Sittengesetz und Freiheit. Untersuchungen zu Immanuel Kants Theorie des freien Willens, Göttingen 2003, S. 147.

22  Metaphysik der Sitten, Rechtslehre AB 27 (Akad.-Ausg. VI, 226).

23  Brief vom 3. Dezember 1793 (NA 26, 322). Als Bestimmung des Prädikats „gut" wäre diese Formel natürlich zirkulär (weshalb sie Schiller vielleicht nicht in die Briefe ‚Ueber die ästhetische Erziehung des Menschen‘ mit übernommen hat). Die entsprechende Referenzstelle bei Kant stammt wohl aus der Vorrede zur ‚Grundlegung zur Metaphysik der Sitten‘: „bei dem, was moralisch gut sein soll, ist es nicht genug, daß es dem sittlichen Gesetze *gemäß* sei, sondern es muß auch *um desselben willen* geschehen" (AB X; Akad.-Ausg. IV, 390).

Schiller die ästhetischen Reflexionen auf das Gebiet der Ethik. Schiller leuchtet das Anführen des „radikalen Bösen" in Kants ‚Religion innerhalb der Grenzen der bloßen Vernunft' aber nicht ein, zumindest prima facie ist für ihn der Mensch von Natur aus gut.[24] Generell findet Schiller Kants Moralphilosophie zu rigoros. Auf den Punkt gebracht ist die Kritik in den folgenden beiden berühmten Spott-Xenien (Nr. 388/389), die ganz unverhüllt auf Kant gerichtet sind:[25]

> Gewissensscrupel
> *Gerne dien ich den Freunden, doch thu ich es leider mit Neigung,*
> *Und so wurmt es mir oft, daß ich nicht tugendhaft bin.*

> Decisum
> *Da ist kein anderer Rath, du mußt suchen, sie zu verachten,*
> *Und mit Abscheu alsdann thun, wie die Pflicht dir gebeut.* (NA 1, 357)

In ‚Ueber Anmuth und Würde' (NA 20, 284f.) bietet Schiller allerdings eine freundlichere und differenziertere Bewertung, wonach es sich bei Kants „Härte" lediglich um eine Darstellungsangelegenheit handle, die insbesondere durch den „grobe[n] Materialismus in den moralischen Principien" (NA 20, 285) der Zeit herausgefordert und gerechtfertigt gewesen sei.

Dort wo *Würde* gefordert ist, befinden sich Sinnlichkeit und Sittlichkeit, Natur und Vernunft tatsächlich im Widerstreit. In einem solchen Konfliktfalle klingt Schiller nicht weniger rigide als Kant selbst:

> Die Gesetzgebung der Natur durch den Trieb kann mit der Gesetzgebung der Vernunft aus
> Principien in Streit geraten, wenn der Trieb zu seiner Befriedigung eine Handlung
> fodert, die dem moralischen Grundsatz zuwider läuft. In diesem Fall ist es unwandelbare
> Pflicht für den Willen, die Foderung der Natur dem Anspruch der Vernunft nachzusetzen,
> […] Beherrschung der Triebe durch die moralische Kraft ist Geistesfreiheit, und Würde
> heißt ihr Ausdruck in der Erscheinung.[26]

---

24 Den Überlegungen im ersten und zweiten Stück von Kants ‚Religion innerhalb der Grenzen der blossen Vernunft' scheint Schiller in der Selbstrezension der ‚Räuber' von 1782 geradewegs zu widersprechen: „Mögen noch so viel Eiferer und ungedungene Prediger der Wahrheit von ihren Wolken herunterrufen: Der Mensch neigt sich ursprünglich zum Verderblichen: ich glaub es nicht, ich denke vielmehr überzeugt zu sein, daß der Zustand des moralischen Übels im Gemüt eines Menschen ein schlechterdings gewaltsamer Zustand sei, welchen zu erreichen zuvörderst das Gleichgewicht der ganzen geistigen Organisation […] aufgehoben sein muß, so wie das ganze System der tierischen Haushaltung" (NA 22, 121). Später, im dritten Brief ‚Ueber die Ästhetische Erziehung des Menschen', jedoch nennt Schiller den „natürlichen Charakter des Menschen […] selbstsüchtig und gewalttätig". (NA 20, 315)

25 Schopenhauer lobt diese Epigramme gegen Kants „taktlosen, moralischen Pedantismus" und „Sklavenmoral" als „treffend" (Preisschrift über die Grundlage der Moral, § 6. In: ders.: Werke in fünf Bänden, Bd. III: Kleinere Schriften, Zürich 1988, S. 459–631, hier S. 490).

26 Ueber Anmuth und Würde, NA 20, 291 und 294. Schiller betont den prinzipiellen Einfluß des Geistig-seelischen auf das Körperliche zeitlebens sehr stark. In seiner dritten Dissertation, dem ‚Versuch über den Zusammenhang

Es muß sich also im freien Menschen das moralische Gebot der Vernunft durchsetzen. In solchen Stimmungen neigt Schiller selbst zu der „strenge[n] und grelle[n] Entgegensetzung" (NA 20, 284), die er Kant vorwirft:

> Diese Freyheit ist aber schlechterdings nur moralisch, nicht physisch. […] und bloß darinn muß unsre Freyheit bestehen, daß wir unsern physischen Zustand, der durch die Natur bestimmt werden kann, gar nicht zu unserm Selbst rechnen, sondern als etwas auswärtiges und fremdes betrachten, was auf unsre moralische Person keinen Einfluß hat. (‚Vom Erhabenen', NA 20, 184[27])

Schiller stellt den *sinnlichen Trieb* oder *Stofftrieb* dem *Formtrieb* zwar begrifflich gegenüber, doch müssen die beiden Triebe keineswegs immer im Widerspruch stehen. Denn dort, wo *Anmut* herrscht, befinden sich die beiden Seiten (Natur und Vernunft, Sinnlichkeit und Sittlichkeit, Wollen und Sollen) im Einklang. Die Pflicht muß nicht mehr diktieren, sondern die Maßgaben der Vernunft sind gleichsam zu einer zweiten Natur geworden. Um bekannte Schlüsselwörter Schillers zu gebrauchen: Im *Spieltrieb* gehen sinnlicher Trieb und Formtrieb eine Verbindung ein (13. Brief ‚Ueber die ästhetische Erziehung des Menschen'), eine *schöne Seele* überwindet die Kantische Entgegensetzung von Sinnlichkeit und Sittlichkeit. (NA 20, 288)[28] Während Kant fordert, daß die Praktische Vernunft sich, insofern sie eine autonome, freie ist, immer gegen die sinnlichen Gelüste durchzusetzen habe, macht Schiller in seinem Begriff der „schönen Seele" Raum für eine Harmonie zwischen den beiden Seiten des Menschen:

> Eine schöne Seele nennt man es, wenn sich das sittliche Gefühl aller Empfindungen des Menschen endlich bis zu dem Grad versichert hat, daß es dem Affekt die Leitung des Willens ohne Scheu überlassen darf, und nie Gefahr läuft, mit den Entscheidungen desselben im Widerspruch zu stehen. […] In einer schönen Seele ist es also, wo Sinnlichkeit und Vernunft, Pflicht und Neigung harmoniren, und Grazie ist ihr Ausdruck in der

---

der thierischen Natur des Menschen mit seiner geistigen', schreibt er: „die Seele bildet den Körper" (§ 22, NA 20, 70), und ganz ähnlich heißt es in der berühmten Sentenz aus ‚Wallensteins Tod': „Es ist der Geist, der sich den Körper baut." (NA 8, 258) Trotz Schillers Distanzierung (in der Dissertation: „ohne ein Stahlianer zu sein") kann dies als eine Fortschreibung der animistischen Lehre des Arztes Georg Ernst Stahl gesehen werden, „quod ipsa etiam anima et struere sibi corpus, ita ut ipsius usibus, quibus solis servit, aptum est; et regere illud ipsum, actuare, movere soleat, directe atque immediate, sine alterius moventis interventu aut concursu" (Theoria medica vera, Leipzig 1831 [orig. 1708], Bd. I, S. 234).

27  Diese markante Stelle wird von Rüdiger Safranski, Friedrich Schiller oder die Erfindung des Deutschen Idealismus, München 2004, S. 11, 348, 374 (vgl. auch S. 12, 420), häufig zitiert und als Beleg für Schillers „kombattantes Verhältnis" zu seinem kranken Körper gedeutet. Es ist allerdings fraglich, ob solcherart scharfe Entgegensetzungen mit der (v.a. in Schillers dritter Dissertation vertretenen) Idee des Menschen als eines „Mischwesens" zu vereinbaren sind.

28  Im Brief an Goethe vom 17. August 1795 schreibt Schiller, Kennzeichen des Christentums sei es, den Kantischen Imperativ aufzuheben und an dessen Stelle „eine freie Neigung" zu setzen; deshalb sei es auch „die einzige ästhetische Religion". (NA 28, 28)

> Erscheinung. Nur im Dienst einer schönen Seele kann die Natur zugleich Freyheit besitzen, und ihre Form bewahren, da sie erstere unter der Herrschaft eines strengen Gemüths, letztere unter der Anarchie der Sinnlichkeit einbüßt. (‚Ueber Anmuth und Würde‘, NA 20, 287f.)

Auch ein ursächlicher – nicht nur begleitender – Anteil der Neigung macht eine Handlung nicht pflichtwidrig, sondern ist sogar ein Anzeichen für die sittliche Vollkommenheit eines Menschen: Tugend ist nichts anderes „‚als eine Neigung zu der Pflicht‘“ (‚Ueber Anmuth und Würde‘, NA 20, 283).[29] Es erscheint intuitiv erstrebenswert, Anmut und Würde in einer Person zu vereinigen. Doch man würde nun vermuten, daß dies widersprüchlich ist – denn entweder befinden sich Sinnlichkeit und Vernunft im Einklang oder im Konflikt, beides zusammen ist ungereimt. Die Koexistenz von Anmut und Würde stellt also ein Problem dar. Schiller hat dies sehr klar gesehen und Anmut und Würde ihre je eigenen Gebiete bzw. Sphären zugewiesen.[30] Es sei sogar eine wichtige Funktion von *Kultur*, diese Sphären zu sichern. Schiller warnt nicht nur vor dem „Egoism unsrer Sinne“, sondern ebenso ausdrücklich vor dem „Egoism unsrer Vernunft“, d.h. vor der „gewaltthätige[n] Usurpation der Denkkraft in einem Gebiete, wo sie nicht unbedingt zu gebieten hat“. (NA 20, 350)

Schillers Architektur des menschlichen Inneren, seine Anthropologie oder Philosophie des Geistes, weicht hiermit bemerkenswert von Kant ab, und zwar – wie die Schiller-Forschung gezeigt hat[31] – in dieselbe Richtung, in die 1786/87 ein anderer großer Kant-Propagandist gewiesen hatte: Karl Leonhard Reinhold. Nach Schiller ist der Wille des Menschen frei. Es gibt, gleichsam obenauf sitzend, einen separaten Willensentschluß, der die Funktion hat, zwischen den Eingaben von Sinnlichkeit und Vernunft zu entscheiden. Hier ist eine zentrale Stelle aus ‚Ueber Anmuth und Würde‘:

> Auf die Begierde und Verabscheuung erfolgt bey dem Thiere eben so nothwendig Handlung, als Begierde auf Empfindung, und Empfindung auf den äußern Eindruck erfolgte. Es ist hier eine stetig fortlaufende Kette, wo jeder Ring nothwendig in den andern greift. Bey dem Menschen ist noch eine Instanz mehr, nehmlich der Wille, der als ein übersinnliches Vermögen weder dem Gesetz der Natur, noch dem der Vernunft, so unterworfen ist, daß ihm nicht vollkommen freie Wahl bliebe, sich entweder nach diesem oder nach jenem

---

29 Mir ist unklar, warum Schiller hier Anführungszeichen setzt. Der Ausdruck ‚Neigung zu der Pflicht‘ scheint nicht von Kant zu sein.

30 Siehe hierzu ‚Ueber Anmuth und Würde‘ (NA 20, 297–304) und den 13. Brief ‚Ueber die ästhetische Erziehung des Menschen‘. Schiller suggeriert, dies sei im Grunde genommen auch die Ansicht Kants: „Über die Sache selbst kann, nach den von ihm geführten Beweisen […] kein Streit mehr seyn“ (Ueber Anmuth und Würde, NA 20, 284), „die Sinnlichkeit […] in einem nothwendigen Widerspruch mit der Vernunft […] liegt zwar auf keine Weise im Geiste des Kantischen Systems, aber im Buchstaben desselben könnte sie gar wohl liegen“ (13. Brief, Fußnote, NA 20, 348).

31 Vgl. Alt (wie Anm. 1), S. 133–142, und Roehr (wie Anm. 20). Vgl. auch Gerold Prauss, Kant über Freiheit als Autonomie, Frankfurt am Main 1983, insb. S. 84–100 und 240–277.

zu richten. Das Thier muß streben den Schmerz los zu seyn, der Mensch kann sich entschließen, ihn zu behalten. (NA 20, 290[32])

Ähnliches finden wir zwei Jahre später im vierten Brief ‚Ueber die ästhetische Erziehung des
Menschen':

> Der Wille des Menschen steht aber vollkommen frey zwischen Pflicht und Neigung, und
> in dieses Majestätsrecht seiner Person kann und darf keine physische Nöthigung greifen.
> (NA 20, 316)

Als „Naturkraft" ist der Wille bei Schiller sowohl gegenüber der „Gesetzgebung der Natur" als
auch der Gesetzgebung der Vernunft frei, nur als „moralische Kraft" soll er sich auf die Seite
der Vernunft schlagen. (NA 20, 290) Es gibt eine oberflächliche Ähnlichkeit mit der Kantischen Unterscheidung von Wille und Willkür. Schillers „Wille" scheint dem Begriff „Willkür"
in Kants ‚Metaphysik der Sitten' zu entsprechen; der Kantische „Wille" kann somit fest an die
durch die Praktische Vernunft vorgeschriebene Sittlichkeit gebunden bleiben. Wie weit diese
Analogisierung aber wirklich trägt, könnte man erst nach einer je konsistenten Rekonstruktion
der Systeme von Kant und Schiller zeigen.

Wie das Sollen des Vernunftgesetzes ins Verhältnis zum Sein des Naturgesetzes zu setzen
ist, wird bei Schiller letztlich nicht völlig klar. In ‚Ueber Anmuth und Würde' (NA 20, 285)
stellt er skeptisch die rhetorische Frage, ob der „wahrhaft sittliche Mensch" zwischen Selbst-
achtung und -verwerfung etwa freier wählen könne als der „Sinnensklave" zwischen Vergnü-
gen und Schmerz – ob es für den „reinen Willen" etwa weniger Zwang gebe als für den „ver-
dorbenen". Man ist hier versucht herauszulesen, daß Schiller uns sagen möchte, daß auch der
Formtrieb oder die Vernunft mit Notwendigkeit bestimmt werden und der gute Mensch ebensowenig für sein Gutsein könne wie der schlechte Mensch für seine Schlechtigkeit. Diese
Interpretation würde Schiller aber nicht gerecht. Etwas später erklärt er nämlich, daß bei der
*schönen Seele* nicht mehr die einzelne Handlung sittlich genannt werden kann, da diese ja
natürlich aus dem Charakter der schönen Seele flösse. Die einzelne Handlung der *schönen
Seele* könne dieser deshalb auch nie als Verdienst angerechnet werden. Die schöne Seele kann
gar nicht anders als gut zu sein. Doch *ein* Verdienst bleibt ihr: „Die schöne Seele hat kein
andres Verdienst, als daß sie ist." (‚Ueber Anmuth und Würde', NA 20, 287)

---

32  Auch die Fortsetzung dieser Stelle verdient eine Wiedergabe: „Der Wille des Menschen ist ein erhabener Begriff,
auch dann, wenn man auf seinen moralischen Gebrauch nicht achtet. Schon der bloße Wille erhebt den Menschen
über die Thierheit; der moralische erhebt ihn zur Gottheit. […] Die Gesetzgebung der Natur hat Bestand bis zum
Willen, wo sie sich endigt, und die vernünftige anfängt. Der Wille steht hier zwischen beyden Gerichtsbarkeiten,
und es kommt ganz auf ihn selbst an, von welcher er das Gesetz empfangen will; aber er steht nicht in gleichem
Verhältniß gegen beyde. Als Naturkraft ist er gegen die eine wie gegen die andere, frey; das heißt, er muß sich
weder zu dieser noch zu jener schlagen. Er ist aber nicht frei, als moralische Kraft, das heißt, er soll sich zu der
vernünftigen schlagen." (NA 20, 290f.) Die Kennzeichnung einer allein durch sinnliche Antriebe bestimmten
Willkür als tierisch findet man auch bei Kant (Stichwort „arbitrium brutum", Kritik der reinen Vernunft, A 534,
802 / B 562, 830, Metaphysik der Sitten, Rechtslehre AB 5; Akad.-Ausg. VI, 213).

Diese Auffassung wirkt modern und erinnert nicht nur an Kant,[33] sondern auch an Schopenhauer:

> IM *Esse* ALLEIN LIEGT DIE FREIHEIT; aber aus ihm und den Motiven folgt das *Operari* mit Nothwendigkeit […] Der Mensch thut allezeit nur was er will, und thut es doch nothwendig. Das liegt aber daran, dass er schon IST, was er will: denn aus dem, was er IST, folgt nothwendig Alles, was er jedes Mal thut[34]

und an Sartre, dessen erstes Prinzip des Existentialismus besagt, daß sich der Mensch selbst wähle und daß er das sei, wozu er sich in einem Akt bewußter Entscheidung entwerfe.[35]

## V. Schiller über die kantische Wasserscheide hinweg

Wir haben eine Vorstellung davon bekommen, wie stark Schiller von Kant beeinflußt war. Dies wurde in der Forschung mit großer Intensität untersucht. Das Kant-Erlebnis bedeutet für Schiller zweifellos einen Bruch, der gleichsam den großen Bruch widerspiegelt, den das Auftreten Kants in der Philosophie selbst hervorgerufen hat.[36] Doch drängt sich die weitere Frage auf, ob es in der Entwicklung Schillers nicht auch Kontinuitäten über die Kantische Wasserscheide hinweg gegeben hat. Sollte es denn keine Rückbezüge geben auf den jungen, vorkantischen Schiller, auf die Karlsschulzeit, die ja für Schiller eine von anthropologischen und philosophischen Reflexionen sehr erfüllte Zeit gewesen war? Stellvertretend sei hier erinnert an zwei Dissertationstitel Schillers, ‚Philosophie der Physiologie‘ (Oktober 1779) und ‚Versuch über den Zusammenhang der thierischen Natur des Menschen mit seiner geistigen‘ (November 1780), sowie an die „Skeptizismus-Figuren" Franz Moor aus den ‚Räubern‘ (1781), Wollmar aus dem ‚Spaziergang unter den Linden‘ (1782) und Julius aus den ‚Philosophischen Briefen‘ (erschienen 1786).[37]

---

33  Vgl. die in Anm. 19 zitierte Stelle aus der Religionsschrift A 45/B 48.

34  Arthur Schopenhauer, Preisschrift über die Freiheit des Willens. In: ders., Werke, Bd. III (wie Anm. 25), S. 359–458, hier S. 453f.

35  Vgl. Jean-Paul Sartre, Der Existentialismus ist ein Humanismus. In: Der Existentialismus ist ein Humanismus und andere philosophische Essays 1943–1948, Reinbek bei Hamburg 2000, S. 145–176, besonders S. 149–151. Nach Safranski (wie Anm. 27, S. 12, 156) wurde Schiller wegen seiner Leidenschaft für die Freiheit „zu einem Sartre des späten 18. Jahrhunderts". Ausführlicheres zu diesem Vergleich bietet Käte Hamburger, Schiller und Sartre. Ein Versuch zum Idealismus-Problem Schillers. In: Jahrbuch der deutschen Schillergesellschaft 3 (1959), S. 34–70. Wiederabgedruckt in: dies., Philosophie der Dichter. Novalis – Schiller – Rilke, Stuttgart u.a. 1966, S. 129–177.

36  Ein Beispiel: Der oben genannte Karl Leonhard Reinhold bekam bereits 1787, nur sechs Jahre nach Erscheinen der ‚Kritik der reinen Vernunft‘, eine Professur in Jena aufgrund seiner ‚Briefe über die Kantische Philosophie‘ (s. Anm. 11).

37  Vgl. Kenneth Dewhurst und Nigel Reeves, Friedrich Schiller. Medicine, Psychology, Literature, Oxford 1978, Wolfgang Riedel (wie Anm. 5) und Jürgen Daiber (wie Anm. 5). Der Terminus „Skeptizismus-Figur" stammt von Hans-Jürgen Schings (für diesen Hinweis danke ich Jürgen Daiber).

Es gibt, so scheint mir, eine große, fundamentale Gemeinsamkeit, die es wert ist, festgehalten zu werden, da sie weder im 18. Jahrhundert noch heute als Selbstverständlichkeit gelten kann. Ich möchte sie die *dualistische Präsupposition* nennen. Von den frühesten bis hin zu den spätesten Schriften machte Schiller die *Voraussetzung*, daß der Mensch ein Wesen mit zwei „Naturen" ist: einer körperlichen, sinnlichen, „tierischen" und einer geistigen, vernünftigen, sittlichen. Diese Unterscheidung ist keineswegs von Kant übernommen, sondern war schon früh in Schillers Denken verankert. In seiner ersten Dissertation erfindet Schiller (wenig erfolgreich) eine „Mittelkraft" (NA 20, 14ff.), eine Art „Nervengeist" (NA 20, 17ff.), welche dazu da ist, über „materielle Assoziation" die Wirkung der Materie auf den Geist zu erklären (das Commercium-Problem).[38] Die spätere Dissertation bringt schon im Titel die Dualität zwischen einer tierischen und einer geistigen Natur des Menschen zum Ausdruck.[39] Das Thema bleibt in seinen späteren Schriften präsent, hier aber nicht als These, sondern als Basis seiner Überlegungen. Ein expliziter Hinweis hierauf findet sich in einer Fußnote zum 19. Brief ‚Ueber die ästhetische Erziehung des Menschen':

> Um aller Mißdeutung vorzubeugen, bemerke ich, daß, so oft hier von Freyheit die Rede
> ist, nicht diejenige gemeynt ist, die dem Menschen, als Intelligenz betrachtet, nothwen-
> dig zukommt, und ihm weder gegeben noch genommen werden kann, sondern diejenige,
> welche sich auf seine gemischte Natur gründet. (NA 20, 373)

Die Idee der wesentlich „gemischten Natur" des Menschen gab es bei Schiller also schon früh, vor und unabhängig von Kant. Von einem, der als „Erfinder des Idealismus" gehandelt wird, ist das vielleicht nicht weiter erstaunlich. Doch werden wir sehen, daß nicht nur der Rückblick von heute aus gesehen, sondern auch der historische Kontext eine Erklärung dieser Tatsache fordern. Bevor wir uns dieser Frage zuwenden, ist es Zeit für ein vorläufiges Resumé.

---

38  Schiller witterte ganz richtig, daß eine solche Konzeption „vielleicht der Freiheit gefährlich scheinen", daß „zuletzt der Wille mechanisch bestimmt" werden könnte. (NA 20, 26) Seine Antwort auf dieses Problem liegt in einer Unterscheidung zwischen erstem Willen („der meine Aufmerksamkeit bestimmt") und zweitem Willen („der die Handlung bestimmt"). Nur der erste Wille sei frei, der zweite „ein Sklav des Verstands; die Freiheit liegt also nicht darinn, daß ich das wähle, was mein Verstand für das beste erkannt hat (dann diß ist ein ewiges Gesez), sondern daß ich das wähle, was meinen Verstand zum Besten bestimmen kann." (NA 20, 27) Diese Antwort zusammen mit einer Betonung der Funktion der Aufmerksamkeit (evtl. im Anschluß an Bonnet und Abel) stellt, soweit ich sehe, Schillers einzigen expliziten Versuch dar, eine Erklärung für den sonst immer nur vorausgesetzten Dualismus zu geben. Sie ist interessant, gründlich ausgearbeitet ist sie leider nicht.

39  Man beachte insbesondere die §§ 12, 18 und 21 des ‚Versuchs über den Zusammenhang', welche die „innigste Vermischung dieser beiden Substanzen" (NA 20, 64) durch zwei „Fundamentalgesetze der gemischten Naturen" (NA 20, 57) zu erfassen suchen.

## VI. Schiller wider den Materialismus

Fassen wir also zusammen. Kant hatte eine Theorie der Freiheit, die diese unmittelbar an die Selbstgesetzgebung der Praktischen Vernunft und die Moralität koppelte. Unmoralisches Verhalten kann demnach per definitionem kein freies Verhalten sein. Dann wird es aber schwer zu sehen, wie man für unmoralisches Verhalten zur Rechenschaft gezogen werden kann. Für Schiller war dies – auch wenn er es nicht bewußt als Angriffspunkt markierte – nicht hinnehmbar. In der Dichtung geht es darum, auch unmoralisches Verhalten einer Beurteilung zugänglich zu machen. Verbrecher unterscheiden sich, platt gesagt, in ihren Sympathiewerten. Während Franz Moor aus den ‚Räubern' nur Abscheu und Verachtung hervorruft, ist sein Bruder Karl, der wilde und mutige Räuberhauptmann, eine Figur, die dem Zuschauer am Herzen liegt. Er ist ein Held des Stücks, trotz seiner Verletzungen des moralischen Gesetzes und obwohl ihm seine unvernünftigen, unmoralischen Taten als freiwillig ausgeübte Taten angerechnet werden. Auch der Verbrecher aus verlorener Ehre aus der gleichnamigen Erzählung von 1786 ist ein Mann, der bei aller moralischen Defizienz am Ende des Lebens, wenn er sich „aus freier Wahl" dem Richter stellt, eine Art von Ehre und Würde zeigt. Schillers Theorie, wonach ein selbstbestimmter Wille zwischen den je notwendigen Vorgaben von Natur- und Sittengesetz, von Sinnlichkeit und Vernunft entscheidet, erhält dem Missetäter eine Freiheit, die unser Loben und Tadeln, das Zur-Verantwortung-Ziehen und die institutionalisierte Praxis von Belohnung und Bestrafung verständlich macht.

Schiller übernimmt die Kantische Transzendentalphilosophie mit ihrer Unterscheidung von Ding an sich und Ding als Erscheinung nur halbherzig. Zugleich weiß er sich mit Kant in der fundamentalen Annahme einig, daß der Mensch einerseits als ein den Naturgesetzen unterworfenes Sinneswesen (bei Kant in der zeitlich sich erstreckenden Erscheinungswelt), andererseits als ein dem Sittengesetz unterworfenes Vernunftwesen aufzufassen ist (bei Kant in der atemporalen Welt der Dinge an sich angesiedelt). Einerseits hat der Mensch einen Körper, andererseits hat er Geist; einerseits wirkt die Neigung, der „Stofftrieb", andererseits die Pflicht oder der „Formtrieb". Es handelt sich hier, wie gesagt, um eine Art von Dualismus. In jedem Falle entscheidend ist für Schiller, daß der Mensch die Freiheit des Willens und der Entscheidung hat. Näher zu klären bleibt die Voraussetzung, auf der Schillers Freiheitsphilosophie beruht: das spezifische Verhältnis von Körper und Geist. Soweit mein vorläufiges Resümee.

Nun sind Philologie und Philosophie zwei Paar Stiefel. Die Philologie interessiert sich für die Kunst der Darstellung, für das poetische Durchspielen von Positionen und Einnehmen unterschiedlicher Perspektiven. Hierin liegen Kraft und Reiz des Fiktionalen. Die Philosophie hingegen möchte herausfinden, wie sich die Dinge wirklich verhalten, und sie wird sich lange wehren, bevor sie zugibt, daß dieses oder jenes Problem nur relativ zu einer jeweils eingenommenen Perspektive zu lösen ist. Schillers Verdienste als Dichter sind gewaltig und unbestritten, doch wollen wir ihn hier als Denker betrachten. Stellen wir uns also die Frage: Lag Schiller mit seiner Philosophie des Geistes richtig oder nicht?

Heute, am Anfang des 21. Jahrhunderts, erscheint nicht die dualistische, sondern eine monistisch-materialistische Position, da dem Weltbild der Wissenschaft am nächsten liegend, als dominierend. Wer die Erkenntnisse der Hirnforschung mit Aufmerksamkeit verfolgt, kann allerorten hören, daß unser sämtliches Denken, Fühlen und Handeln vom Gehirn gesteuert sei; daß es keinen Grund gebe, den Menschen als Separatwesen aus dem Reich der Natur auszunehmen, sondern daß er vielmehr denselben physikalischen, chemischen und biologischen Gesetzen unterworfen sei – und nur diesen, die gleichermaßen für die übrige belebte und unbelebte Welt gelten. Beispielhaft sind die Positionen der Hirnforscher Wolf Singer und Gerhard Roth:

> Da wir, was tierische Gehirne betrifft, keinen Anlass haben zu bezweifeln, dass alles Verhalten auf Hirnfunktionen beruht und somit den deterministischen Gesetzen physiko-chemischer Prozesse unterworfen ist, muss die Behauptung der materiellen Bedingtheiten von Verhalten auch auf den Menschen zutreffen.[40]

> Mir scheint der Satz ‚Nicht das Ich, sondern das Gehirn hat entschieden!‘ korrekt zu sein, denn ‚eine Entscheidung treffen‘ ist ein Vorgang, dessen Auftreten objektiv überprüfbar ist. […] Da aus der Dritten-Person-Perspektive eine Entscheidung getroffen wurde und nicht das Ich entschieden hat, kann es nur das Gehirn sein – ein weiterer ‚Akteur‘ ist nicht in Sicht.[41]

Kann man, solchermaßen aufgeklärt,[42] Schillers zuweilen schwärmerisch anmutende Philosophie des Geistes noch ernst nehmen? Fehlte ihm und fehlte seiner Zeit nicht einfach das empirische Wissen über die Zusammenhänge von Gehirn und Geist, um zu einer wirklich modernen, auch den heutigen Leser überzeugenden Position zu kommen?

Die Antwort auf diese letzte Frage lautet: Nein. Denn eine Philosophie des Geistes, die derjenigen, welche von heutigen Hirnforschern wie Gerhard Roth oder Wolf Singer sehr nahe kommt, lag bereits vor. Der folgende Text stammt aus dem Jahre 1747, sein Autor Julien Offray de La Mettrie war genau 50 Jahre älter als Schiller und wie dieser Mediziner.

> Da aber alle Fähigkeiten der Seele von dem eigentümlichen Bau des Gehirns und des ganzen Körpers dermaßen abhängen, dass sie sichtlich nur dieser organische Bau selbst sind, so haben wir es hier mit einer vortrefflich eingerichteten Maschine zu tun. […] jenes anregende und ungestüme Prinzip, das Hippokrates $\varepsilon\nu o\rho\mu\omega\nu$ (die Seele) nennt […] existiert, und es hat seinen Sitz im Gehirn, am Anfang der Nerven, durch die es seine Macht auf den ganzen Körper ausübt. Daraus erklärt sich alles, was sich überhaupt erklären lässt […] Deshalb ist die Seele nur ein Bewegungsprinzip oder ein empfindlicher materieller Teil des Gehirns, den man […] als eine Haupttriebfeder der ganzen Maschine ansehen kann […] Eine Maschine sein, empfinden, denken, Gut von Böse ebenso unterscheiden können wie Blau von Gelb, kurz mit Intelligenz und einem sicheren moralischen Instinkt geboren sein und trotz alledem nur ein Tier sein, sind also Dinge, die sich ebensowenig widersprechen wie Affe oder ein Papagei sein und dennoch verstehen, sich Vergnügen zu schaffen. […] Ziehen wir also [aufgrund zahlreicher physischer Beobachtungen] den

---

40  Wolf Singer, Verschaltungen legen uns fest. In: Christian Geyer (Hg.), Hirnforschung und Willensfreiheit. Zur Deutung der neuesten Experimente, Frankfurt am Main 2004, S. 30–65; hier S. 37.

41  Gerhard Roth, Worüber dürfen Hirnforscher reden – und in welcher Weise? In: Geyer (wie Anm. 40), S. 66–85; hier S. 77.

42  Über die Qualität der angeführten Argumente Singers und Roths soll mit diesem Wort nichts gesagt sein.

kühnen Schluss, dass der Mensch eine Maschine ist und dass es im ganzen Weltall nur eine Substanz gibt, die freilich verschieden modifiziert ist.[43]

La Mettrie stellte seine Thesen aufgrund einer Vielzahl von Beobachtungen an tierischen und menschlichen Phänomenen auf. Natürlich war seine empirische Faktenbasis mit jener der heutigen Neurophysiologie überhaupt nicht zu vergleichen, aber die relevanten Schlußverfahren weisen durchaus Ähnlichkeiten auf. Aus der schwerlich abweisbaren Tatsache, daß psychisches und physisches Geschehen sich nicht nur wechselseitig beeinflussen (die Influxus-Hypothese), sondern allem Anschein nach immer engstens Hand in Hand gehen, wird geschlossen, daß das Psychische einfach nur eine Manifestationsform des Physischen und daß das Geistig-seelische keine vom Körperlichen unterschiedene Substanz ist.[44]

Schiller hat diesen Text sicherlich gekannt. Er genoß während seines Medizinstudiums eine ausgezeichnete philosophische Ausbildung – man verfolgte an der Karlsschule das Ziel, den Arzt nicht nur zum Kenner der Physiologie, sondern des ganzen Menschen zu machen.[45] Schiller stimmte mit La Mettrie überein, als er bei seiner Beschäftigung mit der Wechselwirkung von Geist und Körper zwei „Fundamentalgesetze der gemischten Naturen" aufstellte, die Körperlichkeit als eine wesentliche Eigenschaft des Menschen hervorheben. Auch Schiller sprach an vielen Stellen umstandslos vom menschlichen Körper als von „der Maschine".[46] Das Maschinenmodell stößt aber an eine definitive Grenze, sobald es um den menschlichen Geist geht. Schiller macht den Schnitt an derselben Stelle, wie das schon Descartes getan hatte.[47]

---

43  Julien Offray de La Mettrie, Der Mensch eine Maschine, Stuttgart 2001, S. 66f., 72, 76f., 86 und 94.

44  Descartes hatte im ‚Discours‘ (1637) argumentiert, der kategoriale Unterschied zwischen Maschinen oder Tieren einerseits und Menschen liege in der Sprache und einer universell einsetzbaren Intelligenz. Auf die Frage, ob eine Maschine denken und fühlen, Geist und Seele haben könne, meinte Locke (im ‚Essay Concerning Human Understanding‘, 1689, Buch IV, Kap. 3, § 6), das könne man nicht wissen. La Mettrie war von Lockes Vorurteilslosigkeit angetan, ging aber mit seiner bejahenden Antwort viel weiter als dieser. Voltaires „Je suis corps et je pense: je n'en sais pas davantage" aus den ‚Lettres philosophiques ou lettres anglaises‘ (Paris 1964, S. 66, orig. 1734) kann als Missing Link zwischen Locke und La Mettrie gelten.

45  Ernst Platner forderte in seiner ‚Anthropologie‘, daß „ein Arzt ein Philosoph seyn müsse" (wie Anm. 5, S. IX, zitiert nach Riedel [wie Anm 5], S. 18). Laut Schillers Zueignung seiner dritten Dissertation hat der Württembergische Herzog Karl Eugen mit Gründung der Karlsschule „die Hippokratische Kunst aus der engen Sphäre einer mechanischen Brodwissenschaft in den höhern Rang einer philosophischen Lehre erhoben" (NA 20, 38). In der Selbstrezension der ‚Räuber‘ schreibt Schiller, daß „der Dichter ja auch Arzt" sei (NA 22, 129).

46  ‚Philosophie der Physiologie‘, § 5 (NA 20, 15–17), ‚Versuch über den Zusammenhang …‘ (NA 20, 37–79, mit 25 einschlägigen Verwendungen), ‚Spaziergang unter den Linden‘ (NA 22, 74–79, hier: 75), Brief an Körner vom 7. Mai 1785 (NA 24, 4–7, hier: 6), und – vielleicht die späteste Stelle – ‚Ueber den Grund des Vergnügens an tragischen Gegenständen‘ (NA 20, 133–147, hier: 136). Schon Platner hatte im Kontext seiner Definition der Anthropologie den Körper als Maschine bezeichnet; vgl. Wolfgang Riedel (wie Anm. 5), S. 14.

47  Discours de la méthode, 5. Teil, Abschn. 10: „Wenn es Maschinen mit den Organen und der Gestalt eines Affen oder eines anderen vernunftlosen Tieres gäbe, so hätten wir gar kein Mittel, das uns nur den geringsten Unterschied erkennen ließe zwischen dem Mechanismus dieser Maschinen und dem Lebensprinzip dieser Tiere; gäbe es dagegen Maschinen, die unseren Leibern ähnelten und unsere Handlungen insoweit nachahmten, wie dies für Maschinen wahrscheinlich möglich ist, so hätten wir immer zwei ganz sichere Mittel zu der Erkenntnis, dass sie

Was hat Schiller dazu geführt, diese naturalistisch-materialistische Philosophie abzulehnen? Man kann den Einfluß seines verehrten Philosophie-Lehrers Jacob Friedrich Abel (1751–1829) anführen, der nicht nur der englischen empiristisch-sensualistischen Philosophie von Locke und Hume, sondern auch dem „härteren" französischen Materialismus vom Schlage eines Diderot (1713–84), Helvétius (1715–71), d'Holbach (1723–89) oder eben La Mettrie gegenüber zwar offen war, den letzteren aber am Ende doch ablehnte.[48] Doch betrachten wir, wie Schiller selbst argumentiert, wenn er sich vom Materialismus distanziert. *Daß* er sich davon distanziert hat, und zwar sehr früh, wissen wir bereits von einer Karlsschulrede vom 10. Januar 1780:

> So hat sich der unvollkommene Geist eines La Mettrie, eines Voltaire auf den Ruinen tausend verunglükter Geister eine Schandsäule aufgerichtet, ihres Frevels unsterbliches Denkmal! (NA 20, 33)[49]

Weitere Evidenz erhalten wir aus der ‚Theosophie des Julius‘, einem früh entstandenen Teil der ‚Philosophischen Briefe‘:

> Ich forsche nach den Gesetzen der Geister – schwinge mich bis zu dem Unendlichen, aber ich vergesse zu erweisen, daß sie wirklich vorhanden sind. Ein kühner Angriff des Materialismus stürzt meine Schöpfung ein. […] Die Philosophie unsrer Zeiten […] hat] es sich angelegen sein lassen, diesen himmlischen Trieb [der Liebe, H.R.] aus der menschlichen Seele hinweg zu spotten, [… in] einer kleinmütigen Indifferenz aufzulösen. Im Knechtsgefühle ihrer eignen Entwürdigung haben sie sich mit dem gefährlichen Feinde des Wohlwollens, dem Eigennuz abgefunden, ein Phänomen zu erklären, das ihrem begränzten Herzen zu göttlich war. Aus einem dürftigen Egoismus haben sie ihre trostlose Lehre gesponnen, und ihre eigene Beschränkung zum Maasstab des Schöpfers gemacht. (NA 20, 115 und 121)[50]

---

deswegen keineswegs wahre Menschen sind" (S. 91–93): erstens die Sprache (mit Worten und Zeichen) und zweitens die Vernunft als Universalinstrument.

48 Vgl. Jakob Friedrich Abel, Eine Quellenedition zum Philosophieunterricht an der Stuttgarter Karlsschule (1773–1782), hg. von Wolfgang Riedel, Würzburg 1995, sowie Riedels Einleitung und Kommentare, besonders S. 416–440 und z.B. S. 484f., 510–513, 522–526, 572–574. Riedel arbeitet überzeugend heraus, wie der Empirismus in der Philosophie Deutschlands vor allem unter den Fahnen der Anthropologie und der empirischen Psychologie Einzug fand.

49 „Die Tugend in ihren Folgen betrachtet", Rede gehalten am 10.1.1780 (NA 20, 33). Trotz ihrer Übereinstimmung bzgl. der Möglichkeit denkender Materie ist es problematisch, La Mettrie und Voltaire über einen Kamm zu scheren, denn ähnlich wie Schiller hat letzterer ersterem vorgeworfen, er zerstöre die „Ketten der Tugend" und die „Bande der Gesellschaft" (zitiert nach Holm Tetens, Nachwort. In: La Mettrie [wie Anm. 43], S. 101).

50 In der „Vorerinnerung" zu den ‚Philosophischen Briefen‘ (NA 20, 108) schreibt Schiller: „Scepticismus und Freidenkerei sind die Fieberparoxysmen des menschlichen Geistes." Eine ganze Reihe der frühen Schriften Schillers widmen sich der Entwicklung einer Philosophie der Liebe.

Etwa zehn Jahre später, nach dem großen Kant-Erlebnis, ist das Urteil keineswegs günstiger geworden. Im fünften Brief ‚Ueber die ästhetische Erziehung des Menschen' lesen wir:

> Die Aufklärung des Verstandes, deren sich die verfeinerten Stände nicht ganz mit Unrecht rühmen, zeigt im Ganzen so wenig einen veredelnden Einfluß auf die Gesinnungen, daß sie vielmehr die Verderbniß durch Maximen befestigt. Wir verläugnen die Natur auf ihrem rechtmäßigen Felde, um auf dem moralischen ihre Tyranney zu erfahren [...]. Die affektirte Decenz unsrer Sitten verweigert ihr die verzeihliche erste Stimme, um ihr, in unsrer materialistischen Sittenlehre, die entscheidende letzte einzuräumen. Mitten im Schooße der raffinirtesten Geselligkeit hat der Egoism sein System gegründet, und ohne ein geselliges Herz mit heraus zu bringen, erfahren wir alle Ansteckungen und alle Drangsale der Gesellschaft. Unser freyes Urtheil unterwerfen wir ihrer despotischen Meinung, unser Gefühl ihren bizarren Gebräuchen, unsern Willen ihren Verführungen, nur unsre Willkühr behaupten wir gegen ihre heiligen Rechte. (NA 20, 320)[51]

Wir erkennen, daß Schillers explizite Äußerungen über den Materialismus eine eindeutige Antwort auf die Frage geben, warum er die materialistische Philosophie nicht akzeptierte. Nicht theoretische Gründe wie etwa bei Descartes, sondern moralische Argumente scheiden für Schiller den Materialismus als ernsthafte Möglichkeit aus: Er führt Schande und Frevel, Entwürdigung und Eigennutz, Trostlosigkeit, Verderbnis, Tyrannei, Egoismus, Drangsal, despotische Meinungen und bizarre Gebräuche in seinem Gefolge. Eindeutiger kann man das Böse nicht mehr markieren.

Dazu paßt gut, daß der „überlegende Schurke"[52] Franz Moor aus den ‚Räubern' dem Zuschauer als menschgewordene materialistische Philosophie des Geistes vorgestellt wird.[53] Es verwundert nicht, daß Franz Vater und Bruder ermorden will. Er ist (in Schillers eigenen Worten) ein „Missmensch",[54] ein „Monstrum der *sich selbst befleckenden Natur*".[55] Er hat – den Gedanken kennen wir bereits – „seinen Verstand auf Unkosten seines Herzens verfeiner[t]"[56] und erwarb sich eine „herzverderbliche" und „abscheuliche" Philosophie.[57] Ihm „ist das Heiligste nicht heilig mehr – [...] ist die Menschheit, die Gottheit nichts".[58] Dabei neige der Mensch ursprünglich keineswegs zum Verderblichen. Wie könnte man also eine so korrumpierende Weltanschauung billigen? Sie *darf* einfach nicht wahr sein, wenn man nicht am Schicksal der Welt verzweifeln will.[59]

---

51  Offensichtlich fallen Wille und Willkür an dieser Stelle auseinander. Es deutet aber nichts darauf hin, daß Schiller sich hier die Kantische Unterscheidung von Wille und Willkür (vgl. Abschnitt III) zu eigen gemacht hat.

52  Selbstrezension der ‚Räuber', NA 22, 120.

53  Vgl. Franzens Reflexionen in I/1, II/1, IV/2 und V/1.

54  Vorrede zur ersten Auflage der ‚Räuber', I, NA 3, 5.

55  Selbstrezension der ‚Räuber', NA 22, 121.

56  Vorrede zur ersten Auflage der ‚Räuber', I, NA 3, 6.

57  Selbstrezension der ‚Räuber', NA 22, 122.

58  Vorrede zur ersten Auflage der ‚Räuber', I, NA 3, 6.

59  Zur Thematik dieses Absatzes vgl. Jürgen Daiber (wie Anm. 5). Daiber hat mich darauf hingewiesen, daß die beiden anderen „Skeptizismus-Figuren" des jungen Schiller, der Wollmar des ‚Spaziergangs' und der Julius der

Wir heutigen sind nicht mehr so fest davon überzeugt, daß der Materialismus – auch in Gesellschaft des oft mit ihm einhergehenden Determinismus – notwendig in die moralische
Verderbnis führt. Wir wissen, daß man Determinismus und Materialismus auch anders beur-
teilen kann. Einige Hirnforscher empfehlen (tentativ), aufgrund der empirischen Erkenntnisse
der heutigen Neurophysiologie das Strafrecht abzurüsten und generell durch psychologische
oder physiologische Behandlungen zu ersetzen. Mehr als ein Jahrhundert früher empfand
Nietzsche „den Satz von der strengen Notwendigkeit der menschlichen Handlungen", die Erkenntnis von der „völligen Unfreiheit des menschlichen Willens" und „der völligen
Unverantwortlichkeit"[60] des Menschen als Befreiung. Nicht weniger pathetisch als Schiller
verkündet er:

> Dies alles einzusehen kann tiefe Schmerzen machen, aber darnach gibt es einen Trost:
> solche Schmerzen sind Geburtswehen. Der Schmetterling will seine Hülle durchbrechen,
> er zerrt an ihr, er zerreißt sie: da blendet und verwirrt ihn das unbekannte Licht, das Reich
> der Freiheit. In solchen Menschen, welche jener Traurigkeit *fähig* sind – wie wenige wer-
> den es sein! –, wird der erste Versuch gemacht, ob die Menschheit aus einer *moralischen*
> sich in eine *weise Menschheit umwandeln könne*. Die Sonne eines neuen Evangeliums
> wirft ihren ersten Strahl auf die höchsten Gipfel in der Seele jener einzelnen: da ballen
> sich die Nebel dichter als je, und nebeneinander lagert der hellste Schein und die trübste
> Dämmerung. Alles ist Notwendigkeit – so sagt die neue Erkenntnis; und diese Erkenntnis
> selber ist Notwendigkeit. Alles ist Unschuld: und die Erkenntnis ist der Weg zur Einsicht
> in diese Unschuld.[61]

Solches Pathos ist nicht nach jedermanns Geschmack. Nietzsche hatte eine andere Berufsaus-
bildung genossen als Roth und Singer, er trifft sich mit ihnen aber in der Feststellung, oder besser: in der These der menschlichen „Willen-Unfreiheit".[62]

Dieser Beitrag soll für keine der beiden Positionen werben, es genügt, darauf hingewiesen
zu haben, daß materialistische Positionen diejenigen, die sie annehmen, nicht notwendigerweise zu schlechten Menschen, ja nicht einmal notwendigerweise zu unfreien Menschen
machen.[63] Schiller jedoch hat, wie viele seiner Zeitgenossen, es gar nicht für nötig gehalten,
für die negative Wirkung des Materialismus Argumente zu geben, sie schien ihm wohl einfach
zu selbstverständlich. Noch kurz vor seinem Tod, im letzten Brief an Wilhelm von Humboldt
im April 1805 bekennt er:

---

,Philosophischen Briefe', keine unmoralischen Negativ-Persönlichkeiten sind. Nachdem für den jungen Schiller
die materialistische Auffassung von Körper und Seele „nur Thoren oder Bösewichter bethören [kann]" (Philosophie der Physiologie, NA 20, 12), muß es sich bei Wollmar und Julius wohl um Toren handeln.

60  Nietzsche, Menschliches, Allzumenschliches, 2. Teil 1880/1886, §§ 33 und 50, und 1. Bd. 1878, §§ 105 und 107.
61  Nietzsche, Menschliches, Allzumenschliches, 1. Teil, § 107.
62  Nietzsche, Menschliches, Allzumenschliches, 2. Teil 1880/1886, § 33.
63  Nach Ansicht vieler zeitgenössischer Philosophen können wir durchaus zugleich in einer deterministischen und
materialistischen Welt leben und frei sein. Kant war auch der Ansicht, daß Prädeterminismus und Freiheit kom-

Und am Ende sind wir ja beide Idealisten und würden uns schämen, uns nachsagen zu lassen, dass die Dinge uns formten und nicht wir die Dinge. (NA 32, 206)

---

patibel seien. Dies kommt in der folgenden Stelle aus der ‚Kritik der praktischen Vernunft' besonders schön zum Ausdruck: „Man kann also einräumen, daß, wenn es für uns möglich wäre, in eines Menschen Denkungsart, so wie sie sich durch innere sowohl als äußere Handlungen zeigt, so tiefe Einsicht zu haben, daß jede, auch die mindeste Triebfeder dazu uns bekannt würde, imgleichen alle auf diese wirkende äußere Veranlassungen, man eines Menschen Verhalten auf die Zukunft mit Gewißheit, so wie eine Mond- oder Sonnenfinsterniß, ausrechnen könnte, und dennoch dabei behaupten, daß der Mensch frei sei." (Kritik der praktischen Vernunft, A 177f.; Akad.-Ausg. V, 99).

*Peter Philipp Riedl*

# Legitimität und Charisma in Zeiten des Krieges

## Überlegungen zu Schillers ‚Wallenstein'-Trilogie

Wenn wir die Literatur der Weimarer Klassik aus der Perspektive ihrer dramatischen Haupt-werke betrachten und unseren Blick insbesondere auf die zentralen Figuren der Stücke richten, so gewinnen wir ein erfrischend deutlich konturiertes Bild: Die Weimarer Klassik, so könnten wir resümieren, konstituiert sich im Zeichen der Melancholie. Faust und Wallenstein sind Brüder Hamlets, Kinder des Saturn, auch wenn sich Schillers Wallenstein, der die Sterne ja konsequent mißdeutet, die längste Zeit fälschlicherweise für ein heiteres Kind Jupiters hält.[1] Melancholisch, zögerlich, grüblerisch, zaudernd, realitätsblind – die Persönlichkeitsprofile Wallensteins und Fausts offenbaren auffallende Übereinstimmungen.[2] In Schillers Drama ist es Ausdruck tragischer Ironie, daß Wallenstein aufgrund seiner astrologischen Fehldeutungen ausgerechnet seinem entscheidenden Widersacher, Octavio Piccolomini, das größte Vertrauen schenkt und seine Unentschlossenheit, das Äußerste zu wagen, mit den vermeintlichen Sternenkonstellationen begründet. Die Abhängigkeit von astrologischen Spekulationen schränkt Wallensteins Fähigkeit, Entschlüsse zu fassen, grundlegend ein. Das allgemein-menschliche Muster dieses Verhaltens brachte Goethe präzise auf den Punkt: „Wer die Sterne fragt was er tun soll? ist gewiß nicht klar über das was zu tun ist."[3]

Wallenstein weiß tatsächlich nicht – genauer gesagt: nicht mehr –, was zu tun ist, fehlt ihm, der allein dem Krieg seine schier grenzenlose Machtfülle verdankt, doch der politische Kompaß, der seinen Entscheidungen in der sich verschärfenden politischen Krise über die

---

1   Den philologisch und kulturgeschichtlich umfassenden Nachweis der Melancholie Wallensteins hat Dieter Borchmeyer geführt: Macht und Melancholie. Schillers Wallenstein, Frankfurt am Main 1988. Überblicksdarstel-lungen zur ‚Wallenstein'-Trilogie mit weiterführender Forschungsliteratur stammen u.a. von Peter-André Alt, Schiller. Leben – Werk – Zeit, Bd. II, München 2000, S. 420–464; Alfons Glück, Schillers *Wallenstein*, München 1976; Walter Hinderer, Die *Wallenstein*-Trilogie. In: Walter Hinderer, Von der Idee des Menschen. Über Friedrich Schiller, Würzburg 1998, S. 253–332; Norbert Oellers, Wallenstein. In: Schiller-Handbuch. Leben – Werk – Wir-kung, hg. von Matthias Luserke-Jaqui, Stuttgart/Weimar 2005, S. 113–153; Hartmut Reinhardt, Wallenstein. In: Schiller-Handbuch, hg. von Helmut Koopmann, Stuttgart 1998, S. 395–414. Sammlungen einschlägiger Doku-mente, Kommentare und älterer Aufsätze bieten Fritz Heuer und Werner Keller (Hg.), Schillers Wallenstein, Darmstadt 1977 (= Wege der Forschung; Bd. 420) sowie Kurt Rothmann (Hg.), Erläuterungen und Dokumente – Friedrich Schiller: Wallenstein, Stuttgart 1977.

2   Vgl. Dieter Borchmeyer, Schillers Faust: *Wallenstein*. In: „… schwankt sein Charakterbild in der Geschichte". Zu Schillers *Wallenstein*, Weimar/Marbach 2002, S. 3–19.

3   So Goethe 1799 in seiner Rezension zu ‚Die Piccolomini'. In: Johann Wolfgang Goethe, Sämtliche Werke nach Epochen seines Schaffens. Münchner Ausgabe (MA), hg. von Karl Richter, Bd. 6.2: Weimarer Klassik 1798–1806, 2, hg. von Victor Lange u.a., München/Wien 1988, S. 684.

reine Selbstbezüglichkeit hinaus eine erkennbare Richtung und Orientierung gäbe. In seiner ‚Geschichte des Dreyßigjährigen Kriegs' (1790–1792) formuliert Schiller jene Einsicht, die grosso modo auch für sein Drama gilt: „[…] so fiel Wallenstein, nicht weil er Rebell war, sondern er rebellirte, weil er fiel." (NA 18, 329) – Konkret: Die Schmach seiner ersten Absetzung auf dem Fürstentag zu Regensburg im Jahr 1630 hat Wallenstein auch nach seiner Rehabilitierung durch den Kaiser nicht verwunden. Dieser Sturz ist Wallensteins unbewältigtes Trauma, das fortwirkt und seine politischen Manöver bestimmt. Der – aus Wallensteins Sicht – Treuebruch des Kaisers treibt ihn jedenfalls entschieden stärker um als die Sehnsucht nach Frieden, die insbesondere Max Piccolomini, sein geistiger Sohn, der so große Hoffnungen auf ihn setzt, emphatisch zum Ausdruck bringt. Wallenstein ist aber nicht derjenige, den Max in ihm sieht oder zu sehen glaubt. Er ist kein Friedensbringer, nicht einmal mehr jener Realpolitiker, der er einmal gewesen sein muß, zumindest bis zu seiner ersten Entmachtung, die seinen märchenhaften Aufstieg jäh beendet hat.

Doch wer ist dieser Wallenstein in Schillers Drama wirklich? Wie erklärt sich sein schwindelerregender Aufstieg zum Generalissimus, der selbst die Macht des Kaisers herausfordert, und wie sein Sturz und sein Untergang? Und nach welchen Regeln funktioniert Politik in Zeiten eines scheinbar immerwährenden Krieges? Gerade diese Frage gewann zur Entstehungszeit der ‚Wallenstein'-Trilogie angesichts der Revolutionskriege eine neue, erschreckende Aktualität, die Schillers Geschichtsbild entscheidend verdüsterte.[4] Wie kann sich das Individuum, dessen ästhetische Erziehung auf aufgeklärt-humanistischer Grundlage die Weimarer Klassik im allgemeinen und Schiller im besonderen zu befördern versuchten, gegenüber den nivellierenden Mechanismen der Macht sowie der kalten Rationalität der sogenannten Realpolitik behaupten? Auf diese Fragen soll im folgenden die ein oder andere Antwort gefunden werden.

Nein, ein Friedensbringer, wie von Max Piccolomini erhofft, ist dieser Herzog von Friedland, der Feldherr Wallenstein, der sich in erster Linie um sich und seine maßgeblich von ihm selbst mitkreierte Kriegswelt dreht, eher nicht. Er ist nicht das, was die Forschung, nicht selten auf der Grundlage entsprechend klischierter Schiller-Bilder, immer wieder in ihm zu sehen versucht hat: ein revolutionärer Idealist,[5] der nicht aus taktischen Erwägungen, sondern aus tiefster innerer Überzeugung von einem neuen Reich und einem neuen Frieden, von der „Wohlfahrt aller" und „des Ganzen Heil" träumt.[6] Er ist aber auch kein finsterer Verbrecher, der

4    Die zeitgeschichtlichen Bezüge akzentuieren Helmut Koopmann, Die Tragödie der verhinderten Selbstbestimmung. Schillers Aufklärungsdenken, die Französische Revolution und „Wallenstein" als politische Antwort. In: ders., Freiheitssonne und Revolutionsgewitter. Reflexe der Französischen Revolution im literarischen Deutschland zwischen 1789 und 1840, Tübingen 1989 (= Untersuchungen zur deutschen Literaturgeschichte; Bd. 50), S. 13–58; Harald Steinhagen, Schillers *Wallenstein* und die Französische Revolution. In: Zeitschrift für deutsche Philologie 109 (1990); Sonderheft: Schiller. Aspekte neuerer Forschung, hg. von Norbert Oellers, S. 77–98.

5    So z.B. Walter Müller-Seidel, Die Idee des neuen Lebens: eine Betrachtung über Schillers ‚Wallenstein' (1971). In: Heuer/Keller (Hg.), Schillers Wallenstein (wie Anm. 1), S. 364–385.

6    Textgrundlage für die ‚Wallenstein'-Trilogie ist der achte Band der Nationalausgabe (NA), hg. von Hermann Schneider und Lieselotte Blumenthal, Weimar 1949. Die Nachweise der Zitate erfolgt im fortlaufenden Text unter

die Welt vollends in Chaos und Anarchie stürzte, geböte man seinem eigenmächtigen Treiben nicht rechtzeitig Einhalt.[7] Schillers Wallenstein ist in erster Linie ein – im Drama freilich bereits depotenzierter – Machtmensch, dessen Glaube an die Sterne und dessen melancholische Veranlagung seit seiner Absetzung auf dem Fürstentag zu Regensburg sein Wesen beherrschen und seine Entscheidungen zunehmend bestimmen. Aus diesem Grund vermag er das politische Ränkespiel, das einer kalten, rationalistischen Logik folgt, immer weniger selbst aktiv zu betreiben oder auch nur zu kontrollieren. Er wird zuletzt das Opfer jener utilitaristischen Gesetze, die er selbst einst virtuos zu nutzen verstanden hat.

Wallenstein wird nicht durch die Nemesis, die Schicksalsgöttin, zu Fall gebracht, sondern, ganz profan, durch die kalten, rationalen Mechanismen tatsächlicher Realpolitik, derer er sich selbst, als er das noch konnte, bedient hat. Am Rad der Fortuna drehen keine anonymen Schicksalsmächte, sondern irdische Akteure, Menschen aus Fleisch und Blut, Menschen, die geschickt oder eben ungeschickt Politik machen. In der modernen Welt bestimmt die Politik das Schicksal, nicht umgekehrt. „Was […] will man jetzt mit dem Schicksal, die Politik ist das Schicksal", soll Napoleon am 2. Oktober 1808 in Erfurt zu Goethe gesagt haben.[8] Die Politik wütet in Schillers ‚Wallenstein' tatsächlich ebenso unerbittlich wie die Nemesis in der antiken Tragödie und fordert ihre Opfer, sei es im Namen legitimierter, sei es im Namen realer Macht. Die Politik ist das Schicksal, das die Menschen über sich selbst verhängen und daher auch selbst zu verantworten haben. Schillers ‚Wallenstein' ist ein in jeder Hinsicht modernes Drama.

Das selbst verschuldete Schicksal der Politik ist nicht weniger grausam als die Verkettung von Gewalt und Rache im antiken Mythos. „Das eben ist der Fluch der bösen Tat, / Daß sie, fortzeugend, immer Böses muß gebären." (Die Piccolomini, Vs. 2452f.) Octavio Piccolominis düstere Diagnose beschriebe in Goethes ‚Iphigenie auf Tauris' die Macht des Atridenfluchs, eine Macht, die in Goethes Drama indes durch Humanität, das Reinmenschliche, gebrochen werden kann. In Schillers ‚Wallenstein' kann dagegen von einer Depotenzierung dieser Macht nicht die Rede sein, im Gegenteil. Der fortwirkende Fluch der bösen politischen Tat erzeugt ungebrochen Böses, und das mit unerbittlicher zerstörerischer Notwendigkeit.

In dieser gottverlassenen Welt stirbt zuletzt selbst die Hoffnung. Die Restitution der legitimierten Ordnung am Ende von ‚Wallensteins Tod' ist kein Akt höherer Gerechtigkeit. Das Fazit, das Hegel nach seiner ‚Wallenstein'-Lektüre zog, fiel dementsprechend ernüchternd aus: „Der unmittelbare Eindruck nach der Lesung Wallensteins ist trauriges Verstummen über den Fall eines mächtigen Menschen, unter einem schweigenden und tauben Schicksal. Wenn das Stück endigt, so ist Alles aus, das Reich des Nichts, des Todes hat den Sieg behalten; es endigt nicht als eine Theodizee."[9] Der Triumph des Nihilismus schließt das Moment der Versöh-

---

Angabe der jeweiligen Dramen und Verse; hier: Die Piccolomini, Vs. 1182. Hervorhebungen durch Sperrdruck werden grundsätzlich kursiv wiedergegeben.

7   Die These vom despotischen Verräter Wallenstein hat besonders forciert Wolfgang Wittkowski vertreten: Theodizee oder Nemesistragödie? Schillers „Wallenstein" zwischen Hegel und politischer Ethik. In: Jahrbuch des Freien Deutschen Hochstifts 1980, S. 177–237.

8   So Goethe in seiner ‚Unterredung mit Napoleon'. In: MA, Bd. 14: Autobiographische Schriften der frühen Zwanziger Jahre, hg. von Reiner Wild, München/Wien 1986, S. 579.

9   Georg Wilhelm Friedrich Hegel: Über Wallenstein (um 1800). In: Heuer/Keller (Hg.), Schillers Wallenstein (wie Anm. 1), S. 15.

nung aus. Die Handschrift einer höheren Vernunft suchte Hegel in Schillers Drama vergeblich: „[…] es steht nur Tod gegen Leben auf, und unglaublich! abscheulich! der Tod siegt über das Leben! Dies ist nicht tragisch, sondern entsetzlich! Dies zerreißt das Gemüt, daraus kann man nicht mit erleichterter Brust springen!"[10]

Bevor das Rad der Fortuna, das von den weltlichen Mechanismen politischer Macht angetrieben wird, Wallenstein unter sich begräbt, hat es ihn zunächst auf den höchsten Gipfel emporgehoben. Seine Machtfülle verdankt er seiner militärischen Strategie, insbesondere seinem Charisma als Feldherr. Die Forschung hat dieses Charisma zwar immer wieder konstatiert, sich um eine differenzierte Bestimmung des Phänomens indes wenig gekümmert. Allzu lange blieb sie auf die strittige Frage fixiert, wie Wallensteins Vorgehen zu bewerten sei, eher idealistisch motiviert oder doch als Ausdruck einer grundsätzlich verbrecherischen Gesinnung. Eine genauere Betrachtung von Wallensteins Charisma vermag dagegen zu zeigen, daß diese Kontroverse eine Scheinkontroverse ist und den eigentlichen Kern des Problems verfehlt.

Was verstehen wir eigentlich unter Charisma? Der Soziologe Max Weber definiert charismatische Herrschaft als etwas Außergewöhnliches, Außeralltägliches und grenzt sie von den Ordnungsvorstellungen legaler und traditioneller Herrschaft ab.[11] Wörtlich bedeutet Charisma „Gnadengabe". Negativ formuliert: charismatisch ist nicht derjenige, der sich selbst entsprechend apostrophiert und stilisiert. Charisma ist vielmehr die Summe von außergewöhnlichen, auch vermeintlich übernatürlichen Attributen, die andere einem Menschen zuschreiben. Weber rückt denn auch das Kriterium der emotionalen Vergemeinschaftung, der affektuellen Hingabe, ins Zentrum seiner Überlegungen. Phänomene dieser Art führt auch Schillers ‚Wallenstein'-Trilogie vor, insbesondere deren erster Teil: ‚Wallensteins Lager'.

Die Trilogie spielt im Januar 1634, dreieinhalb Jahre nach Wallensteins erster Entmachtung auf dem Fürstentag zu Regensburg und gut ein Jahr nach dem Tod seines militärischen Hauptkontrahenten Gustav Adolf, der in der Schlacht bei Lützen im November 1632 gefallen ist. Mittlerweile hat sich die Auseinandersetzung zwischen Wallenstein und dem Kaiser krisenhaft zugespitzt. Wallenstein wird vorgeworfen, er wolle den Kaiser verraten, ein Bündnis mit den Schweden eingehen und sich darüber hinaus Böhmens bemächtigen. Wallenstein hat alle Kommandeure seiner Armeen in Pilsen zusammengerufen. Sein Sturz ist zu diesem Zeitpunkt bereits beschlossene Sache. Im Kern ist Schillers ‚Wallenstein' daher ein analytisches Drama, das Gerhard Schulz trefflich als „eine Art von ‚König Ödipus in Böhmen'" tituliert hat.[12]

---

10  Ebd., S. 16.

11  Vgl. den Abschnitt „Charismatische Herrschaft" in Max Webers Aufsatz ‚Die drei reinen Typen der legitimen Herrschaft' (1922). Zitiert nach: Max Weber, Soziologie, Universalgeschichte, Politik. Mit einer Einleitung von Eduard Baumgarten hg. und erläutert von Johannes Winckelmann. 5., überarb. Aufl., Stuttgart 1973, S. 151–166; hier S. 159–166.

12  Gerhard Schulz, Die deutsche Literatur zwischen Französischer Revolution und Restauration. Erster Teil: Das Zeitalter der Französischen Revolution 1789 – 1806, München 1983 (= Geschichte der deutschen Literatur von den Anfängen bis zur Gegenwart; Bd. VII/1), S. 502. Historische und geschichtsphilosophische Fragen berührt der Aufsatz von Gerhard Schulz, Schillers „Wallenstein" zwischen den Zeiten. In: Geschichte als Schauspiel. Deutsche Geschichtsdramen. Interpretationen, hg. von Walter Hinck, Frankfurt am Main 1981, S. 116–132. Zur Kategorie der tragischen Analysis in Schillers Drama vgl. auch die erhellenden Ausführungen von Hans-Jürgen

In ‚Wallensteins Lager' tritt der Feldherr selbst nicht auf; er erscheint vielmehr im Spiegel seiner Soldaten und ist so dennoch, indirekt, allgegenwärtig. In den ‚Piccolomini' verlagert sich diese Form der expositorischen Charakterisierung Wallensteins dann auf die höhere Ebene seiner Offiziere und seiner Familie. In diesen ausgedehnten und vielstimmigen Ansichten entsteht nun tatsächlich das Bild eines charismatischen Führers, den seine Anhänger verehren und seine Feinde fürchten.

Die Basis von Wallensteins Macht ist sein Lager. Macht erringt man in dieser Welt allein auf der Grundlage militärischer Stärke, jenseits von Vernunft und Recht. Das Gesetz eines scheinbar immerwährenden Krieges spart keinen Lebensbereich aus, liefert die betroffenen Landstriche einer marodierenden Soldateska aus, die als autonome Gewalt ihre eigene, zerstörerische Ordnung errichtet und dabei Chaos und Elend zurückläßt. Der unumschränkte Führer dieser Soldaten ist, wie ihn der ‚Prolog' vorstellt, „[…] der Schöpfer kühner Heere, / Des Lagers Abgott und der Länder Geißel" (Vs. 94f.). Schiller betont zwar ausdrücklich, er zitiere hier die gängigen und das heißt vor allem: parteiischen Geschichtsbilder, denen er ein menschliches Charakterbild entgegensetzen wolle.[13] Das ändert freilich nichts an der – in der Forschung jedoch erstaunlich wenig gewürdigten – Tatsache, daß eben diese Vorstellungen – der Schöpfer kühner Heere, des Lagers Abgott und der Länder Geißel – im folgenden bestätigt und nicht etwa dementiert werden.

Daß Wallenstein der Spiritus rector seiner Soldaten ist und die Truppen, die sich allein durch den Krieg ernähren, zur Geißel der betroffenen Länder werden, bedarf keiner näheren Erläuterung. Interessanter ist die Frage, wie Wallenstein zum „Abgott" seiner Soldaten geworden ist und damit zu einem charismatischen Führer, wie ihn Max Weber soziologisch skizziert und der Staatsrechtler Carl Schmitt als Herrschaftstypus in einem Krieg, der als permanenter Ausnahmezustand seine eigenen Regeln schafft, modelliert hat. Der erste Satz von Carl Schmitts ‚Politischer Theologie' von 1922 lautet programmatisch: „Souverän ist, wer über den Ausnahmezustand entscheidet."[14] Souveränität ist im Sinne Schmitts „höchste, rechtlich unabhängige, nicht abgeleitete Macht".[15]

Wallensteins Charisma beruht nicht zuletzt auf diesen staatstheoretischen Grundsätzen, die insbesondere in Zeiten des Krieges oder Bürgerkrieges als eines permanenten Ausnahmezustands immer wieder aufs neue reaktualisiert worden sind. Sie führten auch zu jenen „Verhaltenslehren der Kälte", die Helmut Lethen für die Zeit der Neuen Sachlichkeit zwischen den beiden Weltkriegen luzide herausgearbeitet hat.[16] Der Kampf um Macht und Herrschaft erfordert bestimmte Strategien der Selbstdarstellung, die den wahren Charakter des eigenen Ichs zugun-

---

Schings, Das Haupt der Gorgone. Tragische Analysis und Politik in Schillers „Wallenstein". In: Das Subjekt der Dichtung. Festschrift für Gerhard Kaiser, hg. von Gerhard Buhr, Friedrich A. Kittler und Horst Turk, Würzburg 1990, S. 283–307.

13  ‚Prolog', Vs. 102–105: „Von der Parteien Gunst und Haß verwirrt / Schwankt sein Charakterbild in der Geschichte, / Doch euern Augen soll ihn jetzt die Kunst, / Auch eurem Herzen, menschlich näher bringen."

14  Carl Schmitt, Politische Theologie. Vier Kapitel zur Lehre von der Souveränität, München und Leipzig 1922, S. 9.

15  Ebd., S. 20.

16  Helmut Lethen, Verhaltenslehren der Kälte. Lebensversuche zwischen den Kriegen, Frankfurt am Main 1994.

sten der erfolgreichen Repräsentation nach außen im Zweifel camouflieren müssen. Aufrichtigkeit, Offenheit und authentische Selbstoffenbarung kämen demgegenüber einer freiwilligen Selbstentwaffnung gleich, wären, zugespitzt gesagt, auf dem Feld der Politik glatter Selbstmord.

So mußte sich auch Schillers Wallenstein als machtvoller Generalissimus gleichsam selbst erfinden: Entscheidend ist nicht, wer er ist – auf diese Frage hat die Forschung allzu lange ihr Augenmerk gerichtet –, sondern für wen die anderen ihn halten. Wallensteins Modellierung seiner selbst ist jedenfalls so erfolgreich, daß ihn seine Soldaten als unumschränkten Führer anerkennen, ja, wie es im ‚Prolog‘ heißt, als „Abgott“ und damit im Sinne Max Webers als charismatischen Führer verehren. Der Generalissimus, der selbst den Kaiser herausfordert und als Kaiser seines Heeres uneingeschränkte Subordination verlangt, ist eine Schöpfung sui generis, ein Selbstentwurf, ja eine Selbstüberhöhung, die ihre intendierte Wirkung nicht verfehlt. Wallenstein wird von seinen Jüngern als ein Auserwählter verehrt. Nichts anderes ist mit dem Begriff „Abgott“ gemeint.

Noch einmal zurück zu Carl Schmitt: Seine Staatstheorie der Souveränität im permanenten Ausnahmezustand ist dem eigenen Anspruch nach eine politische Theologie. Eine sakrale Aura umgibt auch die charismatische Herrschaft des Heerführers Wallenstein, in dem seine Soldaten, die seine Geschöpfe sind, eine Art Übermenschen sehen und verehren. Diese Haltung unbedingter Adoration ist fest in einem absoluten Regiment verankert, das die Subordination der Untertanen sowohl durch Furcht und Schrecken als auch durch Vergünstigungen und Belohnungen zu sichern vermag – kurz gesagt: mit Zuckerbrot und Peitsche. Dieses ausbalancierte System begründet das quasireligiöse Charisma des unumschränkten Führers, der, wie es in der ‚Geschichte des Dreyßigjährigen Kriegs‘ wörtlich heißt, von seinen Soldaten „angebethet“ wird (NA 18, 132). Der Krieg als permanenter Ausnahmezustand ist der fruchtbare Nährboden für militärische Führer und deren charismatische Herrschaft. Der Krieg diktiert seine eigenen Gesetze; wer ihnen bedingungslos folgt, in ihnen aufgeht, sie selbst verkörpert, gerät freilich andererseits leicht außer Kontrolle. Auch das zeigt am Beispiel Wallensteins Schillers poetische Erkenntnis der Geschichte.[17]

Noch wichtiger als die politische Theologie von Wallensteins charismatischem Herrschaftssystem ist seine materialistische Basis. Wallenstein hat sich die Gefolgschaft seiner zahlreichen Soldaten schlicht und ergreifend gekauft. Er lockt seine Soldaten mit Geld, bindet sie an sich, indem er ihnen die Aussicht auf Aufstieg eröffnet, unabhängig ihrer Herkunft, und formt sich so „seine Kreaturen“, wie Schiller Wallensteins Soldaten in seiner ‚Geschichte des Dreyßigjährigen Kriegs‘ abfällig bezeichnet (NA 18, 119). – Kreaturen, die sich auf Kosten der Bauern und Bürger ernähren, Kreaturen, die, so erneut Schiller in seiner ‚Geschichte des Dreyßigjährigen Kriegs‘, mit der Fortdauer des Krieges immer mehr verrohen: „Der Soldat (um das Elend jener Zeit in ein einziges Wort zu pressen) der *Soldat herrschte*, und dieser brutalste der Despoten ließ seine eignen Führer nicht selten seine Obermacht fühlen.“ (NA 18, 337) Die spezifische Physiognomie von Wallensteins Truppen ist eine *creatio ex nihilo*, die der erste Teil

---

17  Dazu grundsätzlich: Theo Elm, „Ein Ganzes der Kunst und der Wahrheit“. Zum Verhältnis von Poesie und Historie
    in Schillers „Wallenstein“. In: Schiller heute, hg. von Hans-Jörg Knobloch und Helmut Koopmann, Tübingen 1996
    (= Stauffenberg-Colloquium; Bd. 40), S. 83–97.

der Trilogie im einzelnen auffächert. ‚Wallensteins Lager' zeigt so, kurz gesagt, das Bild eines bunt zusammengewürfelten Heeres, das einzig und allein auf seinen Feldherrn ausgerichtet ist. Das militärische System Wallenstein basiert auf den Prinzipien des unbedingten Gehorsams und der großzügigen Belohnung. Sein zweckrationales Herrschaftssystem verlangt die totale Unterwerfung und verspricht neben reicher Beute eine ungebundene Existenz und persönlichen Ruhm. Wallenstein ist maßlos im Strafen wie im Belohnen; sein persönliches Regiment ist ebenso auf Abschreckung wie auf individueller Anerkennung und Auszeichnung gebaut. Der Kriegsgewinn übt dabei magnetische Wirkung aus. Soldaten aus aller Herren Länder schließen sich ihm an und verstärken ständig seine ohnehin bereits machtvollen Truppen.

Darüber hinaus führt die allgemeine Wahrnehmung Wallensteins als eines Übermenschen, eines Abgotts, der auch die Zukunft voraussehen könne, unter seinen abergläubischen Soldaten zu einer Siegeszuversicht, die wiederum Voraussetzung für ihre totale Hingabe ist. Der Glaube an die Unbesiegbarkeit des eigenen, vermeintlich kugelsicheren Führers steigert die Bereitschaft der Soldaten, „Leib und Leben" (Wallensteins Lager, Vs. 89) einzusetzen, dem militärischen Führer bedingungslos zu folgen. Die Überzeugung, Wallenstein sei auserwählt, wird zur Glaubensgewißheit: „Er bannet das Glück, es muß ihm stehen. / Wer unter seinem Zeichen tut fechten, / Der steht unter besondern Mächten." (Wallensteins Lager, Vs. 349–351) In gut faustischer Tradition grassiert im Lager der Aberglaube, Wallenstein sei mit dem Teufel im Bunde und daher auf Erden nicht zu besiegen. Der völlig verrohten Soldateska ist es im übrigen einerlei, ob Wallenstein seinen sagenhaften Aufstieg göttlichen oder teuflischen Mächten verdankt. Durch die Verbindung von unbedingtem Führerglauben und materiellen Vorteilen verschmelzen Wallenstein und seine Soldaten zu einer Einheit, deren Räder im Getriebe der Kriegsmaschinerie reibungslos ineinandergreifen.

Nahezu mustergültig erfüllt so Wallenstein die Kriterien, die Max Weber für die charismatische Herrschaft geltend gemacht hat. Weber führt „insbesondere: magische Fähigkeiten, Offenbarungen oder Heldentum, Macht des Geistes und der Rede" an.[18] Einem anderen charismatischen Führer mit diesem Profil hat Schiller bereits 1790 eine historische Untersuchung gewidmet. In seiner Abhandlung ‚Die Sendung Moses' charakterisiert Schiller den Führer, Propheten und Gesetzgeber der Israeliten als einen kühl kalkulierenden Rationalisten. Moses' Leistung als Religionsstifter beschreibt Schiller, an der Grenze zur Blasphemie, als streng utilitaristischen Vorgang, als einen innerweltlichen und nicht als transzendentalen Akt.

Schillers Moses agiert mit der Kraft seiner Beredsamkeit wie ein moderner Demagoge, der ein in seiner Unfreiheit und seinem Elend träge gewordenes, verwildertes und verrohtes Volk durch phantastische Erzählungen von seiner historischen Rolle erst überzeugen muß. Nicht die Allmacht Gottes ermöglicht die Selbstbefreiung des jüdischen Volkes, sondern das nüchterne, rationale Kalkül eines modernen Aufklärers, der mit Hilfe seines Verstandes weltliche, das heißt politische Ziele verfolgt. Schiller findet für die innere Motivation des Moses eine psychologische Erklärung und säkularisiert den Akt der Religionsstiftung zu einem kulturhistorischen Vorgang. Moses weiß, daß er, wie Wallenstein bei seinen Soldaten, in seinem mut- und leblosen Volk zunächst „Hoffnung, Zuversicht, Heldenmuth, Enthusiasmus […] entzünden" muß (NA 17, 390). Mit Rhetorik allein kann das nicht gelingen, vermag die Beredsamkeit doch nur eine „erkünstelte Begeisterung" (NA 17, 390) für den Augenblick hervorzurufen. Daher weckt

---

18 Max Weber, Die drei reinen Typen der legitimen Herrschaft (wie Anm. 11), S. 159.

Moses mit exakt kalkulierten Erzählungen, in denen jedes Detail auf die intendierte Wirkung hin ausgewählt und ausgerichtet ist, in seinem Volk den Glauben, das auserwählte Volk Gottes und daher auch im bevorstehenden Befreiungskampf unbesiegbar zu sein: „Diese Verkündigung Gottes ist nunmehr dem Ruf eines Feldherrn gleich, sich unter seine siegreiche Fahne zu begeben." (NA 17, 393) Schillers Moses ist nicht, wie in der Bibel, das Werkzeug Gottes. Gott ist bei Schiller vielmehr das Werkzeug des Moses.

Im Propheten, im Kriegshelden und im Demagogen hat Max Weber die reinsten Typen charismatischer Herrschaft identifiziert. Schillers Moses gilt den Seinen als ein Prophet, der ihnen mit durchaus demagogischen Mitteln jene Zuversicht vermittelt, die ihn zuletzt auch zu einem Kriegshelden werden läßt. Ein Kriegsheld ist Wallenstein ohne jeden Zweifel. Er verfügt auch über die Macht der Beredsamkeit, die ihm Schiller sowohl in seiner ‚Geschichte des Dreyßigjährigen Kriegs' als auch in seinem Drama attestiert. Prophetische Fähigkeiten sprechen ihm seine Soldaten und Kommandeure zumindest so lange zu, wie sie sich von ihm Macht, Ruhm und Beute versprechen. Der Glaube an das Charisma eines Führers ist ja keineswegs unverbrüchlich, wie Max Weber auch ausdrücklich betont hat. Das Charisma steht vielmehr unter einem ständigen Bewährungszwang. Wenn Schillers Wallenstein die Bühne betritt, ist sein Charisma bereits verblaßt. Mit dem Verlust seiner physischen Stärke, seiner militärischen Machtbasis, werden dann auch sein Sturz und sein Untergang unvermeidlich.

Zum Propheten, Kriegshelden und Demagogen, also den Idealtypen charismatischer Herrschaft, fügt Schiller seinem Wallenstein im Drama noch eine weitere wichtige Facette hinzu: den Künstler. Wallenstein steht ja nicht, wie er irrtümlich meint, im Zeichen der Glückssterne Jupiter und Venus, sondern im Zeichen der Unglückssterne Saturn und des Kriegsgottes Mars. Als ein Saturniker wider Willen ist Wallenstein, Goethes Torquato Tasso nicht unähnlich, ein Melancholiker, den die Aura des einsamen, des verschlossenen, des unergründlichen Genies umgibt. Und wie bei Goethes Faust offenbart das Saturnische auch bei Wallenstein seine genuine Doppelnatur: die Neigung zum Großen und zum Verbrecherischen. Die Werke Schillers und Goethes zur Zeit der Weimarer Klassik verbindet, wie wir sehen, im Zeichen des Dialogs ein feingliedriges Netz korrespondierender Bezüge.

In der dreizehnten Szene des dritten Aufzugs von ‚Wallensteins Tod' stilisiert sich der vom Kaiser mittlerweile geächtete Feldherr selbst zu einem prometheischen Creator ex nihilo, ja zu einem Künstlergenie: „Im Marke lebt die schaffende Gewalt, / Die sprossend eine Welt aus sich geboren." (Vs. 1793f.) Sein Lager ist seine Schöpfung, sein Kunstwerk: „Es ist der Geist, der sich den Körper baut […]." (Vs. 1813) Daß sich der Körper zu diesem Zeitpunkt von seinem geistigen Schöpfer bereits gelöst und emanzipiert hat, verdeutlicht, wie sehr sich Wallenstein in tragischen Irrtümern verfängt. In der antiken Tragödie sind es die Götter, die denjenigen, den sie vernichten wollen, mit Blindheit schlagen. Im modernen Drama, ‚Wallenstein', ist die Blindheit des Helden insbesondere Ausdruck seiner Hybris, die ihm den Blick auf die Wirklichkeit zunehmend verstellt.[19] Hybris heißt ja auch wörtlich Verblendung. Erst spät, viel

---

19   „Wallenstein wird zur modernen Tragödie als das Kreuzungsprodukt aus dem antiken Schicksalsdrama und dem
      neuzeitlichen Geschichtsdrama Shakespeares", resümiert Eckhard Heftrich, Das Schicksal in Schillers ‚Wallen-
      stein'. In: Inevitabilis Vis Fatorum. Der Triumph des Schicksalsdramas auf der europäischen Bühne um 1800, hg.
      von Roger Bauer, Bern/Frankfurt am Main/New York/Paris 1990 (= Jahrbuch für Internationale Germanistik;
      Reihe A: Kongressberichte; Bd. 27), S. 113–121; Zitat S. 116.

zu spät verliert Wallenstein den Glauben, ein heiteres Kind des Jupiter zu sein, und wird sich seiner wahren, saturnischen, das heißt: melancholischen, finsteren Natur bewußt.

Wallenstein ist aber nicht nur der kunstvolle Schöpfer seiner Heere. Mit dem Anspruch eines Künstlergenies ästhetisiert er darüber hinaus die Politik.[20] Im vierten Auftritt des ersten Aufzugs von ‚Wallensteins Tod‘ stilisiert sich Wallenstein selbst in einem großen, 83 Verse langen Monolog, den Goethe als „die Achse des Stücks" bezeichnet hat,[21] zu einem Möglichkeitsmenschen, der, wie ein Künstler, die Wirklichkeit zu transzendieren vermag: „Kühn war das Wort, weil es die Tat nicht war." (Vs. 170) Die Freiheit der gedanklichen Planung kollidiert jedoch mit dem Zwang, der aus tatsächlichen Gegebenheiten erwächst. Die Wirklichkeit holt den reflektierenden Möglichkeitsmenschen ein. Der bekennende Spieler, der sich für autonom hält, ist in Wahrheit selbst nur noch eine ohnmächtige Spielfigur auf dem Schachbrett der Politik.[22]

Wallenstein verfängt sich in dem Irrglauben, auf dem Feld der Politik die Ebenen des Gedankens und der Tat strikt trennen zu können. Seine Grenzüberschreitung von Kunst und Wirklichkeit, von Ästhetik und Politik, endet in der Katastrophe. Diese Ästhetisierung von Politik hat indes nichts gemein mit Schillers Utopie einer ästhetischen Erziehung, die den ästhetischen Schein als denjenigen Bereich ausweist, in dem die Erfahrung einer Einheit von Vernunft und Sinnlichkeit möglich ist. Den Gegensatz von Pflicht und Neigung kann der Mensch allein in der Sphäre der autonomen Kunst überwinden und sich so in Freiheit sittlich vervollkommnen. Aus dieser Erkenntnis zieht Schiller in seinen Briefen ‚Ueber die ästhetische Erziehung des Menschen‘ (1795) eine weitreichende Schlußfolgerung: „Denn, um es endlich auf einmal herauszusagen, der Mensch spielt nur, wo er in voller Bedeutung des Worts Mensch ist, und *er ist nur da ganz Mensch, wo er spielt.*" (NA 20, 359) Das Reich des Spiels, des schönen Scheins, jenseits aller Zweckrationalität der modernen Welt, ist nichts anderes als der utopische „ästhetische Staat" und damit das radikale Gegenbild zur konkreten geschichtlichen Welt, in der wiederum Wallenstein, bei aller Sehnsucht, deren Grenzen zu überschreiten, in tragischer Ohnmacht befangen bleibt. Der politische Spieler Wallenstein genösse jedenfalls im utopischen ästhetischen Staat kein Bürgerrecht, sind seine Täuschungsmanöver doch rein utilitaristischer Natur. Das Kunstwerk des Dramas ‚Wallenstein‘ mit seiner ästhetischen Eigengesetzlichkeit erfüllt dagegen diejenigen Kriterien, die es – als Spiel – dem Reich des schönen Scheins zuordnen. Die Täuschung des schönen Scheins der Kunst repräsentiert nicht die Wirklichkeit; sie ist daher auch keine Lüge, sondern vielmehr Ausdruck von Aufrichtigkeit. Dieser Selbstanspruch der Kunst wird bereits am Ende des ‚Prologs‘ programmatisch erhoben:

> Und wenn die Muse heut,
> Des Tanzes freie Göttin und Gesangs,
> Ihr altes deutsches Recht, des Reimes Spiel,
> Bescheiden wieder fordert – tadelts nicht!

---

20  Vgl. dazu auch Borchmeyer, Macht und Melancholie (wie Anm. 1), S. 126–156.

21  So Goethe in seiner Rezension zu ‚Die Piccolomini‘. – MA, Bd. 6.2 (wie Anm. 3), S. 684.

22  Die „Spielernatur" Wallenstein untersucht Karl S. Guthke, Wallenstein. Ein Spiel vom Spiel – und vom Nichtspieler. In: Karl S. Guthke, Schillers Dramen. Idealismus und Skepsis, Tübingen und Basel 1994 (= Edition Orpheus; Bd. 11), S. 165–206; Zitat S. 174.

> Ja danket ihrs, daß sie das düstre Bild
> Der Wahrheit in das heitre Reich der Kunst
> Hinüberspielt, die Täuschung, die sie schafft,
> Aufrichtig selbst zerstört und ihren Schein
> Der Wahrheit nicht betrüglich unterschiebt,
> Ernst ist das Leben, heiter ist die Kunst.
> (Vs. 129–138)

Was sich zunächst unmittelbar auf die Knittelverse von ‚Wallensteins Lager' bezieht, gilt im Kontext von Schillers ästhetischen Vorstellungen für jedes autonome Kunstwerk, das durch seine Form den eigenen Schein-Charakter offenbart und damit die eigene Selbständigkeit gegenüber der Wirklichkeit behauptet.

Wallenstein ist kein Spieler im Sinne des Verständnisses von Spiel, wie es Schiller in seinen Briefen ‚Ueber die ästhetische Erziehung des Menschen' formuliert hat, verkörpert er doch gerade jene Zweckrationalität der modernen Welt, die Schillers Utopie einer ästhetischen Erziehung suspendieren wollte. Wallensteins Spiel beruht vielmehr auf jener Kunst der Verstellung, die Macht und Moral als getrennte Sphären betrachtet, nur daß Wallenstein in diesem Spiel mittlerweile die Zügel entglitten sind, reflektiert er doch nur noch über Handlungsoptionen, die ihm tatsächlich bereits nicht mehr offenstehen.

Mit größerer Virtuosität agiert nun sein Gegenspieler, Octavio Piccolomini, ein pragmatischer Realist, der im Namen der Legitimität die Usurpation Wallensteins beenden will. Beide, Octavio und Wallenstein, vertreten eine ähnliche Grundüberzeugung, leugnen sie doch die Anwendbarkeit apriorischer moralischer Normen auf das politische Handeln. Die in der Politik vorherrschenden Regeln der Selbstbehauptung, die rationalistisch kalkulierende Klugheit, *prudentia*, und die Kunst der Verstellung, *dissimulatio*, stehen in der Tradition der europäischen Moralistik der Neuzeit, das heißt jener Verhaltenslehren für den höfischen Menschen, die am prominentesten Niccolò Machiavelli in seinem 1532 erstmals veröffentlichten Werk ‚Il Principe' sowie Baltasar Gracián in seinem ‚Oráculo manual' (1647), dem Lieblingsbuch von Schillers Lehrer Jakob Friedrich Abel, formuliert haben.

Was Wallenstein, Octavio Piccolomini und, nicht zu vergessen, die Gräfin Terzky – in unterschiedlichen Graden – erfolgreich verinnerlicht haben, ist die Erkenntnis, daß die eigene Souveränität mit der Kunstfertigkeit der Inszenierung seiner selbst wächst. Die Wahrhaftigkeit des eigenen Fühlens und Denkens, die für die beiden von Schiller erfundenen Figuren, Max Piccolomini und Wallensteins Tochter Thekla, der absolute Maßstab des Handelns ist, wäre in dieser Dramaturgie der Selbstinszenierung nur kontraproduktiv. Daher dominiert im Drama auch die Kunst der Verstellung: Was und wie Wallenstein über seine vermeintlichen Friedenspläne spricht, hängt vom jeweiligen Gesprächspartner ab, mit der Konsequenz, daß seine Äußerungen auffällig divergieren. Im Falle Octavios verlangt bereits sein Auftrag, Wallenstein zu beseitigen, List, Klugheit und Verstellung. Zur Rechtfertigung seines Verrats an Wallenstein, der ihm bedingungslos vertraut und auch alles anvertraut, beruft er sich, ganz Technokrat, auf seine Pflicht. Das Ziel eines in diesen Verhaltenslehren geschulten Menschen ist die Modellierung eines rein funktionalen Ichs.

Die Verhaltenslehren aus der Werkstatt Machiavellis und Graciáns reduzieren die Moral auf taktische Regeln, die insbesondere zu Zeiten allgemeiner Bedrohung zur Anwendung kommen sollen. Affektdisziplinierung, Kunstgriffe der Manipulation, die List der Anpassung und Verstellung, Wendigkeit und Wachsamkeit sind die zentralen Grundregeln einer Lebensführung, die das eigene Ich panzern soll und dieses gepanzerte Ich gegenüber der Außenwelt militant in Stellung zu bringen vermag. Die reinste Ausprägung dieser Lehren vertritt im Drama die Gräfin Terzky, Schillers Lady Macbeth, eine Machiavellistin par excellence.[23] Nach ihrer Vorstellung bemißt sich der Wert einer politischen Handlung einzig und allein am Kriterium des Erfolgs. Daher verfolgt sie auch eine Philosophie der unbedingten Interessenpolitik. Für die Kriegsparteien der unterschiedlichen Couleur gilt freilich der gemeinsame Grundsatz: Der Zweck heiligt die Mittel.

Octavio Piccolomini rechtfertigt seinen eigenen Verrat an Wallenstein legitimistisch mit dem Hinweis auf seine höhere Loyalität dem Kaiser gegenüber. Er handle, so beteuert er seinem Sohn Max, gewissermaßen in „Notwehr" (Die Piccolomini, Vs. 2450). Das bedeute, daß im Ausnahmezustand auch das eigene Vorgehen nicht „kinderrein" (Die Piccolomini, Vs. 2448) bleiben könne. Die Kunst der Verstellung ist für Octavio ein Akt der Staatsräson und damit eine politische Frage jenseits von Gut und Böse. Handelt der Legitimist Octavio immerhin aus Überzeugung, so rechtfertigt die Gräfin Terzky gegenüber der „schönen Seele" Thekla die eigene Gewissenlosigkeit mit dem zynischen Hinweis auf die angeblich weibliche Fähigkeit, ja Bestimmung zur Mimikry:

> Das Weib soll sich nicht selber angehören,
> An fremdes Schicksal ist sie fest gebunden,
> Die aber ist die Beste, die sich Fremdes
> Aneignen kann mit Wahl, an ihrem Herzen
> Es trägt und pflegt mit Innigkeit und Liebe.
> (Die Piccolomini, Vs. 1824–1828)

Octavio wiederum setzt geradezu mustergültig jene Lehre Graciáns um, in der gefordert wird, man müsse die Daumenschraube eines Menschen finden.[24] Es ist ja eines der Meisterstücke Octavios, daß es ihm gelingt, ausgerechnet den Emporkömmling Buttler auf seine Seite zu ziehen und ihn gar zum Mörder an demjenigen werden zu lassen, der ihm seine einzigartige Karriere ermöglicht hat. Buttler ist einst als irischer Reitersbursche zu Wallenstein gekommen und unter ihm zum Offizier aufgestiegen. Diese Art der Karriere ist zugleich die Stärke und die Schwäche Buttlers, die Octavio skrupellos auszunutzen weiß. Erfolgreich kann er Buttler einreden, daß Wallenstein ihn, den Aufsteiger und Homo novus, nur benutze, in Wahrheit aber zutiefst verachte. Ob das tatsächlich so ist, bleibt im Drama bezeichnenderweise offen. Das

---

23  Die grundsätzliche Bedeutung von Shakespeares Drama für Schillers ‚Wallenstein' erläutert Burkhard Henke, *Wallenstein* und *Macbeth*: Schillers Neugestaltung des Usurpatorenmotivs. In: Journal of English and Germanic Philology 94 (1995), S. 313–331. ‚Wallenstein', so Henke, sei „eine dramatische Erinnerung an Shakespeare" (S. 314).

24  In der 26. Verhaltenslehre heißt es: „*Die Daumenschraube eines jeden finden.* Dies ist die Kunst, den Willen anderer in Bewegung zu setzen. Es gehört mehr Geschick als Festigkeit dazu. Man muß wissen, wo einem jeden beizukommen sei. […] Weiß man, welches für jeden der wirksame Anstoß ist, so hat man den Schlüssel zu seinem Willen." – Baltasar Gracián, Handorakel und Kunst der Weltklugheit. Deutsch von Arthur Schopenhauer. Mit einer Einleitung von Karl Voßler, Stuttgart 1967, S. 11.

Selbstwertgefühl Buttlers basiert, wie auch Octavio weiß, ausschließlich auf individueller Anerkennung. Sie ist seine persönliche Daumenschraube, die Octavio mit Eiseskälte zudreht,
ganz im Sinne Graciáns: „Jetzt muß man zuvörderst sein Gemüt bearbeiten, dann ihm durch
ein Wort den Anstoß geben, endlich mit seiner Lieblingsneigung den Hauptangriff machen; so
wird unfehlbar sein freier Wille schachmatt."[25] Buttlers glühende Bewunderung für Wallenstein verwandelt sich, wie von Octavio zielsicher geplant und vorhergesehen, sogleich in gren-
zenlosen Haß.

Octavios Instinktsicherheit in taktischen Dingen ist Wallenstein dagegen abhanden gekom-
men. Die nachdrückliche Warnung Graciáns, nicht zu warten, bis man eine untergehende
Sonne sei,[26] verfängt nicht bei einem Melancholiker, der sein Zögern und Zaudern in tragischer
Verkennung der eigenen Situation allzu lange für operatives Geschick hält. Mit dem Verlust
seiner politischen Klugheit gewinnt indes der Mensch Wallenstein tragische Würde. Octavios
Stärke wiederum wird mit einer Parallele aus dem Tierreich auch metaphorisch untermauert.
Vergleicht in ‚Wallensteins Lager' ein Jäger seinen Feldherrn, also Wallenstein, mit „dem
Löwen" (Vs. 633), so hält Graf Terzky in den ‚Piccolomini' Octavio ganz zu Recht für einen
„Fuchs" (Vs. 885). Für Machiavelli und Gracián stand gleichermaßen fest: Die List des
Fuchses ist der Gewalt des Löwen im Zweifel stets überlegen.[27] Diese Dominanz zeigt sich
auch in Schillers ‚Wallenstein'-Trilogie.

Wie eine Fuchsnatur mit Täuschungsmanövern, List und Verstellung, mit taktischem
Geschick, psychologischer Raffinesse sowie demagogischer Beredsamkeit persönlichen und
politischen Erfolg erzielen kann, hat Goethe 1794 beispielhaft vorgeführt. Sein Versepos
‚Reineke Fuchs' vergegenwärtigt den Typus des Schelmen, der, so Goethe, „auch zu unsern
Zeiten bei Höfen, besonders aber in Republiken sehr angesehn und unentbehrlich ist".[28] Die
Verhaltenslehren der Kälte, die Kunst der Verstellung, die Intrige, überleben jeden politischen
Systemwechsel.

Die Überlegenheit von List, Verstellung und Beredsamkeit gegenüber physischer Stärke ist
darüber hinaus auch mythologisch und damit besonders exklusiv verbürgt, gewinnt doch

---

25  Ebd.

26  So in der 110. Klugheitslehre: „*Nicht abwarten, daß man eine untergehende Sonne sei. Es ist eine Regel der
    Klugen, die Dinge zu verlassen, ehe sie uns verlassen. Man wisse, selbst aus seinem Ende sich einen Triumph zu
    bereiten.*" – Ebd., S. 45.

27  Die Notwendigkeit des Fürsten, sich die Natur des Löwen und insbesondere des Fuchses zu eigen zu machen,
    betont Niccolò Machiavelli insbesondere im 18. Kapitel seiner Schrift ‚Il Principe': „[…] wer es am besten ver-
    standen hat, von der Fuchsnatur Gebrauch zu machen, hat es am besten getroffen. Aber man muß eine solche
    Fuchsnatur zu verschleiern wissen und ein großer Lügner und Heuchler sein: die Menschen sind so einfältig und
    gehorchen so sehr den Bedürfnissen des Augenblicks, daß derjenige, welcher betrügt, stets jemanden finden wird,
    der sich betrügen läßt." – Niccolò Machiavelli, Il Principe / Der Fürst. Italienisch/Deutsch. Übersetzt und hg. von
    Philipp Rippel, Stuttgart 1986, S. 137.

28  So Goethe am 28. Januar 1794 an Charlotte von Kalb. – MA, Bd. 4.1: Wirkungen der Französischen Revolution
    1791–1797, 1, hg. von Reiner Wild, München/Wien 1988, S. 1026. Zu der manipulativen Rhetorik, über die
    Reineke Fuchs virtuos verfügt, seiner Kunst der Verstellung, vgl. im Zusammenhang die Studie des Verf., Öffent-
    liche Rede in der Zeitenwende. Deutsche Literatur und Geschichte um 1800, Tübingen 1997 (= Studien zur deut-
    schen Literatur; Bd. 142), S. 59–87.

Odysseus mit der Macht der Rede die Waffen des toten Achilles, worauf sich der unterlegene Kraftmensch Aias aus Wut in sein eigenes Schwert stürzt. Klugheit und List des Odysseus greift Goethe in seiner ‚Iphigenie auf Tauris‘ wörtlich auf. Der Apologet der Verstellung ist hier Pylades, der jene Verhaltenslehren verteidigt, die in Schillers ‚Wallenstein‘-Trilogie zum ehernen Gesetz politischen Handelns schlechthin werden: „Mir scheinet List und Klugheit nicht den Mann / Zu schänden, der sich kühnen Taten weiht.“[29] So Pylades zu Orest, der seinem Freund freilich energisch widerspricht und im Gegenzug für Offenheit und Wahrhaftigkeit eintritt. In Goethes ‚Iphigenie‘ steht das Pathos der Wahrheit gegen die Rhetorik von List, Täuschung und Manipulation. Reine Menschlichkeit, Humanität, die nicht durch den Makel der Lüge befleckt sein darf, vermag die menschlichen Verbrechen zu sühnen, den mythischen Schuldzusammenhang zu überwinden, wenn auch nicht verschwiegen werden soll, daß am Ende nicht alle gleichermaßen das Feld als Sieger verlassen, ist doch für Thoas das erzielte Ergebnis nicht gerade beglückend.

Für das unverbrüchliche Bekenntnis zur Wahrheit steht in Goethes Drama in erster Linie Iphigenie. Goethe selbst bezeichnete später, 1802, als die geschichtliche Wirklichkeit im Zeichen des Krieges Utopien der gewaltfreien Konfliktlösung längst wieder ins Reich der Wunschträume verbannt hatte, seine ‚Iphigenie‘ als „ganz verteufelt human“.[30] Verteufelt human – das heißt zunächst einmal ganz allgemein: nicht von dieser Welt. In der alles andere als idealen Welt der ‚Wallenstein‘-Trilogie triumphiert denn auch nicht der Wahrheitsanspruch Iphigenies, ihr Humanitätsideal, sondern der manipulative Zweckrationalismus des Pylades, der in Octavio, der Gräfin Terzky und auch – bis zu einem gewissen Grad – in Wallenstein selbst seine geistigen Nachfolger gefunden hat. Schiller gibt so im Weimarer Versuchslabor mit seiner ‚Wallenstein‘-Trilogie auch eine Antwort auf Goethes verteufelt humane ‚Iphigenie‘.[31] Angesichts der düsteren Zeitläufte fällt seine Antwort allerdings pessimistisch aus. Schillers ‚Wallenstein‘-Trilogie verkehrt die Kräfteverhältnisse von Goethes ‚Iphigenie auf Tauris‘ in ihr Gegenteil: Bei Schiller obsiegen die utilitaristischen Strategien des Pylades, nicht die Humanität Iphigenies. Die Zeitgeschichte, die der ‚Prolog‘ ausdrücklich in Erinnerung ruft, zwingt Schiller, seine eigene, frühe Konzeption der Universalgeschichte als einer Fortschrittsgeschichte der Freiheit und der menschlichen Zivilisation im Zeichen der Revolutionskriege grundlegend zu revidieren.[32] Der ‚Prolog‘ beklagt denn auch den Zerfall jener scheinbar stabilen europäischen Friedensordnung von 1648, die Schillers geschichtsphilosophischen Optimismus maßgeblich begründet hat.[33]

---

29  MA, Bd. 3.1: Italien und Weimar 1786–1790, 1, hg. von Norbert Miller und Hartmut Reinhardt, München/Wien 1990, Vs. 766f.

30  So Goethe am 19. Januar 1802 an Schiller. – MA, Bd. 8.1: Briefwechsel zwischen Schiller und Goethe in den Jahre 1794 bis 1805, hg. von Manfred Beetz, München/Wien 1990, S. 874.

31  Vgl. auch Borchmeyer, Macht und Melancholie (wie Anm. 1), S. 210–218; ders., Das gebrannte Schicksal und seine Wiederkehr. Goethes ‚Iphigenie‘ im Blick auf das Drama um 1800: ‚Wallenstein‘. In: Inevitabilis Vis Fatorum, hg. von Roger Bauer (wie Anm. 19), S. 102–112.

32  Das Profil von Schillers universalgeschichtlichem Konzept skizziert Ulrich Muhlack, Schillers Konzept der Universalgeschichte zwischen Aufklärung und Historismus. In: Schiller als Historiker, hg. von Otto Dann, Norbert Oellers und Ernst Osterkamp, Stuttgart/Weimar 1995, S. 5–28.

33  ‚Prolog‘, Vs. 70–74: „Zerfallen sehen wir in diesen Tagen / Die alte feste Form, die einst vor hundert / Und funfzig Jahren ein willkommner Friede / Europens Reichen gab, die teure Frucht / Von dreißig jammervollen Kriegsjahren.“

Der „schönen Seele" Iphigenie entsprechen bei Schiller Max Piccolomini und seine Braut Thekla. Im Unterschied zu ‚Iphigenie' erfüllt sich in der ‚Wallenstein'-Trilogie die Humanität indes nicht im Leben, sondern nur im Tod. Der einzige Ort, an dem auch das politische Intrigenspiel endet, ist, düster genug, die Grabstätte. Allein Thekla und Max verweigern sich dem omnipräsenten und omnipotenten politischen Intrigenspiel. Max folgt mit seinen Überzeugungen der Lehre Kants, der in einem Anhang seines Traktats ‚Zum ewigen Frieden' (1795) den Gegensatz von Moral und Politik zurückgewiesen hat:

> Die Moral ist schon an sich selbst eine Praxis in objektiver Bedeutung, als Inbegriff von unbedingt gebietenden Gesetzen, nach denen wir handeln *sollen*, und es ist offenbare Ungereimtheit, nachdem man diesem Pflichtbegriff seine Autorität zugestanden hat, noch sagen zu wollen, daß man es doch nicht *könne*. Denn alsdann fällt dieser Begriff aus der Moral von selbst weg […]; mithin kann es keinen Streit der Politik als ausübender Rechtslehre mit der Moral, als einer solchen, aber theoretischen (mithin keinen Streit der Praxis mit der Theorie) geben: man müßte denn unter der letzteren eine allgemeine *Klugheitslehre*, d.i. eine Theorie der Maximen verstehen, zu seinen auf Vorteil berechneten Absichten die tauglichsten Mittel zu wählen, d.i. leugnen, daß es überhaupt eine Moral gebe.[34]

Max Piccolomini wirft den Apologeten der Klugheitslehre tatsächlich vor, die elementaren Prinzipien der Moral und damit auch der Vernunft zu verraten. Die Einstellung seines Sohnes Max kennt sein leiblicher Vater Octavio nur zu genau: „Verstellung ist der offnen Seele fremd […]" (Die Piccolomini, Vs. 377). Die allmächtige Staatskunst ist für Max ein Lügengebäude, der er seine eigene geistige Heimat entgegenhält: „Mein Weg muß gerad sein. / Ich kann nicht wahr sein mit der Zunge, mit / Dem Herzen falsch – […]" (Die Piccolomini, Vs. 2603–2605). Das ist ganz im Geiste Iphigenies und Orests gesprochen.

Der Konflikt zwischen Vater und Sohn berührt zentrale Aspekte jener Haltungen zur Welt, die Schiller zum Ende seiner Schrift ‚Ueber naive und sentimentalische Dichtung' (1795/96) als Differenz zwischen dem Realisten und dem Idealisten verhandelt hat. Wenn Octavio den Einsatz sittlich mehr als fragwürdiger Mittel und Methoden mit dem höheren Zweck, den er verfolgt, verteidigt, rekurriert er implizit auf jene „Moralität", die der Realist „in keiner einzelnen That, nur in der ganzen Summe seines Lebens" (NA 20, 494) verankert. Freiheit und moralisch lauteres Handeln sind daher für den Realisten keine absoluten, sondern relative Größen, die sich aus der nüchternen Beobachtung empirischer Tatsächlichkeit ergeben. Der Realist betrachtet die Menschen und ihr Handeln so, wie sie sind, nicht wie sie sein sollen: „[…] alles Absolute in der Menschheit ist ihm nur eine schöne Schimäre und der Glaube daran nicht viel besser als Schwärmerey, weil er den Menschen niemals in seinem reinen Vermögen, immer nur in einem bestimmten und, eben darum begrenzten Wirken erblickt." (NA 20, 498f.) Diese Nüchternheit mündet indes in „eine resignirte Unterwerfung unter die Nothwendigkeit […] der Natur: eine Ergebung also in das, was ist und was seyn muß." (NA 20, 492) Wie der

---

34  Immanuel Kant, Über den Gemeinspruch. Das mag in der Theorie richtig sein, taugt aber nicht für die Praxis. Zum ewigen Frieden: Ein philosophischer Entwurf. Mit Einleitung und Anmerkungen, Bibliographie und Registern kritisch hg. von Heiner F. Klemme, Hamburg 1992 (= Philosophische Bibliothek; Bd. 443), S. 83f.

Realist blickt Octavio illusionslos auf die Menschen und ihr Tun. Wenn sich jedoch der Realist dem unterwirft, was ist und sein muß, verwechselt er die Naturnotwendigkeit mit seiner Idee von Naturnotwendigkeit. Auch Octavio zweifelt nicht an der absoluten Notwendigkeit seines Handelns. Er erwägt keine Alternativen und folgt bedingungslos dem Kompaß seines Auftrags.

Der Idealist strebt dagegen im Theoretischen nach Unbedingtheit in der Erkenntnis; im Praktischen verfolgt er einen moralischen Rigorismus, „der auf dem Unbedingten in Willenshandlungen bestehet." (NA 20, 492) Die Summe sittlicher Einzelhandlungen ergibt indes nicht zwangsläufig ein moralisches Ganzes, ist doch, so Schiller, „die menschliche Natur eines consequenten Idealism gar nicht fähig" (NA 20, 496). Die Fixierung des Idealisten auf das Unbegrenzte, „das Absolutgroße" (NA 20, 496), führt zu einer Vernachlässigung des begrenzten, konkreten Einzelfalls, an dem sich aber moralisches Handeln ständig bewähren muß. Wer „ein Unendliches" (NA 20, 498) von sich fordert, gerät notgedrungen in einen unlösbaren Zwiespalt, ist doch alles, was er zu leisten imstande ist, immer nur beschränkt. Schillers anthropologische Skepsis lenkt so den Blick auf die drohenden Widersprüche eines Idealismus, wie ihn Max Piccolomini geradezu mustergültig vertritt.

Mit den Kategorien, die Schiller in seiner Abhandlung ‚Ueber naive und sentimentalische Dichtung' entwirft, kann die problematische Einseitigkeit der jeweiligen Haltungen von Octavio und Max begrifflich und phänotypisch genauer erfaßt werden. Während der Realist die Naturnotwendigkeit mit ihrer Idee verwechselt und sich so der Freiheit seines Willens beraubt, beharrt der Idealist auf der Unbedingtheit seiner Moralität und vergißt darüber Anspruch und Erfordernis konkreten Handelns im tatsächlichen Spannungsfeld von Bedingungen und Möglichkeiten, von Freiheit und Notwendigkeit.

Begründet Octavio sein taktisches, skrupelloses Vorgehen mit dem in seinen Augen auch moralisch legitimen Zweck seines Ansinnens, so wird für Max jedes noch so hehre Ziel durch den Einsatz von moralisch bedenklichen Mitteln grundsätzlich desavouiert. Ihre jeweiligen Bewertungskriterien unterscheiden sich wie diejenigen des Realisten und des Idealisten: „*Der Realist wird fragen, wozu eine Sache gut sey?* und die Dinge nach dem, was sie werth sind, zu taxiren wissen: der Idealist wird fragen, ob *sie gut sey?* und die Dinge nach dem taxiren, was sie würdig sind." (NA 20, 497) Die praktischen Konsequenzen, die aus der Umsetzung dieser Haltungen hervorgehen, entsprechen indes keineswegs immer den theoretischen Erwartungen:

> Es ist also offenbar, daß der Realist würdiger handelt, als er seiner Theorie nach zugiebt, so wie der Idealist erhabener denkt, als er handelt. Ohne es sich selbst zu gestehen, beweist jener durch die ganze Haltung seines Lebens die Selbstständigkeit, dieser durch einzelne Handlungen die Bedürftigkeit der menschlichen Natur. (NA 20, 500)

Octavio kämpft seiner Überzeugung nach gegen drohende anarchische Zustände. Die Legitimität der bestehenden politischen Ordnung, deren Gerechtigkeit und Wert in Schillers Drama freilich grundlegend in Frage gestellt wird, verteidigt er mit Methoden, die, wie er selbst weiß, moralisch fragwürdig sind. Max dagegen denkt ohne Zweifel erhaben, sieht sich aber zuletzt genötigt, die realen Machtverhältnisse, die seinem idealistischen Denken stets zuwider waren, anzuerkennen. Der einzige Ausweg aus diesem Widerspruch ist der Tod, den Max in der Schlacht sucht und findet. Ein Leben nur in der Idee kann nicht gelingen. Andererseits zementiert der Triumph der Legitimität ein Herrschaftsgefüge, das erkennbar nicht gerecht, sondern

in sich marode ist. Mit Schillers theoretischen Erwägungen ist der Komplexität seiner Dramen-
welt und ihrer Figuren nicht ganz beizukommen.

Max Piccolomini beharrt in seinem reichlich realitätsblinden Idealismus auf der Freiheit seiner autonomen Entscheidung gegenüber den vermeintlichen politischen Sachzwängen, auf die
sich seine beiden Väter, sein leiblicher und sein geistiger, berufen. Octavio und Wallenstein
rechtfertigen ein Konzept von Realpolitik, das eine in sich konsistente moralische Haltung eo
ipso ausschließt. Zu Verrätern werden sie schließlich beide. Und ihren – gewissermaßen –
gemeinsamen Sohn verlieren sie auch. Auch das ist ein nahezu ehernes Familiengesetz bei
Schiller: Die Söhne sterben vor den Vätern.

Max, das „Kind des Lagers" (Die Piccolomini, Vs. 481), das, wie sein leiblicher Vater
ernüchternd anmerkt, der Krieg erzogen hat, weiß zudem um die Segnungen des Friedens, den
er auf seiner Reise mit Thekla gesehen hat und nun mit idyllischen Zügen beschreibt. In seiner
Abhandlung ‚Ueber naive und sentimentalische Dichtung' definiert Schiller die Idylle als jene
Grundform sentimentalischer Dichtung, die ein Ideal darzustellen habe, wie es in Wirklichkeit
nie erreicht, in der Poesie aber als wirklich vorgestellt werden könne. Schillers sentimentalische Idylle ist ein Elysium des Friedens, dem wiederum die konkrete geschichtliche Erfahrung
des Unfriedens eingeschrieben ist. Der Einbruch von Gewalt in eine idyllische Welt läßt denn
auch die Jungfrau von Orleans zur fanatischen Glaubenskriegerin und Wilhelm Tell zum
Tyrannenmörder werden.[35]

Was Krieg tatsächlich bedeutet, hat Schiller wiederholt dargestellt, so auch in seiner
‚Geschichte des Dreyßigjährigen Kriegs'. In seiner Schilderung der – auch im ‚Prolog' zur
‚Wallenstein'-Trilogie erwähnten – Belagerung, Eroberung und Zerstörung Magdeburgs im
April und Mai des Jahres 1631 durch die Truppen Tillys dokumentiert er unsagbare
Kriegsgreuel, „für welche die Geschichte keine Sprache, und die Dichtkunst keinen Pinsel
hat." (NA 18, 161) Vergewaltigungen, verstümmelte und zerfetzte Körper, ein allgemeines
Blutbad, das auch Kinder nicht verschont – Schiller spart nicht mit drastischen Details, die erst
ermessen lassen, was es wirklich bedeutet, wenn Octavio über seinen Sohn Max sagen muß, er
sei ein Kind des Lagers und damit des Krieges.

Die Friedenssehnsucht, die Max auf Wallenstein projiziert, speist sich aus den Eindrücken
seiner Reise in Gebiete, die vom Krieg verschont geblieben sind. Seine Reise stilisiert er zu
einer zeitentrückten Friedens- und Liebesidylle, die er sentimentalisch vergegenwärtigt. Da-
neben produziert sein Idealismus aber auch Wunschbilder, wie sie nur einem wirklichkeitsver-
gessenen Schwärmer in den Sinn kommen können. Der Versuch, ein Leben in der Idee zu führen, verstrickt sich spätestens dann in Widersprüche, wenn konkrete, lebensweltliche Entscheidungen getroffen werden müssen. Der unbedingte Idealismus, den Max vertritt, ist in der
politischen Welt jedenfalls ein nicht lebensfähiger Fremdkörper.

Die Liebe zwischen Max und Thekla ist die einzige zwischenmenschliche Beziehung, in der
die Selbstbestimmung, die moralische Autonomie, nicht zugunsten fremder Zwecke geopfert
werden muß. Dessen ist sich Max durchaus bewußt: „Der einzig reine Ort ist unsre Liebe, /
Der unentweihte in der Menschlichkeit." (Wallensteins Tod, Vs. 1220f.) Nüchterner, lakonischer
als Max, ja illusionslos sieht Thekla, die realistische Idealistin, die Welt, wie sie ist und vor der
sie ihren geliebten Max wiederholt, aber erfolglos gewarnt hat: „[…] wir haben /
Nichts als uns

---

35  Vgl. Gert Sautermeister, Idyllik und Dramatik im Werk Friedrich Schillers, Stuttgart 1971.

selbst." (Die Piccolomini, Vs. 1890f.) Die Stätte der Selbstbestimmung ist in Schillers ‚Wallenstein'-Trilogie bezeichnenderweise das Grab.

Die „Moral des Stücks" läßt Schiller, wie er am 24. Dezember 1798 gegenüber Iffland betont hat (NA 30, 18), dem Kommandanten von Eger, Gordon, aussprechen. Trotz seiner edlen
und großmütigen Züge ist Wallenstein an seiner Hybris gescheitert: „Zum Fallstrick ward ihm
seine Größ und Macht […]" (Wallensteins Tod, Vs. 2482). Erfolg und Hybris liegen eng bei-
einander. Dem Dramatiker geht es in erster Linie um die menschlichen Verhaltensmuster in
geschichtlichen Konflikten und Konstellationen. Die Handlungen Wallensteins kann und will
er auf diese Weise gewiß nicht moralisch entschuldigen; er kann sie aber psychologisch,
menschlich motivieren und so einen tragischen Konflikt überhaupt erst herstellen.

Die Psychologie dient aber auch dem Historiker als Hilfswissenschaft. „Noch hat sich das
Dokument nicht gefunden, das uns die geheimen Triebfedern seines Handelns mit historischer
Zuverlässigkeit aufdeckte", räumt Schiller in seiner ‚Geschichte des Dreyßigjährigen Kriegs'
ein (NA 18, 329) und begründet so sein abwägendes und betont hypothetisches Gesamturteil
über Wallenstein. Wo dem Historiker die Quellen fehlen, muß er menschliches Verhalten mit
Hypothesen und Analogien zu erklären versuchen. Der gute Historiker muß auch über psychologische Intuition verfügen.[36] Der Dramatiker wiederum kann das historische Geschehen und
das menschliche Verhalten mit innerer Notwendigkeit motivieren, das heißt: er kann das
Realistische idealisieren. Nichts anderes bedeutet Idealisieren, wie Schiller ausdrücklich betont
hat: „Etwas idealisieren heißt mir nur, es aller seiner zufälligen Bestimmungen entkleiden und
ihm den Charakter innerer Notwendigkeit beilegen." (NA 22, 293)

Schiller hat in seinem Drama das geschichtsanthropologische Muster von Wallensteins
Hybris mit Blick auf die revolutionären Umbrüche seiner Zeit akzentuiert und aktualisiert.
Bereits in seiner ‚Geschichte des Dreyßigjährigen Kriegs' hat er den unaufhebbaren Widerspruch zwischen traditionell legitimierter Ordnung einerseits und der modernen subjektivi-
stischen Idee individueller heroischer Größe andererseits hervorgehoben: „Größe für sich
allein kann wohl Bewunderung und Schrecken, aber nur die legale Größe Ehrfurcht und Unterwerfung erzwingen." (NA 18, 315) Wallensteins Hybris erwächst im Drama aus seinem Charisma, das auf seinem Ansehen beruht. Das ist gemeint, wenn es im ‚Prolog' heißt: „Sein Lager
nur erkläret sein Verbrechen." (Vs. 118)

Doch wie ist es, im Gegenzug, um die legitimistische Ordnung bestellt, die in der ‚Wallenstein'-Trilogie, wenn auch um einen hohen Preis, letztlich obsiegt? Octavios Position ist eindeutig: Fehlt einer Herrschaft das Fundament der Legitimität, so sieht er, wie im Falle von
Wallensteins Usurpation, Willkür und Anarchie heraufziehen. Mit dem Sieg der Legitimität
werden aber nicht nur die zynischen Mechanismen der Machtpolitik bestätigt, sondern auch die
modernen, aufklärerischen Ansprüche auf Selbstbestimmung zurückgewiesen.[37] Max Piccolomini hält der traditionellen Herrschaftsordnung, die sein Vater vertritt, sein anderes, moder-

---

36  Sein methodisches Selbstverständnis als Historiker entwickelt Schiller in seiner Jenaer Antrittsvorlesung ‚Was
    heißt und zu welchem Ende studiert man Universalgeschichte?' vom 26. und 27. Mai 1789. – Vgl. dazu Peter-
    André Alt, Schiller. Leben – Werk – Zeit, Bd. I, München 2000, S. 604–613.

37  Der Sieg der Legitimität stellt „die ungerechte Weltordnung der Normalität" erst wieder her, betont Klaus Weimar,
    Die Begründung der Normalität. Zu Schillers *Wallenstein*. In: Zeitschrift für deutsche Philologie 109 (1990);
    Sonderheft: Schiller. Aspekte neuerer Forschung, hg. von Norbert Oellers, S. 99–116; hier S. 116.

nes Verständnis von Herrschaftslegitimation entgegen: Herrscherwürde will er nur demjenigen zusprechen, der auch über das Talent zum Herrschen verfügt. Er fordert damit zunächst die traditionelle legitimistische Ordnung auf seine Weise ebenso heraus wie sein geistiger Vater Wallenstein, allerdings mit dem entscheidenden Unterschied, daß dieser, Wallenstein, seinen Herrschaftsanspruch in erster Linie auf physische Stärke, auf militärische Macht, gründet, wohingegen Max im Geist der Aufklärung zwar die persönliche Leistung zum zentralen Kriterium der Machtübertragung erhebt, diese Macht aber ohne Wenn und Aber an die unverrückbaren Grundwerte der Sittlichkeit und Moralität bindet. Der unbedingte Wille zur Macht und der unbedingte Wille zur Moral geraten notgedrungen in einen nicht zu vermittelnden Fundamentalkonflikt.

Als Max erkennen muß, daß Wallenstein dem Anspruch, Macht und Moral zu versöhnen, nicht gerecht wird, vielleicht auch in dieser Welt gar nicht gerecht zu werden vermag, zerbricht seine Utopie eines ästhetischen Staates an den realen Machtverhältnissen, denen er sich selbst zuletzt unterordnet. Sein tragischer Irrtum besteht darin, daß er in Wallenstein jene „schöne Seele" zu erkennen glaubt, die er selbst verkörpert: „[…] er ist wahrhaft, / Ist unverstellt und haßt die krummen Wege, / Er ist so gut, so edel –" (Die Piccolomini, Vs. 1700–1702). Im Gegenzug projiziert Wallenstein sein eigenes, unerfüllt gebliebenes Ideal auf Max. Wallenstein sieht in Max sein anderes, sein besseres Ich. Nicht zuletzt in dieser sentimentalischen Sehnsucht Wallensteins nach einem anderen, einem geglückten Lebensentwurf erkannte Goethe jenen „großen Vorzug", den er ‚Wallensteins Tod' insgesamt bescheinigt hat, nämlich „daß alles aufhört politisch zu sein und bloß menschlich wird ja das historische selbst ist nur ein leichter Schleier wodurch das reinmenschliche durchblickt."[38]

In seiner ‚Geschichte des Dreyßigjährigen Kriegs' spricht der Historiker Schiller Wallenstein eine „ernstliche Neigung zum Frieden" (NA 18, 329) nicht ab. Im Drama ist diese Neigung auffällig oberflächlich und bewegt sich an der Grenze zum rhetorischen Lippenbekenntnis. Der Friede ist hier in erster Linie ein taktisches Mittel, das Wallenstein zur Rettung der eigenen Macht einsetzt. Im zweiten Aufzug von ‚Wallensteins Tod' bekennt sich Wallenstein gegenüber dem entsetzten Max gar zu einer materialistischen Lebensphilosophie des permanenten Kampfes, die ihn in die staunenswerte Nähe Franz Moors rückt:

> *Eng* ist die Welt, und das Gehirn ist *weit*,
> Leicht bei einander wohnen die Gedanken,
> Doch hart im Raume stoßen sich die Sachen,
> Wo *eines* Platz nimmt, muß das *andre* rücken,
> Wer nicht vertrieben sein will, muß vertreiben,
> Da herrscht der Streit, und nur die Stärke siegt.
> (Vs. 787–792)

Im Zwiespalt zwischen Freiheit und Notwendigkeit triumphiert die Welt des Zwecks, der auch die Mittel heiligt. Der „Gang der Handlung schleift den Triumphbogen der Theodizee", resümiert im Jahr 1985 der Dramatiker Heiner Müller, der Hegels Nihilismus-Vorwurf aufgreift, dessen Kritik an der Gottverlassenheit der Wallenstein-Welt aber umdeutet, den unerbittlichen

---

38  So Goethe am 18. März 1799 an Schiller. – MA, Bd. 8.1 (wie Anm. 30), S. 687.

Realismus der Trilogie würdigt und den Autor in die Nähe des Kriegsdichters Kleist rückt.[39] Der Geschichtspessimist Schiller diagnostiziert illusionslos die Entstehung der modernen Kriegsmaschinerie, oder, in den Worten Heiner Müllers, „die kommende Realität der militärisch industriellen Masturbation".[40] In Schillers Sprache erkennt der Sprachvirtuose Müller „Sprengsätze", deren Explosivität eine oberflächliche, sentenzenselige Klassikerlektüre zwangsläufig unterschätzen muß: „Die Verwandlung von Sprengsätzen in TEEKANNEN-SPRÜCHE ist die Leistung der deutschen Misere in der Philologie."[41] Akribische Philologen, so ließe sich im Umkehrschluß resümieren, müßten sich vielmehr als Minensucher auf dem explosiven Feld der Literatur verstehen.

---

39 Heiner Müller, Zu Wallenstein (1985). In: Heiner Müller Material. Texte und Kommentare, hg. von Frank Hörnigk, 2. Aufl., Leipzig 1990, S. 102.

40 Ebd., S. 104.

41 Ebd., S. 103. Heiner Müllers eigene Bearbeitung der ‚Wallenstein'-Trilogie analysiert Helmut Fuhrmann, „Dialog mit den Toten" – Schillers *Wallenstein*, für die Bühne eingerichtet und kommentiert von Heiner Müller (1991). In: ders., Warten auf „Geschichte". Der Dramatiker Heiner Müller, Würzburg 1997, S. 150–161.

*Rainer Kleinertz*

# Schiller und die Oper

Woher nehmen Opernkomponisten ihre Inspiration? Natürlich sind es oft genug die literarischen Vorlagen der Libretti, die sich auf Musik und Gesang in der Oper besonders
auswirken. Ein Mann wie Friedrich Schiller, der schon mit 20 Jahren über den
Zusammenhang der tierischen Natur des Menschen mit seiner geistigen in Form einer
Dissertation nachdachte, hat wertvolle Impulse geliefert für einige der spannendsten
Opern – eigenartigerweise primär für italienische, nicht etwa deutsche, teilweise auch ost-
europäische Bühnenkomponisten. Zu sehr stand er im Schatten Goethes.

Mit diesen Worten kündigte der Bayerische Rundfunk eine Sendung mit dem Titel ‚Friedrich
Schiller in der Oper‘ an, die am 10. Mai 2005 zu Schillers 200. Todestag im Programm „Bayern
4 Klassik“ gesendet wurde. Die Ankündigung endete mit den Worten:

Da versteht es sich von selbst, dass in Bayern 4 Klassik eine Ehrenrettung versucht wird,
die zum 200. Todestag Schillers bekannte und weniger bekannte Opern schlaglichtartig
am Ohr des Hörers vorüberziehen lässt: Giuseppe Verdis *Don Carlo* und *Luisa Miller*,
*Masnadieri* und *Giovanna d'Arco*, Peter Tschaikowskys *Jungfrau von Orleans*,
Zdenek Fibichs *Braut von Messina*, Gaetano Donizettis *Maria Stuarda* und Gioacchino
Rossinis *Guillaume Tell*. In Spitzenaufnahmen der Plattengeschichte, versteht sich.

Auch wenn es sich hierbei selbstverständlich nicht um einen wissenschaftlichen Text handelt,
so ist diese Ankündigung doch insofern bemerkenswert, als hier einige charakteristische
Vorurteile weitergetragen werden.

Zunächst überrascht, daß die Schiller-Rezeption in der italienischen Oper damit begründet
wird, daß Schiller in Deutschland im Schatten Goethes gestanden habe. Erstens trifft dies für
das 19. Jahrhundert keineswegs zu – Ludwig van Beethovens Neunte Symphonie ist mit ihrem
Schlußchor über Schillers ‚An die Freude‘ ein repräsentatives Gegenbeispiel –, und zweitens
ist mangelnde lokale oder nationale Anerkennung wohl kein hinreichender Grund für eine
bemerkenswerte internationale Rezeption. Nur am Rande sei bemerkt, daß Verdis ‚Don Carlos‘
– auch in der späteren italienischen Fassung als ‚Don Carlo‘ – eigentlich keine italienische
Oper ist, da Verdi zunächst ein französisches Libretto für die Uraufführung an der Pariser
Opéra komponierte.

Dennoch enthält der Text der Ankündigung eine durchaus zutreffende Beobachtung, die
Anlaß zur Reflexion bietet: Es gibt keine deutschen Schilleropern, sieht man einmal von ephe-
meren Versuchen wie Johann Vesque von Püttlingens ‚Johanna d'Arc‘ (1840 in Wien aufgeführt) oder Literaturopern des 20. Jahrhunderts wie Giselher Klebes ‚Die Räuber‘ von 1957
ab.[1] Aber das hat weniger mit einer tatsächlichen oder vermeintlichen Präferenz für Goethe zu

---

1   Vgl. hierzu den Artikel „Schiller, (Johann Christoph) Friedrich" von Ludwig Finscher, Dieter Borchmeyer und
Uwe Schweikert in: Die Musik in Geschichte und Gegenwart. Zweite, neubearbeitete Ausgabe hg. von L.

tun. Schließlich gibt es mit Ausnahme von Louis Spohrs ‚Faust' auch keine nennenswerte deutsche Goethe-Oper. (Robert Schumanns ‚Szenen aus Goethes Faust' sind ein Werk sui generis
zwischen Kantate und Oratorium, bei dem der Text der ausgewählten Szenen wörtlich beibehalten wird.) Die Beobachtung verweist vielmehr auf musikgeschichtliche Tatsachen, die in
unserem von der sogenannten Wiener Klassik geprägten Musikgeschichtsbild allzu leicht aus-
geblendet werden. Es wäre beispielsweise zu fragen, welche deutsche Oper aus der Lebenszeit
Schillers überhaupt den Weg ins Repertoire gefunden hat und – daran anschließend – wie die
Situation der Oper in Schillers Umkreis zu seinen Lebzeiten war. Denn für Schiller und seine
Zeitgenossen blieb die Oper die repräsentative musikalische Gattung. Die Vorstellung, daß die
Instrumentalmusik, namentlich die Symphonie, das Höchste in der Musik sei, bildete sich erst
um 1800 allmählich aus und entfaltete ihre Wirkung erst mit den Symphonien Beethovens, die
Schiller unbekannt blieben.

## Schillers Begegnungen mit der Oper

Die musikalische Welt des jungen Schiller war denn auch primär von der Oper bestimmt. Die
Württembergische Hofoper war geprägt von einem der bedeutendsten italienischen Opern-
komponisten des 18. Jahrhunderts, Niccolò Jommelli (1713–1774), der 1754 von Herzog Karl
Eugen nach Stuttgart berufen wurde. Jommelli vertonte für Stuttgart und Ludwigsburg, der
zweiten Residenz, zahlreiche Libretti Pietro Metastasios, aber auch Libretti des Dichters Mattia
Verazi, die stärkere Einflüsse der französischen Tragédie lyrique aufwiesen, vor allem Ensem-
bles und Chöre. Diese Werke wurden in Stuttgart und Ludwigsburg auch nach Jommellis
Entlassung 1769 wiederholt, so daß Schiller sie noch in seiner Zeit an der Karlsschule sehen
konnte. Nachfolger Jommellis wurde Antonio Boroni (1770–1777), der aufgrund des wirtschaftlichen und künstlerischen Niedergangs der Hofoper fast nur noch französische Opéras
comiques – also Opern mit gesprochenem Dialog – und einige Serenaten Pietro Metastasios für
Stuttgart komponierte. Nach Boroni übernahmen mit Ferdinando Mazzanti und Agostino Poli
zwei eher unbedeutende italienische Komponisten die Leitung der Hofmusik. Erst lange nach
Schillers Flucht, im Jahr 1787, wurde sein Freund Johann Rudolf Zumsteeg Kapellmeister für
die deutschen Opern und Singspiele.

Zumsteeg war einer von Schillers Mitschülern an der Herzoglichen Akademie. Von der
lebenslangen Freundschaft der beiden Akademiezöglinge künden nicht nur viele Briefe, sondern ebenso Zumsteegs zahlreiche Vertonungen der Schillerschen Gedichte. Die Lieder aus den
‚Räubern' setzte Zumsteeg unmittelbar nach ihrem Entstehen in Musik, noch auf der
Akademie. Bei der Uraufführung in Mannheim am 13. Januar 1782 wurden diese Gesänge
jedoch nicht verwendet, da die Schauspieler mit den anspruchsvollen Liedern überfordert
waren. Während Schiller diese Kompositionen hoch schätzte, distanzierte sich der Komponist
Jahre später von ihnen. Er schäme sich jener Arbeiten so sehr, daß er wünsche, „solche ganz

Finscher, Personenteil, Bd. 14, Kassel u.a. 2005, Sp. 1345–1359. Dieser Band erschien erst nach Abschluß der
Ringvorlesung.

vertilgen zu können". Eine große Anzahl von Vertonungen freilich, die er in späteren Jahren schuf, zählen zu den besten musikalischen Interpretationen Schillerscher Lyrik überhaupt (,Die Erwartung', ,Ritter Toggenburg') und trugen zum Ruhm des Komponisten bei. „Mein sehn-lichster Wunsch ist noch immer der: ,eine Oper von dir zu erhalten'. Sollte dieser nie befrie-digt werden können?", schreibt Zumsteeg am 12. Februar 1800 an Schiller. Doch eine gemein-same Oper kam nie zustande.

In seinen ,Studien zu Schillers „Räubern"' hat Peter Michelsen noch auf einen weiteren wichtigen Einfluß auf Schiller hingewiesen: die Ballette Jean Georges Noverres (1727–1810), der bis 1767 am Württembergischen Hof wirkte und dessen 1762 in Stuttgart uraufgeführtes Ballett ,La Mort d'Hércule' Schiller 1779 nachweislich kennenlernte.[2] In der Tat dürfte Noverres neue, von pantomimischem Pathos getragene Tanzkunst Schiller in seiner Imagina-tion und auch in konkreten Regieanweisungen nachhaltig beeinflußt haben.

In Mannheim, wohin Schiller bekanntlich 1782 geflohen war, wohnte Schiller im Sommer 1784 dann der Mannheimer Erstaufführung von Mozarts ,Die Entführung aus dem Serail' bei, eines Werks, das erst zwei Jahre zuvor in Wien uraufgeführt worden war.[3] Und noch vor sei-ner Abreise aus Mannheim am 9. April 1784 sah er eine Wiederaufnahme von Ignaz Holzbauers deutscher Oper ,Günther von Schwarzburg'. In der ,Rheinischen Thalia' bemerkt er über die Aufführung: „Der Zulauf war ungewöhnlich. Die Wirkung? – Wenn über Pomp und musikalische Schönheit schülerhafte Vorstellung sich vergessen läßt, außerordentlich."[4]

In Weimar, wo Schiller 1787 eintraf, konnte er an der Hofoper unter anderem sämtliche be-deutenden Opern Mozarts kennenlernen. Bereits 1794 wurde dort, als vierte Mozart-Oper, ,Die Zauberflöte' aufgeführt.[5] Während Goethe unter dem Einfluß dieses Werkes eine Fortsetzung plante (,Der Zauberflöte zweiter Theil'), scheint Schiller insbesondere von ,Don Giovanni' zu eigenen Opernplänen angeregt worden zu sein.

Auch wenn Schiller seinem nach 1800 entstandenen Fragment ,Rosamund oder die Braut der Hölle' keine Gattungsbezeichnung beigefügt hat, deutet doch vieles auf ein Werk mit Gesang. Rosamund ist gewissermaßen ein weibliches Gegenstück zu Don Juan: Während die-ser verführt und verläßt, setzt Rosamund ihre unwiderstehliche Schönheit ein, um Männer in ihren Bann zu ziehen und anschließend von sich zu stoßen:

---

2   Michelsen bringt die Worte Karl Moors: „Der sterbende Herkules sey heut Parole" (IV/5) mit diesem Ballett Noverres in Verbindung (Peter Michelsen, Der Bruch mit der Vater-Welt. Studien zu Schillers „Räubern", Heidelberg 1979, S. 30f.).

3   Vgl. Roland Würtz, Die Erstaufführungen von Mozarts Bühnenwerken in Mannheim. In: Mozart-Jahrbuch 1978/79, S. 163–171.

4   Zitiert nach: Hermann Jung, Mannheim nach 1777. Ausprägung einer bürgerlichen Musikkultur bis zur Mitte des 19. Jahrhunderts. In: Die Mannheimer Hofkapelle im Zeitalter Carl Theodors, hg. von Ludwig Finscher, Mann-heim 1992, S. 197–218, hier S. 209.

5   Vgl. Wolfram Huschke, Musik im klassischen und nachklassischen Weimar 1756–1861, Weimar 1982, S. 208. Schiller besuchte ,Die Zauberflöte' nachweislich am 18. Januar 1800, am 25. April 1801 und am 2. Mai 1804, den ,Don Giovanni' am 7. Juni 1802 (Gero von Wilpert, Schiller-Chronik. Sein Leben und Schaffen, Stuttgart 1958). Es ist allerdings zu vermuten, daß Schiller bereits frühere Aufführungen dieser Werke besucht hatte.

> Aber ihr Herz ist eitel, liebloß, gefühllos, sie liebt nichts als sich selbst, sie will nur glän-
> zen, nur verehrt seyn und weiß ein treues Herz nicht zu schätzen. Sie hat schon viele
> Männer hintergangen u. zur Verzweiflung gebracht. Man haßt sie, aber die Männer kön-
> nen ihrer Schönheit nicht wiederstehen. Ihr Sinn ist grausam aus eitler Selbstsucht.
> (NA 12, 261)

In seinem Fragment geht Schiller anschließend der Frage nach, wie die Rolle Rosamunds die
Teilnahme des Publikums gewinnen könnte: „Es muß etwas ausgedacht werden, wodurch (1)
Rosamund + (2) Rosamunds Rolle die Gunst gewinnen kann. Als Sängerin kann es durch
Gesang geschehen, als Schauspielerin" (hier bricht der Satz ab).

Dies läßt sich als Unsicherheit darüber interpretieren, ob er den Stoff als Oper oder als
Schauspiel ausführen solle, es kann sich aber auch auf die beiden Elemente einer deutschen (!)
Oper beziehen: die Gesangsnummern und die gesprochenen Dialoge.[6] Jedenfalls sollten so-
wohl der Anfang des Stücks als auch das Ende an den Gattungskonventionen der Opera buffa
(und auch der ‚Don Giovanni' zählte zu dieser Gattung) orientiert sein.[7] Wie in Mozarts ‚Don
Giovanni' wollte Schiller an den Anfang eine Handlungsszene stellen, die sogleich die
Aufmerksamkeit gefangennähme, und an den Schluß eine versöhnliche, die gestörte Harmonie
wiederherstellende Szene, wie sie zu jeder Buffa-Oper gehörten:

> Alles in dem Stück muß leidenschaftlich seyn, man muß nie zur Reflexion kommen. Es
> muss sich gleich wie der Don Juan, mit einem Lezten und Höchsten, eröfnen. Rosamund
> muß bei ihrer ersten Erscheinung Gunst gewinnen. […] Wenn Rosamunds Schicksal ent-
> schieden ist, so folgt noch etwas liebliches, schönes, reines, und der Zuschauer wird mit
> einem erfreulichen Eindruck entlaßen. (NA 12, 267f.)

Selbst wenn Schillers Plan nicht auf eine Oper, sondern ein Schauspiel zielte, so ist doch der
unmittelbare Einfluß der Opera buffa und namentlich des ‚Don Giovanni' unübersehbar.

Ob und in welchem Maße darüber hinaus auch opernhafte Elemente der Dramen Schillers –
sprachliche oder szenische – tatsächlich von Gattungen und konkreten Werken des Musiktheaters angeregt wurden, ist schwer zu bestimmen. So hat beispielsweise Detlef Altenburg auf die
zahlreichen Szenen im ‚Wilhelm Tell' hingewiesen, in denen Schiller Musik dramaturgisch
einsetzt.[8] So sei bereits die erste Szene des ‚Wilhelm Tell' als „regelrechte Musikszene" konzipiert. Schillers Regieanweisung sehe vor, daß der Zuschauer auf diese erste Szene entspre-

---

6    Auch italienische Opern (einschließlich derjenigen Mozarts) wurden in Deutschland üblicherweise in deutscher
     Übersetzung aufgeführt. Dabei wurden die Rezitative immer als gesprochene Dialoge aufgeführt. Die Praxis, die
     Rezitative bei der Übersetzung beizubehalten und mit deutschem Text zu unterlegen, kam erst wesentlich später
     auf.

7    Die Bezeichnungen „opera buffa" und „dramma giocoso" waren im Sprachgebrauch der Zeit Synonyme und wur-
     den auch von Mozart in gleicher Bedeutung beispielsweise auf seinen ‚Don Giovanni' bezogen. Erstere bezog sich
     mehr auf die Partitur, letztere vor allem auf das Libretto.

8    Detlef Altenburg, Zur dramaturgischen Funktion der Musik in Friedrich Schillers ‚Wilhelm Tell'. In: Resonanzen.
     Festschrift für Hans Joachim Kreutzer zum 65. Geburtstag, hg. von Sabine Doering, Waltraud Maierhofer und
     Peter Philipp Riedl, Würzburg 2000, S. 171–189.

chend eingestimmt werde: „Noch ehe der Vorhang aufgeht, hört man den Kuhreihen und das harmonische Geläut der Heerdenglocken, welches sich auch bei eröfneter Scene noch eine Zeitlang fortsezt." (NA 10, 131) Noch bevor ein einziges Wort gesprochen wird, beherrschen dann Lieder die Szene: Ein Fischerknabe „singt im Kahn" das Lied „Es lächelt der See, er ladet zum Bade", vom Berge antwortet ein Hirte mit dem Lied „Ihr Matten lebt wohl". Abgeschlossen wird diese musikalische Eröffnung mit zwei Strophen eines Alpenjägers („Es donnern die Höhen, es zittert der Steg"). Dabei schreibt Schiller auch die Musik ausdrücklich vor: „Melodie des Kuhreihens" für das Lied des Fischerknaben, „Variation des Kuhreihens" für das Lied des Hirten und „Zweite Variation" für die beiden Strophen des Alpenjägers (NA 10, 131f.).[9] Altenburg weist in diesem Zusammenhang auf die Ähnlichkeiten der Eröffnungsszene in Schillers ‚Wilhelm Tell' mit derjenigen in André-Ernest-Modeste Grétrys Opéra comique („Drame mis en musique") ‚Guillaume Tell' von 1791 hin. (Das Libretto hatte Michel Jean Sedaine nach Antoine-Marin Lemierre verfaßt, der 1766 den Tell-Stoff erstmals für die französische Bühne bearbeitet hatte.) Die – bald darauf gestörte – Idylle der Schweizer Alpenlandschaft sollte in Grétrys Oper ganz analog vom „Rhans des Vaches" (Kuhreihen) und durch das Kuhhorn beschworen werden. Trotz der unübersehbaren Ähnlichkeiten, die wohl kaum bloßer Zufall sein dürften, fehlt jedoch bisher der Nachweis, daß Schiller das Libretto Sedaines oder die Partitur Grétrys, die allerdings beide im Druck zugänglich waren, kannte.[10]

## Schiller in der Oper des 19. Jahrhunderts

Daß wir heute bei „Schiller und die Oper" trotz der unübersehbaren opernhaften Züge seiner Schauspiele gerade nicht an die Oper zur Zeit Schillers denken, sondern an Werke, die erst Jahre nach seinem Tod entstanden, hängt mit der Vielzahl von Opern – insbesondere der 1830er und 1840er Jahre – zusammen, deren Libretti auf Dramen Schillers zurückgingen. Daß Schiller dabei – dies ist auch ohne detaillierte Statistik erkennbar – gleichwertig neben Shakespeare und Lord Byron trat und daß zwei der bedeutendsten Opern des 19. Jahrhunderts – Gioacchino Rossinis ‚Guillaume Tell' (1829) und Giuseppe Verdis ‚Don Carlos' – auf Schiller zurückgehen (auch wenn jeweils noch weitere Quellen herangezogen wurden), war dabei zunächst alles andere als selbstverständlich. Den Grund hierzu dürften vor allem Schillers im doppelten Sinne revolutionäres Erstlingswerk ‚Die Räuber' und die engen Beziehungen der Kurpfalz und konkret Mannheims zu Paris auf dem Gebiet des Musiktheaters gelegt haben. Auf diese engen Beziehungen, die sich in zahlreichen Übersetzungen französischer Libretti ins Deutsche spiegeln, hat Herbert Schneider wiederholt hingewiesen.[11] Jedenfalls erschien bereits 1785 unter

---

9   Zum „Kuhreihen" oder „Kuhreigen" vgl. Altenburg (wie Anm. 8), S. 173 sowie den Artikel „Kuhreihen" von Max Peter Baumann in: Die Musik in Geschichte und Gegenwart (wie Anm. 1), Sachteil, Bd. 5, Kassel u.a. 1996, Sp. 810–817.

10  Altenburg (wie Anm. 8), S. 173f.

11  Herbert Schneider, Die deutschen Übersetzungen französischer Opern zwischen 1780 und 1820. Zum Verlauf und zu den Problemen eines Transfer-Zyklus. In: Kulturtransfer im Epochenumbruch. Frankreich-Deutschland

dem Titel ‚Les Voleurs‘ eine erste Übersetzung der ‚Räuber‘ in Paris. Wie bekannt Schiller bereits wenige Jahre später in Paris war, läßt sich daran ablesen, daß er 1792 gemeinsam mit anderen prominenten Ausländern – darunter George Washington, dem ersten Präsidenten der Vereinigten Staaten – von der Assemblée Nationale zum Citoyen der République Française ernannt wurde.[12]

Das Begleitschreiben des französischen Innenministers Jean Marie Roland de la Platière lautete:

> J'ai l'honneur de vous adresser ci-joint, Monsieur, un imprimé, revêtu du sceau de l'Etat, de la loi du 26 août dernier, qui confère le titre de citoyen français à plusieurs étrangers. Vous y lirez que la nation vous a placé au nombre des amis de l'humanité et de la société auxquels elle a déféré ce titre.[13]

Bereits damals war Schiller in Frankreich also nicht nur bekannt, sondern er wurde auch als „Freund der Menschheit und der Gesellschaft" mit den Idealen der Revolution in Verbindung gebracht. So erschien bereits 1793 eine zweite Übersetzung oder besser gesagt Bearbeitung in französischer Sprache unter dem Titel ‚Robert, chef de brigands‘, weitere Übersetzungen und Bearbeitungen folgten. Hier zunächst eine Auswahl der frühen Übersetzungen im Überblick:

Les Voleurs, tragédie en 5 actes et en prose, par M. Schiller, Paris 1785 (gemeinsam mit ‚Le Bon Fils‘ von Johann Jakob Engel)

Robert, chef de brigands, drame en 5 actes, en prose, imité de l'allemand, par le citoyen La Martelière, Paris 1793

Cabal and Love, London 1795

Théâtre de Schiller, traduit de l'allemand par Lamartelière, Paris 1799 (2 Bde., enthält u.a.: ‚La Conjuration de Fiesque‘, ‚L'Amour et l'intrigue‘, ‚Don Carlos‘)

---

1770–1815, hg. von Hans-Jürgen Lüsebrink und Rolf Reichard, Leipzig 1997, S. 587–670; Zur Problematik der Opéras-comiques-Übersetzungen ins Deutsche. In: Studien zu den deutsch-französischen Musikbeziehungen im 18. und 19. Jahrhundert. Bericht über die erste gemeinsame Jahrestagung der Gesellschaft für Musikforschung und der Société française de musicologie Saarbrücken 1999, hg. von Herbert Schneider, Hildesheim u.a. 2002, S. 40–139; Übersetzungen französischer Opéras-comiques für Marchands Churpfaelzische Deutsche Hofschauspielergesellschaft. In: Mannheim – ein Paradies der Tonkünstler?, hg. von Ludwig Finscher, Bärbel Pelker und Rüdiger Thomsen-Fürst, Frankfurt am Main 2002 (= Quellen und Studien zur Geschichte der Mannheimer Hofkapelle; Bd. 8), S. 387–434; Die Übersetzung von Grétry-Opern durch Johann Heinrich Faber für Marchands Churpfälzische teutsche Schaubühne. In: La Traduction des livrets. Aspects théoriques, historiques et pragmatiques, hg. von Gottfried R. Marschall, Paris 2004, S. 143–199.

12  Aus diesem in der Weimarer Bibliothek aufbewahrten Dokument zitiert Franz Liszt 1849 in seinem Artikel ‚Les Fêtes de Goethe‘.

13  Zitiert nach: Franz Liszt, Die Goethe-Stiftung, hg. von Detlef Altenburg und Britta Schilling-Wang, Wiesbaden 1997 (= Sämtliche Schriften; Bd. 3), S. 10.

El amor y la intriga, drama en 5 actos, Madrid 1800 (Übersetzung von ‚Kabale und Liebe' in kastilischer Sprache)

Jeanne d'Arc, ou la Pucelle d'Orléans, tragédie en 5 actes, Paris 1802 (Übersetzer: Charles-Frédéric Cramer)

Guillaume Tell, poème dramatique de F. Schiller, traduit de l'allemand par M. Henri Merle-d'Aubigné, Paris 1818

Maria Stuarda, tragedia di Federico Schiller. Recata per la prima volta dal tedesco in italiano da Pompeo Ferrario, Mailand 1819

La Fille du musicien, drame en 3 actes et en vers, imité de Schiller [par M. de La Ville de Mirmont]

Marie Stuart, Paris 1820 (zwei verschiedene Ausgaben)

Œuvres dramatiques de F. Schiller, 6 Bde., Paris 1821 (Übersetzer: A.-G.-P. Brugière de Barante)

Amore e raggiro, dramma in 5 atti in prosa di G. F. C. Schiller, Venezia 1821 (= Giornale teatrale)

Don Carlos, a tragedy, translated and altered from the German of Schiller and adapted for the English stage, by Simon Sabba, Paris 1821

La sposa di Messina, übersetzt von Andrea Maffei, Mailand 1827

Maria Stuarda, übersetzt von A. Maffei, Mailand 1829

Maria Stuarda, übersetzt von Eduige de Battisti, Verona 1829

I masnadieri, prima versione italiana, 1832

Œuvres dramatiques de F. Schiller, traduction de M. de Barante, 6 Bde., Paris 1834f. (weitere Editionen dieser Übersetzung: 1842, 1844, 1861 etc.)

Guglielmo Tell, Übersetzung von Andrea Maffei, Florenz 1835

Œuvres dramatiques de F. Schiller, traduites de l'allemand par M. Horace Meyer, nouvelle édition, Paris 1837

La morte di Wallenstein, versione di Francesco Vergani, Mailand 1838

La vergine d'Orleans, übersetzt von A. Maffei, 1836 (2. Auflage 1847)

Théâtre de Schiller, traduction nouvelle par M. X. Marmier, Paris 1840

I masnadieri, übersetzt von A. Maffei, 1846

Es fällt auf, daß bereits frühzeitig englische und spanische Übersetzungen/Bearbeitungen neben die französischen treten, dann – 1819 – auch die erste italienische Übersetzung, und zwar
der ‚Maria Stuart‘. Der Grund für die Präferenz dieses Werks, das dann 1821 auch Grundlage
der ersten bekannten Oper über einen Text nach Schiller war (Saverio Mercadantes ‚Maria
Stuarda regina di Scozia‘) dürfte mit dem vor allem von den Romanen Walter Scotts ausgelö-
sten oder zumindest verstärkten Interesse an Schottland zusammenhängen. Wegweisend für die
weitere literarische Rezeption Schillers in Italien waren dann die Übersetzungen Andrea
Maffeis ab 1827 (‚La sposa di Messina‘) und dann vor allem 1829 der ‚Maria Stuart‘. Maffei
verfaßte 1847 nach seiner eigenen Übersetzung der ‚Räuber‘ auch das Libretto zu Verdis ‚I
masnadieri‘.[14]

Hier zunächst ein Überblick über Opern nach Schiller bis zu Giuseppe Verdis ‚Don Carlos‘:

Saverio Mercadante (1795–1870): Maria Stuarda regina di Scozia, Dramma serio in 2 Akten,
Librettist unbekannt, UA 1821 in Bologna, Teatro Comunale

Nicola Vaccai (1790–1848): Giovanna d'Arco, Melodramma romantico in 4 Akten, Libretto
von Gaetano Rossi, UA 1827 in Venedig, La Fenice, rev. 1828 in Mailand

Carlo Coccia (1782–1873): Maria Stuarda, regina di Scozia, Opera seria in 3 Akten, Libretto
von P. Giannone, UA 1827 in London, 1828 in Mailand

Gioacchino Rossini (1792–1868): Guillaume Tell, 4 Akte, Libretto von Victor-Joseph Étienne
de Jouy und Hippolyte Louis Florent Bis, UA 1829 in Paris, Opéra (Salle de la rue Le Peletier)

Giovanni Pacini (1796–1867): Giovanna d'Arco, Azione drammatica musicale in einer
Introduktion und 4 Teilen, Libretto von Gaetano Barbieri, UA 1830 in Mailand, Scala

Gaetano Donizetti (1797–1848): Maria Stuarda, Opera seria in 2 Akten, Libretto von Giuseppe
Bardari, UA 1834 in Neapel, Teatro di San Carlo (als ‚Buondelmonte‘), 1835 in Mailand,
Teatro alla Scala (als ‚Maria Stuarda‘)

Saverio Mercadante: I briganti, Melodramma serio in 3 Akten, Libretto von Jacopo Crescini,
UA 1836 in Paris, Théâtre Italien (2. Fassung 1837 Mailand, Scala)

---

14  Vgl. Peter Ross, Der Dichter als Librettist – Andrea Maffeis Textbuch zu Verdis ‚I masnadieri‘. In: Verdi und die
     deutsche Literatur – Verdi e la letteratura tedesca, hg. von Daniela Goldin Folena und Wolfgang Osthoff unter
     Mitwirkung von Rainer Franke, Laaber 2002 (= Thurnauer Schriften zum Musiktheater; Bd. 19), S. 117–151.

Nicola Vaccai: La sposa di Messina, Melodramma in 3 Akten, Libretto von J. Cabianca, UA 1839 in Venedig, La Fenice

Giuseppe Verdi (1813–1901): Giovanna d'Arco, Dramma lirico in einem Prolog und 3 Akten, Libretto von Temistocle Solera, UA 1845 in Mailand, Teatro alla Scala

Giuseppe Verdi: I masnadieri, Melodramma tragico in 4 Teilen, Libretto von Andrea Maffei, UA 1847 in London, Her Majesty's Theatre

Giuseppe Verdi: Luisa Miller, Melodramma tragico in 3 Akten, Libretto von Salvatore Cammarano, UA 1849 in Neapel, Teatro di San Carlo

Giuseppe Verdi: Don Carlos, Opéra in 5 Akten, Libretto von François Joseph Pierre Méry und Camille Du Locle, UA 1867 in Paris, Opéra (Salle de la rue Le Peletier)

Die Art und Weise, wie in den Libretti dieser Opern mit Schillers Original verfahren wurde, ist oft kritisiert wurden. Dabei wurde häufig übersehen, daß eine Oper – ähnlich wie der Film im 20. Jahrhundert – ein eigenes Medium mit ganz spezifischen Anforderungen war, das eine unveränderte Übertragung des Handlungsverlaufs und der Charakterzeichnung gar nicht zuließ.

Im Gegensatz zur französischen Grand opéra, für die Rossinis ‚Guillaume Tell‘ eines der frühesten und repräsentativsten Beispiele ist, bedurfte die italienische Oper der ersten Jahrhunderthälfte nur eines vergleichsweise geringen szenischen Aufwandes. Aufgrund eines grundlegend anderen Honorarsystems (der Komponist wurde nur für die Erstaufführung an einem Ort entlohnt) mußte ein Werk auch in anderen Städten nachspielbar sein. Im Vordergrund stand also nicht wie in Paris die Inszenierung, der von aufwendigen Kulissen und Chören geprägte Effekt, sondern der Sänger, der ebensowenig wie die Werke an einen bestimmten Ort gebunden war. Dementsprechend war die Grundlage einer jeden italienischen Oper bis zu Verdi eine vergleichsweise festgefügte Dramaturgie, die der Librettist zu berücksichtigen hatte. Das Grundprinzip bestand darin, den Protagonisten, üblicherweise jeweils einem Sopran, einem Tenor und einem Bariton, Gelegenheit zu eigenen „Szenen" zu geben. Eine solche „scena" begann mit einem (orchestral begleiteten) Rezitativ, konnte aber auch kurze Choreinwürfe enthalten, um dann zunächst in ein langsames Gesangsstück, eine Cavatina, zu münden. (Das wohl berühmteste Beispiel einer solchen Cavatina ist „Casta diva" aus Bellinis ‚Norma‘.) Anschließend mußte eine spontane Äußerung der übrigen Handelnden oder eine Nachricht zu einem Umschlag führen, der Anlaß zu einer schnellen Cabaletta gab. Mit dieser Cabaletta endete die Szene und eine neue identisch oder ähnlich gebaute Szene eines anderen Protagonisten konnte sich anschließen.

So ist auch gerade Andrea Maffeis Libretto zu Verdis ‚I masnadieri‘ ein Beispiel dafür, daß ein möglichst getreues Festhalten an Schillers Vorlage nicht notwendigerweise zu einer erfolgreichen Schiller-Oper führte, obwohl Giuseppe Verdi damals (1847) bereits ein erfahrener und berühmter Komponist war.

Wesentlich erfolgreicher war der *freie* Zugriff auf die Schillersche Vorlage, wie ihn die französischen Librettisten von Rossinis ‚Guillaume Tell‘ und Verdis ebenfalls für Paris komponiertem Meisterwerk ‚Don Carlos‘ wählten. So ist bei Rossini die Handlung von Tells rettendem Sprung ans Ufer über die Ermordung Geßlers bis zum Schluß in wenigen Minuten zusammengezogen: Tells Familie ist Zeuge des Sturmes, Tell springt an Land, ergreift die Armbrust, die ihm sein Sohn reicht und erschießt Geßler auf dem führerlosen Schiff. Die Nachricht wird überbracht, daß Altdorf von den Aufständischen erobert sei, worauf die Wolkendecke aufreißt und der Himmel sichtbar wird:

>   *(Peu à peu les nuages se dispersent, le ciel s'éclaircit.)*
>
>   Tell: Tout change et grandit en ces lieux!
>   Quel air pur!
>
>   Hedwige: Quel jour radieux!
>
>   Jemmy: Au loin quel horizon immense!
>
>   Arnold: Oui, la nature sous nos yeux
>   Déroule sa magnificence!
>
>   Tell: À nos accents religieux,
>   Liberté, redescends des cieux!
>
>   Arnold, Walter, puis Tous: À nos accents religieux,
>   Liberté, redescends des cieux,
>   Et que ton règne recommence,
>   Liberté, redescends des cieux!
>
>   *Fin de l'opéra*

Die Musik, die dazu erklingt, ist eine sich steigernde Apotheose, vergleichbar dem Chorfinale der 9. Symphonie Beethovens oder dem rein orchestralen Epilog von Richard Wagners ‚Götterdämmerung'. Erst der vordergründig betrachtet *bedenkenlose* Eingriff in die Vorlage machte den Weg frei für ein Zusammenspiel von Text, Musik und Bühne, wie Schiller selbst es nicht zuletzt in der Anfangsszene seines ‚Wilhelm Tell' angestrebt hatte.

Offensichtlich war Schiller in der Oper nur mit den Mitteln der Grand Opéra beizukommen. So war es bezeichnenderweise wiederum die Wendung Verdis zur Grand Opéra, der Verzicht auf bloßen Belcanto und die Bündelung von politischer und privater Handlung in einem Tableau wie der Ketzerverbrennung – einer Szene, die es bei Schiller bezeichnenderweise nicht gibt –, die in ‚Don Carlos' eine Sternstunde in der Verbindung von Weltliteratur und Musik ermöglichte, wie sie sich zuvor vielleicht nur in Mozarts ‚Le nozze di Figaro' ereignet hatte.

*Jörg Traeger* (†)

# Naiv und sentimentalisch

## Kunstgeschichtliche Betrachtungen zu Schillers Begriffspaar

Unter dem Titel ‚Ueber naive und sentimentalische Dichtung' faßte Schiller eine Gruppe von Aufsätzen zusammen, die er erstmals 1795/96 in den ‚Horen' veröffentlicht hatte. Die umfangreiche Abhandlung erschien 1800 im zweiten Teil der ‚Kleineren prosaischen Schriften'. (NA 20/1, 413–503) Der Text ist von außerordentlicher Bedeutung. In den folgenden Betrachtungen geht es nicht um sein Verhältnis zu den anderen philosophischen Schriften Schillers, auch nicht um das Problem der Standortbestimmung des Dichters in bezug auf die poetische Position Goethes. Ebensowenig geht es um den Stellenwert des Textes innerhalb der Geschichte der Literaturästhetik. Auch eine Herleitung der Gedanken Schillers aus ihren geistes- und begriffsgeschichtlichen Voraussetzungen ist nicht beabsichtigt. Die theoretischen Kontexte der Abhandlung bleiben mehr oder weniger ausgeklammert. Nicht einmal der Inhalt der berühmten Schrift kann hier im einzelnen wiedergegeben werden.

Worum es einzig und allein geht, ist die Frage der Anwendbarkeit des im Titel enthaltenen Begriffspaars auf Erscheinungen der Kunst. Einen ersten Versuch dieser Art unternahm der Verfasser 1987 mit einer entsprechenden Interpretation der ‚Hülsenbeckschen Kinder' von Philipp Otto Runge.[1] Thema war die bildhafte Reflexion des Naiven und damit das sentimentalische Moment in diesem Meister der deutschen Romantik. 1993 erschien von Werner Busch das Buch ‚Das sentimentalische Bild. Die Krise der Kunst im 18. Jahrhundert und die Geburt der Moderne'.[2] Wie schon aus dem Titel hervorgeht, hat der Autor dabei den Begriff des Sentimentalischen allerdings vom Gegenbegriff des Naiven abgekoppelt. Insofern wurde die erhellende Kraft, die Schillers geniales Begriffspaar gerade auch in der Kunstgeschichte entfalten könnte, gewissermaßen halbiert. Im folgenden geben wir zunächst die für unseren Zweck wichtigsten Definitionen Schillers wieder. Darauf soll anhand ausgewählter Werke und Problembereiche die kunstgeschichtliche Probe auf das theoretische Exempel gemacht werden.

---

1 Jörg Traeger, Philipp Otto Runge. Die Hülsenbeckschen Kinder. Von der Reflexion des Naiven im Kunstwerk der Romantik, Frankfurt am Main 1987.

2 Werner Busch, Das sentimentalische Bild. Die Krise der Kunst im 18. Jahrhundert und die Geburt der Moderne, München 1993.

## I.

Für unseren Zweck sind vor allem zwei Textpassagen bedeutsam. Die erste ist eine Wesens-
bestimmung des Naiven:

> Es giebt Augenblicke in unserm Leben, wo wir der Natur in Pflanzen, Mineralien,
> Thieren, Landschaften, so wie der menschlichen Natur in Kindern, in den Sitten des
> Landvolks und der Urwelt, nicht weil sie unsern Sinnen wohltut, auch nicht weil sie
> unsern Verstand oder Geschmack befriedigt (von beyden kann oft das Gegentheil statt-
> finden), sondern bloß *weil sie Natur ist,* eine Art von Liebe und von rührender Achtung
> widmen. Jeder feinere Mensch, dem es nicht ganz und gar an Empfindung fehlt, erfährt
> dieses, wenn er im Freyen wandelt, wenn er auf dem Lande lebt oder sich bei den Denk-
> mälern der alten Zeiten verweilet, kurz, wenn er in künstlichen Verhältnissen und
> Situationen mit dem Anblick der einfältigen Natur überrascht wird. Dieses nicht selten
> zum Bedürfniß erhöhte Interesse ist es, was vielen unsrer Liebhabereyen für Blumen und
> Thiere, für einfache Gärten, für Spaziergänge, für das Land und seine Bewohner, für man-
> che Produkte des fernen Alterthums u. dgl. zum Grund liegt; vorausgesetzt, daß weder
> Affectation noch sonst ein zufälliges Interesse dabei im Spiele sey. Diese Art des Inter-
> esses an der Natur findet aber nur unter zwey Bedingungen statt. Fürs erste ist es durch-
> aus nöthig, daß der Gegenstand, der uns dasselbe einflößt, *Natur* sey oder doch von uns
> dafür gehalten werde; zweytens, daß er (in weitester Bedeutung des Worts) *naiv* sey; d.h.
> daß die Natur mit der Kunst im Kontraste stehe und sie beschäme. Sobald das letzte zu
> dem ersten hinzukommt, und nicht eher, wird die Natur zum Naiven. (NA 20/1, 413f.)

Hinsichtlich des abzuwehrenden Störfaktors der Affektation hat Schiller sich möglicherweise
an die Kupferstichserie von Daniel Chodowiecki ‚Natürliche und affectirte Handlungen des
Lebens‘ von 1779 erinnert.[3] Der Zyklus kontrastiert u.a. ein einfach gekleidetes, fast nacktes
Paar in natürlicher Ursprünglichkeit mit einem Paar in pompöser Barockkleidung. Die
Bildunterschriften lauten ‚Natur‘ und ‚Affectation‘ (Abb. 1). In dem Bildpaar ‚Empfindung –
Sentiment‘ (Abb. 2) reagieren die Gestalten unter einem hohen Himmel ganz unterschiedlich
auf die Schönheit einer offenen Landschaft. Beide Verhaltensweisen, die „natürliche" und die
„affectirte", scheinen einander auszuschließen. Tatsächlich kamen sie jedoch aus ein und derselben Wurzel. Sie lag im reflektierenden Abstand eines künstlich gewordenen Verhältnisses
zur Natur.

Dieser Abstand wird auch bei Schiller spürbar. Er fährt fort: „Natur in dieser Betrachtungsart
ist uns nichts anders als das freiwillige Daseyn, das Bestehen der Dinge durch sich selbst, die
Existenz nach eignen und unabänderlichen Gesetzen." (NA 20/1, 413f.) Und weiter:

> Diese Vorstellung ist schlechterdings nöthig, wenn wir an dergleichen Erscheinungen
> Interesse nehmen sollen. Könnte man einer gemachten Blume den Schein der Natur mit
> der vollkommensten Täuschung geben, könnte man die Nachahmung des Naiven in den

---

3   Daniel Chodowiecki, Natürliche und affectirte Handlungen des Lebens, 1779, Kupferstich.

Sitten bis zur höchsten Illusion treiben, so würde die Entdeckung, daß es Nachahmung sey, das Gefühl, von dem die Rede ist, gänzlich vernichten. Daraus erhellet, daß diese Art des Wohlgefallens an der Natur kein ästhetisches, sondern ein moralisches ist; denn es wird durch eine Idee vermittelt, nicht unmittelbar durch Betrachtung erzeugt; auch richtet es sich ganz und gar nicht nach der Schönheit der Formen. Was hätte auch eine unscheinbare Blume, eine Quelle, ein bemoßter Stein, das Gezwitscher der Vögel, das Summen der Bienen usw. für sich selbst so Gefälliges für uns? Was könnte ihm gar einen Anspruch auf unsere Liebe geben? Es sind nicht diese Gegenstände, es ist eine durch sie dargestellte Idee, was wir in ihnen lieben. Wir lieben in ihnen das stille schaffende Leben, das ruhige Wirken aus sich selbst, das Daseyn nach eignen Gesetzen, die innere Nothwendigkeit, die ewige Einheit mit sich selbst. (NA 20/1, 413f.)

Schiller ferner:

Sie *sind*, was wir *waren*; sie sind, was wir wieder *werden sollen*. Wir waren Natur wie sie, und unsere Kultur soll uns, auf dem Wege der Vernunft und der Freyheit, zur Natur zurückführen. Sie sind also zugleich Darstellung unserer verlornen Kindheit, die uns ewig das theuerste bleibt; daher sie uns mit einer gewissen Wehmuth erfüllen. Zugleich sind sie Darstellungen unserer höchsten Vollendung im Ideale, daher sie uns in eine erhabene Rührung versetzen. (NA 20/1, 414)

Der zweite für uns wichtige Textpassus betrifft die Rolle des Dichters bzw. Künstlers:

Da der naive Dichter bloß der einfachen Natur und Empfindung folgt und sich bloß auf Nachahmung der Wirklichkeit beschränkt, so kann er zu seinem Gegenstand auch nur ein einziges Verhältniß haben, und es giebt, in dieser Rücksicht, für ihn keine Wahl der Behandlung. (NA 20/1, 440)

Ganz anders verhält es sich dagegen mit dem sentimentalischen Dichter:

Dieser reflektirt über den Eindruck, den die Gegenstände auf ihn machen, und nur auf jene Reflexion ist die Rührung gegründet, in die er selbst versetzt wird und uns versetzt. Der Gegenstand wird hier auf eine Idee bezogen, und nur auf dieser Beziehung beruht seine dichterische Kraft. (NA 20/1, 441)

Die sentimentalische Dichtung habe es daher immer „mit zwey streitenden Objekten, mit dem Ideale nehmlich und mit der Erfahrung, zugleich zu thun" (NA 20/1, 466). Die „sentimentalische Stimmung" wird dabei als Resultat des Bestrebens erzeugt, „auch unter den Bedingungen der Reflexion die naive Empfindung, dem Innhalt nach, wieder herzustellen" (NA 20/1, 473).

Damit hat Schiller ein Problem von großer theoretischer und künstlerischer Tragweite thematisiert. Auf der Grundlage seiner Definitionen soll nun versucht werden, das Begriffspaar ‚naiv und sentimentalisch' als Einheit im Sinne Schillers kunsthistorisch fruchtbar zu machen. Dies geschieht exemplarisch anhand von Werken und Phänomenen ganz unterschiedlichen Inhalts. Dabei handelt es sich zunächst – und durchaus naheliegend – um das romantische Kinderbildnis, sodann um das zeitgeschichtliche Ereignisbild, ferner um bestimmte Erscheinungsformen von Volkstümlichkeit und schließlich um die Darstellung religiöser Andacht. Der epochale Schwerpunkt liegt im 19. Jahrhundert.

II.

Die ‚Hülsenbeckschen Kinder' (Abb. 3) von Philipp Otto Runge sind das berühmteste Kinderbild der deutschen Kunst. Mit der Arbeit daran begann der Maler am 16. Oktober 1805. Knapp drei Wochen später beschrieb er das Gemälde „von Hülsenbecks 3 Kinder[n], worauf die beyden größten das Kleine im Garten fahren, wo bey der Garten und Hamburg alles Portrait ist, und wird viel Effect machen".[4] Dargestellt sind von rechts nach links, altersmäßig abgestuft, die fünfjährige Maria, der vierjährige August und im Leiterwagen der zweijährige Friedrich. Links geht der Blick zwischen der großen Sonnenblumenstaude und den beiden größeren Kindern über den weißgestrichenen Gartenzaun und die niedrige Hecke hinaus auf die Stadt in der Ferne. Rechts trifft er auf das Gartenhaus im Hintergrund.

Eine besondere Bedeutung kommt dem Licht zu. Es erscheint als Bedingung einer extrem ausgebildeten Plastizität. Das Sonnenlicht, auch in der Verschattung noch durchsichtiges Element der Unendlichkeit, definiert alles, was von ihm zu stofflicher Erscheinung gebracht wird, als Gegensatz. Es ist, in der Ausdrucksweise Schellings, das ins Reale scheinende Ideale.[5]

In dem umhegten Spielraum der Kinder mit seiner geringen Reichweite ist nichts von oben herab gesehen. Der Betrachter befindet sich auf gleicher Augenhöhe mit den Kindern. Die bildeinwärts sich beschleunigende Zaunperspektive findet an der elterlichen Hausfront bereits wieder ihr Ende. Alles ist zum Anfassen dicht und nah, prall und rund. Was Runge 1808 über seine kleine Tochter Maria Dorothea (Abb. 4) schrieb – sie sei „so glatt und rund, daß es eine lust und freude ist und so prall, daß wenigstens Flintenkugeln abprallen"[6] –, hatte er malend bereits 1805 im Bildnis seines Sohnes Otto Sigismund im Klappstuhl sowie im Gruppenporträt der Kinder seines Freundes Hülsenbeck beobachtet. Das Volle, Gepolsterte ihres Inkarnats erscheint in den Kugeln auf den Zaunpfosten zum stereometrischen Form- und Tasterlebnis gereinigt.

Die Gestaltung einer fest umrissenen, aus dem Gegensatz zum unfaßbaren Lichtraum gesteigerten Körperlichkeit muß dabei thematisch verstanden werden. In ihr stellt sich ein entschieden handgreiflicher Umgang mit den Dingen dar, d. h. ein spezifisch kindliches Verhältnis zur Umgebung. Dies ist keine anachronistische Vorstellung aus dem Blickwinkel moderner Kinderpsychologie. Johann Gottfried Herder, in mancherlei Hinsicht ein Bahnbrecher auf dem romantischen Weg zurück zur Ursprünglichkeit, hatte schon 1778 in seiner Schrift über Plastik den Leser aufgefordert, in die Spielkammer des Kindes zu kommen und zu sehen, wie „der

---

4   Philipp Otto Runge an den Bruder Karl, 2. November 1805. In: Karl-Friedrich Degner (Hg.), Philipp Otto Runge. Briefe in der Urfassung, Berlin 1940 (= Bekenntnisse deutscher Kunst I), S. 281.

5   Friedrich Wilhelm Joseph Schelling, Philosophie der Kunst. In: Gesammelte Werke, I. Abt., Bd. 5, 1895 (Neudruck Darmstadt 1966), S. 519, 541f.

6   Philipp Otto Runge an den Schwiegervater, 12. April 1808. In: Degner (wie Anm. 4), S. 347.

kleine Erfahrungsmensch fasset, greift, nimmt, wägt, tastet, mißt mit Händen und Füßen, um sich überall die schweren, ernsten und notwendigsten Begriffe von Körpern, Gestalten, Größe, Raum, Entfernung u. dgl. treu und sicher zu verschaffen."[7]

Indem Runge alles nur Ikonographische einem extrem haptischen Bildmodus unterwarf, erzielte er eine für diese Thematik in der Kunstgeschichte wohl einzigartige Übereinstimmung von Inhalt und Form. Die Darstellungsweise ist selbst zum Abbild der dargestellten Erlebnisweise geworden. Dies bedingt ein eigentümliches Schillern des Kunstwerks. Da die Darstellungsweise auf genauester Beobachtung und psychologischer Reflexion des kindlichen Verhaltens durch einen Erwachsenen beruht, ist sie vom bildlichen Ausdruck, über den die Kinder selbst verfügen, durch Welten getrennt (Abb. 5). Denn die ,Kunst der Kinder' folgt dem gegenteiligen Prinzip. Sie macht die körperliche Gestalt zum Strichgebilde, das Räumliche und Runde flächig, das in seiner Fülle zu Begreifende zum mager Bezeichneten. Das zeigt z. B. eine Zeichnung des sechsjährigen Paul Klee von 1885 (Abb. 6).

Es gibt keinen Beleg dafür, daß Runge Kinderzeichnungen um ihrer selbst willen ästhetisch ernst genommen hat. Man kann es aber vermuten, hat er doch auch mit dem bewußt kindlichnaiven Tonfall seiner beiden Märchen ,Von den Machandelboom' und ,Von den Fischer un syner Fru' das Vorbild abgegeben für den entsprechenden Erzählstil der ,Kinder- und Hausmärchen' der Brüder Grimm.[8]

Ein seltenes Beispiel aus der älteren Kunstgeschichte, das die kindliche Gestaltungsweise als solche thematisiert, ist das Bild eines Kindes von Giovanni Francesco Caroto (um 1480–1546) (Abb. 7). Der in leonardeskem Sfumato modellierte Knabe zeigt lächelnd dem Betrachter eine selbstverfertigte Zeichnung, ein Strichmännchen, das auf den ersten Blick allen Anatomiekenntnissen und Proportionsregeln der Renaissance hohnspricht. Darin liegt die Pointe des Porträts. Das naive Erzeugnis des Kindes wird in einen ironischen Gegensatz zur ausgeklügelten Kunst des Malers gesetzt. Dies ist zugleich das Unkindliche an dem Kinderbildnis. Kinder kennen keine Ironie.

Überhaupt ist das naive Kunstschaffen frei von intellektueller Brechung. 1903 malte der Zöllner Henri Rousseau sein ,Kind mit Hampelmann' (Abb. 8). Mit den ,Hülsenbeckschen Kindern' teilt es bezeichnenderweise die niedrige Augenhöhe. Auch hier befindet sich der Betrachter auf der Ebene des Kindes. Doch in der Hauptsache bietet sich alles in einschichtigem Gegenüber dar. Es gibt keine Verkürzungen. Von einer Kinderzeichnung unterscheidet sich das Bild aber durch den ehrgeizigen Anspruch auf imitative Wiedergabe von Körperlichkeit. Er ist zweiseitig, weil er einmal die dargestellten Dinge meint, zum anderen das Vorbild hoher europäischer Illusionskunst. Dabei bleibt die Plastizität jedoch wie ein koloriertes Flachrelief von jedweder innerbildlichen Beleuchtung unabhängig. Das Licht ist so nichtig wie der Zwischenraum, der kein Thema dieser Malerei ist. Das Kind, das uns mit großen Augen aus dem vom Maler in volksschülerhaftem Schriftzug stolz signierten Ölgemälde anschaut, ist selbst durch die Brille der begrenzten Möglichkeiten eines kindlichen Gemüts gesehen. Dies ist ein Kennzeichen nicht nur der Kunst des Zöllners Rousseau (Abb. 9), sondern überhaupt der Kunst der Naiven (Abb. 10).

---

7    Johann Gottfried Herder, Plastik. Einige Wahrnehmungen über Form und Gestalt aus Pygmalions bildendem Traume, Riga 1778 (Neuausgabe von L.A. Schneider, Köln 1969), S. 50.

8    Runges plattdeutsche Märchen ,Von den Fischer un syner Fru' und ,Von den Machandelboom' wurden in den ,Kinder- und Hausmärchen' der Brüder Grimm abgedruckt (Erstauflage 1812).

Nichts davon bei Runge. Mit dem romantischen Gartenzaun wurde zugleich die christliche Idee des alten Paradiesgärtleins gehegt, die Offenbarung einer verlorenen Welt in Unschuld. Die ‚Hülsenbeckschen Kinder‘ sind daher in jeder Hinsicht das vollkommene Bild der Kindheit. Gerade deshalb aber sind sie das Gegenteil eines kindlichen Bildes. Der naive Steckenpferdausdruck der Sonntagskunst ist ihnen genauso fremd wie die manieristische Spielerei Carotos (Abb. 7) oder auch die neckische Altklugheit etwa beim englischen Gesellschaftsporträtisten Thomas Lawrence, der das Porträt zweier kleiner Mädchen zur Allegorie der ‚Natur‘ (Abb. 11) stilisierte.

Das paradoxe Phänomen bei Runge läßt sich am treffendsten mit Schillers Begriffspaar umschreiben. Das Naive ist zum Gegenstand höchster sentimentalischer Kunst geworden. Von ihr wie in einem Spiegel neu hervorgebracht, ist das Naive dieser Kinder gleichermaßen Bestandteil der inhaltlichen Aussage wie Ziel einer unerfüllbaren Sehnsucht. In Schillers Worten:

> Sie *sind*, was wir *waren*; sie sind, was wir wieder *werden sollen*. Wir waren Natur wie sie, und unsere Kultur soll uns, auf dem Wege der Vernunft und der Freyheit, zur Natur zurückführen. Sie sind also zugleich Darstellung unserer verlornen Kindheit, die uns ewig das theuerste bleibt; daher sie uns mit einer gewissen Wehmuth erfüllen. Zugleich sind sie Darstellungen unserer höchsten Vollendung im Ideale, daher sie uns in eine erhabene Rührung versetzen. (NA 20/1, 414)

Denselben Gedanken haben die Romantiker auf ihre Weise ausgedrückt. „Wo Kinder sind, da ist ein goldnes Zeitalter“, heißt es 1798 bei Novalis.[9] Runge forderte im Februar 1802: „Kinder müssen wir werden, wenn wir das beste erreichen wollen“[10] (Abb. 12). Heinrich von Kleist postulierte 1810 in seinem Aufsatz ‚Über das Marionettentheater‘ einen Durchgang durch das Unendliche wie in einem Hohlspiegel: „Mithin, sagte ich ein wenig zerstreut, müßten wir wieder von dem Baum der Erkenntnis essen, um in den Stand der Unschuld zurückzufallen? Allerdings, antwortete er, das ist das letzte Kapitel von der Geschichte der Welt.“[11]

---

9   Novalis, Blüthenstaub. In: Athenaeum. Eine Zeitschrift von August Wilhelm Schlegel und Friedrich Schlegel (Berlin 1798–1800), I,1 (1798), S. 101. Dazu weitere Quellen bei Jörg Traeger, Philipp Otto Runge und sein Werk. Monographie und kritischer Katalog, München 1975 (= Studien zur Kunst des 19. Jahrhunderts, Sonderband), S. 128. Vgl. auch Werner Hofmann, Runges Versuch das verlorene Paradies aus seiner Notwendigkeit zu rekonstruieren. In: Ausst.-Kat. Runge in seiner Zeit, S. 31–45 (siehe auch Texte zum Thema); Jörg Traeger, Philipp Otto Runge. Die Hülsenbeckschen Kinder (wie Anm. 1).

10  Philipp Otto Runge, Februar 1802 (Dresden). In: Johann Daniel Runge (Hg.), Hinterlassene Schriften I, 2 Bde., Hamburg 1840–1841 (Neudruck Göttingen 1965), S. 7.

11  Heinrich von Kleist, Über das Marionettentheater. In: ders., Sämtliche Werke und Briefe, hg. von Helmut Sembdner, Bd. 2, München ⁵1970, S. 345.

## III.

Aus der Welt paradiesischer Unschuld begeben wir uns in die kriegerische Wirklichkcit der napoleonischen Ära, vom Porträt zum Ereignisbild, von Deutschland nach Spanien, von Runge zu Goya.

Wie viele spanische Liberale hat Goya während der Besetzung seines Landes mit Napoleon kollaboriert. Nach dem Ende der französischen Herrschaft, am 24. Februar 1814, unterbreitete der Künstler, bei gleichzeitiger Bitte um finanzielle Unterstützung des Projekts, der Interims-regierung in Madrid den „brennenden Wunsch", mit seinem Pinsel „die bemerkenswertesten und heldenhaftesten Handlungen oder Szenen unserer ruhmreichen Erhebung gegen den Tyrannen Europas zu verewigen". Der Regentschaftsrat gewährte Goya die Kosten für Lein-wände, Keilrahmen und Farben sowie eine Zuwendung von 1500 Realos monatlich für die Zeitdauer der Arbeit.[12] Die Eigeninitiative des Künstlers muß als Kompensation seiner politi-schen Verstrickung während der Besatzungszeit verstanden werden. Im Großformat von jeweils 2,66 x 3,45 Metern führte Goya einem Publikum, das wir nicht kennen, jedenfalls aber sich selbst, eine nachträgliche Parteinahme für die Seite der Opfer vor Augen. Dabei betrieb der Maler mit anschaulichen Mitteln seine Distanzierung von einem Bündnis, das 1814 gegen-standslos geworden war.

Dargestellt ist im ‚2. Mai 1808' (Abb. 13) die brutale Niederschlagung des Volksaufstands an der Puerta del Sol in Madrid durch Mameluken mit Säbeln, die Napoleons Statthalter Murat gegen die dolchbewehrten Bürger und Bauern eingesetzt hatte. Dem ‚2. Mai 1808' wurde von kunsthistorischer Seite ein Mangel an überlegener Disposition vorgeworfen, die ein Bild von solcher Größe haben müßte. Es besitze keinen Mittelpunkt, sei überhaupt nicht gebaut, lebe im Gegensatz zu seinem klar komponierten ‚Erschießungs'-Pendant aus der Impression. Es herr-sche Konfusion. Auch leugne Goya jedweden kompositorischen Zusammenhang.[13] In Wahr-heit jedoch rebelliert Goyas Bild gegen Bildmittel, wie sie in der französischen Propaganda-malerei vor allem bei Jean-Antoine Gros zum Tragen gekommen waren, auf jeden Fall aber gegen die strukturellen Grundlagen jener Staatsmalerei in der kaiserzeitlichen Reliefkunst der römischen Antike.[14]

---

12  Valentin de Sambricio, Tapices de Goya, Madrid 1946, doc. 225.

13  Richard Tüngel, Francisco de Goya. Die Erschießungen vom 3. Mai 1808, Stuttgart 1960 (= Werkmonographien zur bildenden Kunst), S. 7. Janis Tomlinson, Francisco Goya y Lucientes 1746–1828, London 1994, S. 183.

14  Eine Beziehung zu Gros, dessen Bilder in ganz Europa in Druckwiedergabe verbreitet waren, allgemein auch gesehen bei Hugh Thomas, Goya. The Third of May 1808, London 1972, S. 89f. Thomas spricht von Gros' rea-listischer Kriegsmalerei und meint, Goya habe in den Bildern vom ‚2. Mai' und ‚3. Mai 1808' eine spanische Antwort auf Gros' Schlachtenszenen geben wollen, „suggesting equal heroism". Fred Licht, Goya. The Origins of the Modern Temper in Art, New York 1979, S. 113, spricht mit Recht von der Antithese zu den großen Schlachtenszenen von Gros und sieht sie durch dessen Beispiel inspiriert. Die folgende Interpretation leicht modi-fiziert nach Jörg Traeger, Napoleon, Trajan, Heine. Imperiale Staatsmalerei in Frankreich. In: Hans Bungert (Hg.), Das antike Rom in Europa, Regensburg 1986 (= Schriftenreihe der Universität Regensburg 12), S. 141–206, hier S. 171f.

Bei Gros triumphiert im geistigen Zentrum der Gemälde ‚Schlacht von Abukir', ‚Schlacht bei den Pyramiden' und ‚Napoleon auf dem Schlachtfeld von Eylau' (Abb. 14, 15) der Urheber des Madrider Gemetzels, Murat, bzw. der Kaiser, in dessen Namen er handelte, auf strahlend hellem Pferd. Dagegen wird bei Goya ein Besatzungsmameluk von einem Spanier kopfüber aus dem Sattel gezerrt, querliegend über die Hinterhand seines weißen Pferdes zu Boden gezogen und zum hilflosen Ziel eines Messerstichs gemacht. Ein anderer Spanier versetzt dem azentrisch zur Seite sprengenden Schimmel eine blutspritzende Dolchwunde. Das Triumphmotiv verkehrt sich ins totale Gegenteil. Chaos bestimmt den Gesamteindruck. Gegen die schön geordnete Erhabenheit des imperialen Reliefstils führt Goya die dissonante Erscheinungsform der politischen Wahrheit ins Feld, den ästhetischen Tumult des antiklassizistischen Bildereignisses, eine künstlerische Verneinung der Malerei des Empire aus der Position des Befreiungskampfs.

Im Morgengrauen des 3. Mai 1808 wurden die Aufrührer, soweit sie lebend in die Hände der Franzosen gefallen waren, erschossen. Komplementär zur wogenden Perversion kaiserlicher Kunst im ‚2. Mai' erscheint im ‚3. Mai 1808' (Abb. 16) die Staatsgewalt der Fremdherrschaft auch künstlerisch wiederhergestellt. Unter einem toten Himmel, abgeführt hinter einen kahlen Hügel vor den Toren Madrids, sind die gefangenen Rebellen dem Erschießungskommando ausgeliefert. Den Rand des Daseins bilden die französischen Soldaten. Ihre Gesichter bleiben unsichtbar. In uniformierter Gleichförmigkeit sind sie aufgereiht zu einer finsteren Phalanx. Ihr gegenüber liegen in Strömen von Blut die bereits Exekutierten auf der Erde. Die lebende Hauptfigur, der Mann im gleißend weißen Hemd, hat die Arme verzweifelt hochgerissen. Er breitet sie aus wie ein Gekreuzigter. Die rechte Handfläche weist in der Mitte eine dunkle, an ihrem Rand beleuchtete Vertiefung auf, das Passionsmotiv der Durchbohrung. Der Kopf ist wie bei einem Kruzifix schräg zur Seite geneigt.[15] Das messianische Motiv der napoleonischen Staatsmalerei hat die Front gewechselt und die Gestalt des Leidenszeichens angenommen. Der Namenlose vertritt das gekreuzigte Spanien. Den politischen Lichtbringer gibt es hier nicht, nur eine riesige, auf den Boden gestellte Lampe, deren Schein gnadenlos das Ziel des militärischen Tötens beleuchtet.

Daß das Bündnis mit Napoleon zum Zeitpunkt der Entstehung des ‚2. Mai' und des ‚3. Mai 1808' nicht mehr existierte, ist weniger bedeutsam als die ästhetische Distanzierung, die in den künstlerischen Mitteln zum Ausdruck kommt. Sie arbeitet nach dem Prinzip der Verneinung im Gegebenen. Zugespitzt: das künstlerische Prinzip von Gros wird auf subtile Weise, aber unmißverständlich von Goya konterkariert.

Die Unterschiede im Ansatz lassen sich zugleich auf eine höhere Ebene heben. Dann besteht die Polarität nicht mehr bloß im Gegensatz von Wahrheit und Propaganda. Sie kann vielmehr mit Schillers Begriffspaar gekennzeichnet werden. Die sentimentalische Kunst unterscheidet sich dadurch von der naiven, daß sie, so Schiller, „den wirklichen Zustand, bei dem die letztere stehenbleibt, auf Ideen bezieht und Ideen auf die Wirklichkeit anwendet". Da sie es, wie

---

15  Folke Nordström, Goya, Saturn and Melancholy (Figura N.S.; 3), Stockholm 1962, S. 178ff., sieht in der Frau mit Kind, die am linken Bildrand von einer nimbenartigen Helligkeit umgeben ist, eine Anspielung auf die Madonna. Die Landschaft außerhalb der Stadt erinnert ihn an Golgatha, der Klosterkomplex im Hintergrund an Jerusalem. Zweifelsfrei ist die Kreuzigungsanspielung jedenfalls bei der Hauptfigur im weißen Hemd. So auch Thomas (wie Anm. 14), S. 14.

gesagt, immer „mit zwey streitenden Objekten, mit dem Ideale nehmlich und mit der Erfahrung, zugleich zu thun" hat, muß die stilisierende, auf die Idee des Empire bezogene Sicht der napoleonischen Staatsmalerei als „sentimentalisch" gelten. (NA 20/1, 466)[16] Dagegen behauptet Goya in seinem die Samthandschuhe des Ideals abstreifenden Zugriff auf die Wirklichkeit eine gegensätzliche Position. Da ferner die sentimentalische Stimmung nach Schiller das Resultat des Bestrebens ist, „auch unter den Bedingungen der Reflexion die naive Empfindung, dem Inhalt nach, wieder herzustellen" (NA 20/1, 473), mußte es aber auch bei Goya zu eigentümlichen Überlagerungen kommen. So stellen der ‚2. Mai' und der ‚3. Mai 1808' zwar eine programmatische und insofern bis zu einem gewissen Grad auch sentimentalische Antwort auf die Grundlagen der napoleonischen Staatsmalerei dar. Doch wurden deren messianische Botschaft und idealisierender Stil vom Künstler anscheinend bewußt und gewollt ins menschliche und ästhetische Gegenteil einer ungebrochenen Direktheit verkehrt. Der Wirkungsfaktor des Naiven konnte damit im Bild eine Intensität gewinnen, wie sie in der zeitgenössischen Historienmalerei sonst nirgends anzutreffen ist.

Darüber hinaus hat Goya das ungeschminkte Bild nackter Gewalt gleich serienweise entfaltet, gesteigert und verdichtet. Dies geschah vor allem in den ‚Desastres de la guerra'. Dieser Zyklus von Radierungen entstand im wesentlichen zwischen 1810 und 1820. Er gliedert sich inhaltlich in drei Gruppen, die Kriegsereignisse unter Napoleon (Des. 2–47), die Madrider Hungersnot 1811/12 (Des. 48–64) und die ‚Caprichos enfaticos' (Des. 65–82). Veröffentlicht wurden sie – unter dem Titel ‚Desastres de la guerra' – durch die Akademie von San Fernando erstmals 1863, lange nach dem Tod des Künstlers. Goya selbst hatte dem Zyklus den Titel gegeben: ‚Fatales consequencias de la sangriente guerra en España con Buonaparte y otros caprichos enfáticos' (‚Verhängnisvolle Folgen des blutigen Krieges in Spanien gegen Bonaparte und andere ergreifende Launen'). Die Blätter können als Anklage gegen Krieg, grausame Großmachtpolitik und ihre Auswirkungen verstanden werden, als „engagierte Kunst" also, wie es heute heißen würde (Abb. 17, 18). Man kann sie aber auch mit der Wünschelrute der Tiefenpsychologie durchwandern und in der vaterländisch-zeitgeschichtlichen Einkleidung sadomasochistische Strukturen zutage fördern.[17] In ihrer einzigartigen, nicht zu überbietenden Eindringlichkeit transzendieren sich die Darstellungen jedenfalls sogleich, und im Erlebnis unwiderruflich, auf die in ihnen vergegenwärtigte rohe Gewalt hin. Ihre Anschauungsmacht beruht auf einer extremen Unmittelbarkeit.

Die Bedeutung dieses Ansatzes wird klar, wenn man auch hier Schillers Begrifflichkeit aufgreift bzw. weiterdenkt und damit erneut die Probe aufs Exempel macht. In den ‚Desastres de la guerra' hat Goya die naive Empfindung unter den Bedingungen der Reflexion in einer geradezu brutalen Weise wiederhergestellt, und zwar so, daß die sentimentalische Stimmung sich als Resultat gar nicht erst einstellt und statt dessen der wirkliche Zustand zum Bilderlebnis wird. Im Hinblick auf diesen nach Charles Baudelaire „zum Fürchten großen Künstler" selbst

---

16  Vgl. Busch (wie Anm. 2); dazu Jörg Traeger, Rezension zu Werner Busch: Das sentimentalische Bild. Die Krise der Kunst im 18. Jahrhundert und die Geburt der Moderne, München 1993. In: Kunstchronik 50 (1997), S. 419–428.

17  Dazu besonders Gerlinde Volland, Männermacht und Frauenopfer. Sexualität und Gewalt bei Goya, Berlin 1993, S. 137–186. Vgl. Ronald Paulson, Representations of Revolution (1789–1820), New Haven-London 1983, S. 336ff., 377.

aber bedeutet diese radikale Beschränkung, daß er, ganz im Sinne von Schillers naivem Dichter, „zu seinem Gegenstand […] nur ein einziges Verhältniß" hatte und daß es „in dieser Rücksicht" für Goya „keine Wahl der Behandlung" (NA 20/1, 440) gab.

Zum Vergleich läßt sich insofern, ungeachtet aller sonstigen Unterschiede, das religiöse Schaffen Goyas heranziehen, d.h. vor allem seine noch ganz spätbarocken Prinzipien verhaftete Deckenmalerei: die ‚Verehrung im Namen Gottes' (Abb. 19) von 1772 im Gewölbe des Coreto und ‚Maria als Königin der Märtyrer' von 1780/81 in der Kuppel der Kathedrale von Saragossa. Diese sakrale Kunst kann als „naiv" im Schillerschen Sinn bezeichnet werden, weil sie, nicht anders als etwa das Schaffen Tiepolos oder der süddeutschen und österreichischen Freskanten, die Glaubensinhalte als ungebrochene Glaubenswirklichkeit wiederzugeben trachtete. Der möglicherweise schockierende Vergleich steht dabei für einen Paradigmenwechsel, um nicht zu sagen für einen Paradigmenbruch. Es ist der Bruch zwischen Religion und Realität. Aus dem himmlischen Offenbarungsraum des Katholizismus hat Goya die „naive Empfindung" in die Niederungen einer furchtbaren irdischen Wirklichkeit übertragen. Er hat die „naive Empfindung" dabei in der Gestaltung gänzlich andersartiger Inhalte reflektiert, verwandelt und zugleich bewahrt. Auf diese Weise war Kontinuität mit der alteuropäischen Kunst auf einer kategorialen Ebene gewährleistet, die allen Klassizisten und Romantikern im übrigen Europa unerreichbar blieb.

An dieser Stelle führt ein kurzer Blick auf die Malerei des Klassizismus und der Romantik zu einer weiteren Überlegung. Sie ist terminologischer Art. In der Kategorie des Sentimentalischen war die Anspielung auf das Sentimentale enthalten, eine begriffliche Variante, die in Schillers Abhandlung selbst nicht angesprochen wird. Gleichwohl gehört sie aber im kunsthistorischen Rückblick unabdingbar zum künstlerischen Potential der Epoche (Abb. 20). Das Sentimentale kann bestimmt werden als eine sich selbst stilisierende Hingabe an die Macht des Gefühls. Tatsächlich hat das sentimentale Bild die sentimentalische Kunst der Aufklärung und der Romantik begleitet wie ein Schatten.[18] Eine derartige, sich selbst stilisierende Hingabe an die Macht des Gefühls gibt es bei Goya so gut wie nirgends. Goya ist zu keinem Zeitpunkt ein Manierist der eigenen Empfindungen und Erschütterungen gewesen. Sein Riesenwerk ist weitgehend frei geblieben von Sentimentalität jedweder Art. Auch das ist ein Kennzeichen seiner Einzigartigkeit innerhalb des ansonsten weitgehend sentimentalisch geprägten epochalen Umbruchs des 18. und frühen 19. Jahrhunderts.

## IV.

Wieder erlauben wir uns einen großen Sprung. Er bringt uns aus den blutigen Regionen der Welteroberung in die volkstümliche Welt sogenannter einfacher Menschen, genauer, vom Bild kriegerischer Ereignisse zur ästhetischen Reflexion eines Lebens in friedlicher Selbstbescheidung. Zu jenen Augenblicken in unserem Leben, wo wir der Natur „eine Art von Liebe und von rührender Achtung widmen", zählte Schiller, wie oben bemerkt, „den Anblick der

---

18   Traeger, Rezension Werner Busch (wie Anm. 16), S. 419f.

menschlichen Natur in den Sitten des Landvolks und der Urwelt" (Abb. 21). Jeder feinere Mensch, „dem es nicht ganz und gar an Empfindung fehlt", so hörten wir, erfahre dies, wenn er im Freien wandele oder auf dem Lande lebe und dabei in künstlichen Verhältnissen und Situationen mit dem Anblick der einfältigen Natur überrascht wird.

Genau dieses Erlebnis widerfuhr dem bayerischen König Ludwig I., als er im Oktober 1830 von München aus zur Grundsteinlegung der Walhalla nach Regensburg reiste. Unterwegs sah der Monarch, so ein zeitgenössischer Bericht, in den Dörfern die Leute bestrebt, in ihrer „ländlichzierenden Tracht die Aufmerksamkeit ihres allgeliebten Landesvaters und Landesmutter abzugewinnen". Diese allerhöchste Aufmerksamkeit wurde dem „munteren" bzw. „niedlich gekleideten Landvölkchen" auch zuteil. Sein Anblick sei mit sichtbar väter- und mütterlicher Huld und Wohlgefallen aufgenommen worden.[19] In ihren altüberlieferten Trachten stellten sich die Bauern in der Tat als lebende Bilder bayerischer Tradition dar. Das wiederum mußte beim König jene Liebhaberei „für das Land und seine Bewohner" befördern, der nach Schiller das Interesse an der „einfältigen Natur" zugrunde lag. In dieser „Betrachtungsart" konnte ihm das Dasein dieser Menschen als „ein Bestehen der Dinge durch sich selbst", d.h. als „Existenz nach eignen und unabänderlichen Gesetzen" erscheinen.

Ein entsprechendes Bild stellte insoweit z.B. auch die Schusterstocher Helene Sedlmayer dar. In ihrer oberbayerischen Tracht ließ Ludwig I. sie durch seinen Hofmaler Joseph Karl Stieler für die Schönheitsgalerie malen (Abb. 22). Das gleiche Interesse kam auch im Entwurfsprozeß zur Bayerischen Ruhmeshalle mit Wittelsbachergalerie zum Tragen. In Leo von Klenzes Alternativentwurf (Abb. 23) wird der Zentralbau von einer Personifikation der Bavaria in stilisierter oberbayerischer Frauentracht bekrönt.

Noch ein Schritt indessen, und die Monarchie fand sich selbst in der Folklore wieder. Das frühe Beispiel hatte Erzherzog Johann gegeben, der Bruder Franz' II., des letzten Kaisers des Heiligen Römischen Reiches Deutscher Nation. In einem Aquarell (Abb. 24) seines Kammermalers Matthäus Loder wandelt der Habsburger mit der Postmeisterstochter Anna Plochl, seiner künftigen Frau, beide vereint in bäuerlicher Tracht, ein Verlöbnisbild, das die Vermählung der Klassengegensätze sentimentalisch im Gewand des „naiven" Landvolks feiert.[20] Johann führte den einfachen grauen Rock in der Steiermark ein und machte die Lederhose salonfähig.

Der textilen Volkstümlichkeit sollte die architektonische Kulisse entsprechen. Bereits 1802 hatte Erzherzog Johann den Schweizer Historiker Johannes von Müller um einen folkloristischen Gefallen gebeten. Für sein hölzernes Tiroler Bauernhaus, das er sich mit einer kleinen Viehwirtschaft im Schönbrunner Schloßpark hatte errichten lassen, sollte Müller einen Alpenhirten aus der Schweiz beschaffen, „hauptsächlich von strenger Treue und echt schweyzerischem Sinne [...], der auf dem Alpenhorn blasen könnte [...]; er hätte bloß einen Garten mit einer kleinen Sennerey auf schwyzer Art zu besorgen. Ich ließe ihn dann immer bey seiner Landestracht." Seit 1818 bewirtschaftete der Erzherzog mit seiner Gemahlin

19  Josef Anselm Pangkofer, Ratisbona in alter und neuer Gestalt. Eine Denkschrift von J.F.P., Regensburg 1838, S. 72, 75.

20  Maria Theresia von Wietersheim, Von der Ritteridylle zum Bilddokument. Matthäus Loder (1781–1828). Ein Kammermaler des Erzherzogs Johann von Österreich, Wien und Köln 1989, Nr. 799; dort auch weitere Beispiele.

Anna, geborener Plochl, den in bäuerlicher Gemütlichkeit ausgestatteten Brandhof bei Maria-Zell.[21]

Trachtenmäßig verkleidet trat die Obrigkeit ein ins Bild leutseliger Konfliktlosigkeit, das sie sich vom Land und seinen Bewohnern gemacht hatte. Die intellektuelle bzw. mentale Kluft schien somit überwindbar durch Kostümierung. Sie bildete die bodenständige Variante zur gern geübten Anpassung des Reisepublikums an die ortsübliche Kleidung des Auslandes. Heinrich Heine fragte 1854 nach dem Fürsten Pückler-Muskau: „Wo ist er jetzt? Im Abendland oder im Morgenland? In China oder in England? In Hosen von Nanking oder von Manchester?"[22] Ludwig I. ließ durch Stieler die Tochter eines griechischen Freiheitskämpfers in Landestracht für die Schönheitsgalerie darstellen. Seinem Sohn, König Otto von Griechenland, ließ Ludwig I. bei seinem Aufenthalt in Athen 1835/36 anstelle des schwarzen Pariser Fracks durch einen Spezialschneider aus Nauplia ein Nationalkostüm anpassen (Abb. 25). Hinfort trat der bayerische Griechenkönig in hellenisch-albanesischer Fustanellentracht unter sein Volk. Populär geworden ist die bayerische Herrschaft durch diese textile Ästhetik der Volkstümlichkeit ebensowenig wie durch Klenzes Stadtplanung in Athen und durch die Denkmalpflege auf der Akropolis. 1862 wurde der glücklose König Otto aus Griechenland verjagt. In griechischer Landestracht kam er in München an, und er trug sie auch bei seiner Übersiedlung in die Bamberger Neue Residenz.[23]

Dementsprechend machte in Bayern Maximilian II., der älteste Sohn und Nachfolger Ludwigs I., die Lederhose gesellschaftsfähig. Populär gekleidet ging der König zur Jagd. Man trug hellgraue, grün ausgeschlagene Joppen, kurze dunkelgraue Hosen, grün ausgenähte graue Strümpfe, Schnürschuhe, dazu einen grünen Gebirgshut mit Gemsbart und Spielhahnfeder. Auch bei Prinzregent Luitpold, dem dritten Sohn Ludwigs I., trat die Naturverbundenheit im Gewand der Volksverbundenheit auf.[24] Die Anpassung durch entsprechende Einkleidung wirkt bis heute nach, und dies nicht nur beschränkt auf Bayern. Franz Josef Strauß und Edmund Stoiber kennen wir aus Fotografien, die sie in Gebirgsschützentracht zeigen. Die hanseatische Variante vertritt Helmut Schmidt mit Prinz-Heinrich-Mütze, die texanische George W. Bush mit Blue Jeans und Cowboyhut.[25]

---

21   Erzherzog Johann an Johannes von Müller, 16. Juni 1802. In: Viktor Theiss, Leben und Wirken Erzherzog Johanns, Graz 1960 (= Forschungen zur geschichtlichen Landeskunde der Steiermark I, 1), S. 171. F. C. Weidmann, Der Brandhof und das Fest seiner Einweihung, Wien 1828, S. 5. Wietersheim (wie Anm. 20), Nr. 720–723, 847–849, 936–938.

22   Heinrich Heine, Lutezia. Zueignungsbrief vom 23. August 1854. In: ders., Werke in vier Bänden, hg. von Eberhard Galley, Bd. 3: Schriften über Frankreich, Frankfurt am Main 1968, S. 310.

23   Wolf Seidl, Bayern in Griechenland. Die Geschichte eines Abenteuers, München 1965 (erweiterte Neuauflage 1981), S. 201ff., 213, Abb. nach S. 128, 208. Vgl. Heinz Gollwitzer, Ludwig I. von Bayern. Königtum im Vormärz. Eine politische Biographie, München 1986, S. 472ff.

24   Luise von Kobell, Unter den vier ersten Königen Bayerns, nach Briefen und eigenen Erinnerungen, München 1894, II, S. 7f. (Maximilian II.). Hans Reidelbach, Luitpold. Prinzregent von Bayern. Ein vaterländisches Geschichtsbild, München o. J. [1892], S. 262ff.

25   Vgl. Hans Kratzer, Die Macht der Tracht. Wie der enge Pakt zwischen Mächtigen und Trachtenvereinen seit 150 Jahren das Bild von Bayern prägt. In: Süddeutsche Zeitung, Nr. 67 (20./21. März 2004), S. 64. Sibylle Krause-

Inwieweit die solcherart eingekleideten Politiker vom Erzherzog Johann bis zu George W. Bush an Schiller gedacht haben, sei dahingestellt. Der Betrachter kommt in unserem Zusammenhang jedenfalls kaum umhin, beim Anblick dieser Bildzeugnisse an Schillers Begriffspaar zu denken. Der Auftritt im Gewand der Volkstümlichkeit erscheint dann auch hier als Versuch, die „naive Empfindung unter den Bedingungen der Reflexion" wiederherzustellen. Ob damals zugleich Schillers Voraussetzung, „daß weder Affectation noch sonst ein zufälliges Interesse dabey im Spiele sey" erfüllt war, steht allerdings auf einem anderen Blatt. Unübersehbar ist bei dieser Liebhaberei aber „Affectation" im Spiel bzw. ein „zufälliges", nämlich politisches Interesse. Die Vorstellung vom „Bestehen der Dinge durch sich selbst", von einer „Existenz nach eignen und unabänderlichen Gesetzen", will sich nicht einstellen. Nach Schiller ist sie aber „schlechterdings nöthig, wenn wir an dergleichen Erscheinungen Interesse nehmen sollen". Die Nachahmung des Naiven in den Sitten erscheint bis zur höchsten Illusion getrieben, ähnlich der gemachten Blume, der man „den Schein der Natur mit der vollkommensten Täuschung" gibt. Durch die Entdeckung der Nachahmung jedoch bzw. durch deren offenes Zutageliegen wird im selben Augenblick „das Gefühl, von dem die Rede ist, gänzlich vernichtet".

V.

Insbesondere im Bild von Religion und Religiosität spielte die „sentimentalische Stimmung" eine tragende Rolle. Symptomatisch ist hierfür das Andachtsgenre. Dabei ist zu unterscheiden zwischen Darstellungen der Andacht vor einem Andachtsbild (Abb. 26) und solchen, die den Protagonisten des Bildes kein Andachtsbild vor Augen führen (Abb. 27). Im ersten Fall kann dieses innerbildliche Artefakt marianisch oder auch christologisch definiert sein. Der inhaltliche Unterschied ist allerdings zweitrangig. Entscheidend ist in jedem Fall das reflexive, d.h. mit einem Betrachter rechnende Moment der bildhaften Inszenierung von Gebet, Frömmigkeit und Andacht.

Dazu einige Beispiele. In Caspar David Friedrichs ‚Winterlandschaft mit Kirche' (Abb. 27) hat der vor einem Kruzifix betende Mann, im Schnee sitzend und an einen Felsen gelehnt, sich seiner Krücken entledigt, während im Hintergrund schemenhaft die Silhouette einer gotischen Kirche als Jenseitsvision erscheint.[26] Die Kunst der Epoche ist voll von Reflexionen über die gottgewollte Naivität des Gebets. Bei Ferdinand Georg Waldmüller z.B. suchen, durchaus dramatisch, wandernde Menschen ihre Zuflucht am Bildstock beim Nahen eines Gewitters (Abb. 28). In einem anderen Gemälde des Wiener Biedermeierkünstlers schmückt ein lyrisch gestimmtes Mädchen das Bild der Muttergottes mit einer Rose. Auch bei Carl Spitzweg finden wir des öfteren junge Frauen in oberbayerischer Tracht kniend im Gebet vor einem Bildstock

---

Burger, Helmut Schmidt. Aus der Nähe gesehen, Düsseldorf und Wien 1980, Umschlag (Porträtfotografie von Helmut Schmidt). Süddeutsche Zeitung, Nr. 61 (13./14. März 2004), S. 11 (Fotografie von George W. Bush).

26  Helmut Börsch-Supan/Karl Wilhelm Jähnig, Caspar David Friedrich. Gemälde, Druckgraphik und bildmäßige Zeichnungen, München 1973, Kat. 190, 194.

am Wegrand (Abb. 29). In Arnold Böcklins Gemälde ‚Einsiedler‘ (Abb. 30) bringt der Andächtige in der Kutte vor dem blumengeschmückten Andachtsbild an der Kapellenwand seine innere Empfindung durch Geigenspiel zum Ausdruck. Die französische Malerei versah die Andacht hilfsbedürftiger Menschen vor einem marianischen Bildwerk gern mit einem melodramatischen Akzent, so Thomas Couture in seinem Wandbild ‚La Vierge, consolatrice des affligés‘ (Abb. 31) in Saint-Eustache in Paris (1851).[27]

Das Motiv der Frömmigkeit wurde von Künstleraugen des 19. Jahrhunderts offensichtlich besonders gern im Anblick frommen Volks gesucht. Dabei ist das Bild im Bild im Idealfall ein Werk der Volkskunst, so bei Paul Gauguin, wo bretonische Bäuerinnen sich in Landestracht vor dem ‚Gelben Kruzifixus‘ (Abb. 32) versammeln, desgleichen in Maurice Denis’ ‚Opfergabe am Kalvarienberg‘. In Zeichnungen des jungen Pablo Picasso (Abb. 33) kniet eine Mutter in bescheidener Behausung vor dem Kreuz an der Zimmerwand und betet für die Genesung ihres kranken Kindes.[29] Die Liste der Spielarten ist abwechslungsreich, international und überkonfessionell.

Daß das Andachtsbild als Objekt im Bild der Andacht sich gerade in der romantischen Epoche einer besonderen Beliebtheit erfreute, hatte sentimentalische Gründe im Sinne Schillers. Die problematisch gewordene unmittelbare, d.h. „naive“ Darstellung von Jesus und Maria ließ sich durch rückbezügliche Indirektheit umgehen. Ein kurzschlüssiges Verhältnis zwischen gemalter, gemeißelter oder gegossener Offenbarung und wahrnehmendem Betrachter wurde auf diese Weise vermieden. Stattdessen erscheint der Glaube im Prisma der Kunst zweifach gebrochen, zum einen als Bild im Bild, zum anderen in Gestalt von Menschen, die sich jenem Bild gläubig zuwenden. Dessen Wirkungsweise wird, von außen gesehen, hinter die ästhetische Grenze des Gemäldes zurückgenommen und im Verhalten der dargestellten Personen glaubhaft gemacht, ohne daß Künstler und Betrachter selber daran glauben müßten. Wurde auf das Motiv des Andachtsbildes verzichtet, so blieb die Wiedergabe von andächtigen Menschen allein übrig. Eine Reihe von Fotografien zeigt Bernadette Soubirous (Abb. 34), die kindliche Seherin von Lourdes, ohne die Figur der Madonna beim Gebet mit Rosenkranz und himmelndem Augenaufschlag.[30] Mit dem Rosenkranz in den gefalteten Händen läßt Paul Cézanne (Abb. 35) eine alte Frau ihre Andacht verrichten (1895/96), ähnlich Böcklin seinen ‚Betenden Einsiedler in felsiger Einöde‘ (Abb. 30).[31] Die Attribute der Andacht waren varia-

---

27  Gerd Spitzer/Ulrich Bischoff (Hg.), Ludwig Richter – Der Maler. Ausstellung zum 200. Geburtstag. Staatliche Kunstsammlungen Dresden/Bayerische Staatsgemäldesammlungen, München 2003/04, Nr. 19. Ludwig Richter, Lebenserinnerungen eines deutschen Malers. Selbstbiographie nebst Tagebuchniederschriften und Briefen. Mit e. Bildn. Ludwig Richters u. e. Einl. von Ferdinand Avenarius, Leipzig 1909, S. 255f. Maria Buchsbaum, Ferdinand Georg Waldmüller 1793–1865, Salzburg 1976, Abb. 50, 96. Heidi C. Ebertshäuser, Malerei im 19. Jahrhundert. Münchner Schule, München 1979, Tf. 14a (Spitzweg). Rolf Andree, Arnold Böcklin. Die Gemälde, Basel und München 1977, Nr. 384. Bruno Foucart, Le renouveau de la peinture religieuse en France (1800–1860), Paris 1987, fig. 259 (Couture); weitere französische Beispiele dieser Art ebd., fig. 264–266, 270.

28  Michel Hoog, Paul Gauguin, München 1987, Tf. 84. Claire Frèches-Thory/Ursula Perucchi-Petri (Hg.), Die Nabis. Propheten der Moderne, München 1993, S. 142 Nr. 31 (Denis).

29  Josep Palau i Fabre, Picasso. Kindheit und Jugend eines Genies 1881–1907, 2. Aufl. Köln 1998, Nr. 338–343.

30  Leonard von Matt/Francis Trochu, Bernadette Soubirous, Würzburg 1956, Tf. 73.

31  Ausst.-Kat., Cézanne (Paris/London/Philadelphia 1995–1996), Paris 1995, Nr. 171. Andree (wie Anm. 27), Nr. 317.

bel. Wilhelm Leibls ‚Drei Frauen in der Kirche' (Abb. 36) lesen in barocker Kirchenbank im Gebetbuch. In Jean-François Millets ‚Angelus' (Abb. 37) und in Giovanni Fattoris ‚Abendgebet' (Abb. 38) hat jeweils das Vesper- oder Angelusläuten der fernen Dorfkirche die Andacht ausgelöst.

Bei den meisten dieser Beispiele handelt es sich um ländliches Genre bzw. um Arme-Leute-Milieu. Es ist das selige Milieu derer, „die da geistlich arm sind" (Mt 5,3), gleichviel, ob es sich um die Darstellung eines Dialogs zwischen Andachtssubjekt und Andachtsobjekt – Gauguins ‚Gelber Kruzifixus' (Abb. 32) – oder um die monologische Struktur einer sich selbst überlassenen Andacht – Millets ‚Angelus' (Abb. 37) – handelt. Die Schlichtheit dieser Menschen gewährleistet in jedem Fall die ungebrochene und ausschließliche Innigkeit ihres Gebets. Die Betrachtung der intimen Situation solcher „Privatandacht" – Jacob Burckhardts Wort – durch den Außenstehenden aber darf sich nicht frei fühlen von Indiskretion. Mit dem reflexiven Genre verbindet sich daher immer auch die Erfahrung von Fremdheit. Insofern weckt dieses Genre zwiespältige Empfindungen. In den Aufnahmen der Bernadette Soubirous liegt das sentimentalische Problem offen zutage. Ihnen fehlt, bei aller Aufrichtigkeit und Unschuld der Dargestellten, der Wesenszug reiner, ungetrübter Naivität. Die Fotografen, welche die kindliche Visionärin eigens zu diesem Zweck posieren ließen, haben die Attitude des Gebets ästhetisch – und wohl auch sonst – genau kalkuliert. Bernadette selbst gab zwar ihr Einverständnis, in der Stellung fotografiert zu werden, die sie bei ihren Marienerscheinungen gewöhnlich in der Grotte einnahm. Doch fühlte sie sich zugleich für zwei Sous „verkauft".[32]

Im Zweifelsfall konnte die Reflexion des Glaubens beim Anblick von Gläubigen umschlagen in weltanschauliches Befremden. Diese Dialektik hat Adolph von Menzel in seinem Gemälde ‚Fronleichnamsprozession in Hofgastein' (Abb. 39) dargestellt.[33] Während das ländliche Kirchenvolk in seiner bäuerlichen Sonntagstracht dem Priester mit der Monstranz gläubig folgt, grenzt der elegant gekleidete Herr im Vordergrund sich entschieden ab von der allgemeinen Verehrung des Corpus Domini und tritt in blasierten Blickkontakt mit dem Betrachter. Wie der Maler selbst offensichtlich kein Katholik, doch neugierig angezogen vom malerischen Charakter des frommen Schauspiels, bringt der Fremde am Ort des Geschehens statt innerer Empfindung innere Distanz zum Ausdruck. Der intellektuelle Bruch macht deutlich, daß es sich beim Andachtsgenre nicht eigentlich um christliche Kunst handelt.

Deren Anliegen hatte seit jeher, wie oben bei Goya bemerkt, darin bestanden, christliche Glaubensinhalte unmittelbar darzustellen. Durch das reflexive Andachtsgenre wurde dieses Anliegen indessen einer Brechung ins Mittelbare und damit einer Ästhetisierung unterzogen, die letztlich auf Distanzierung hinauslief. Demgemäß konnte der Betrachter in der Kunstausstellung oder im Museum das gemalte Ensemble, bestehend aus Andachtspersonen vor einem Andachtsbild oder auch nur aus diesem bzw. aus jenen Personen als Stimmungsbild aufnehmen, ohne sich für seine Person zu irgendwelchen religiösen Schlußfolgerungen genötigt zu sehen. Menzels Tourist macht es ihm vor.

---

32  Matt/Trochu (wie Anm. 30), S. 121.

33  Mus.-Kat. Bayerische Staatsgemäldesammlungen. Neue Pinakothek München, Erläuterungen zu den ausgestellten Werken (Vorwort Erich Steingräber), 3. Aufl. München 1981, S. 233f.

## VI.

Vor dem Hintergrund dieser Zusammenhänge ist nun ein Hauptbeispiel dieser Gattung, Giovanni Segantinis ‚Ave Maria a trasbordo'[34] (Abb. 40), etwas genauer zu betrachten. Das Boot soll die Schafherde sowie die junge Mutter mit ihrem Kind zum anderen Ufer bringen. Der Ruderer, ein alter Mann, hat seine Tätigkeit unterbrochen. Er ist ins Gebet versunken. Die junge Mutter verkörpert ebenfalls inbrünstige Andacht. Die drei Menschen fungieren zugleich als Metapher der Heiligen Familie. Auf der ansonsten absolut windstillen, nach unten zum Betrachter hin offenen Wasserfläche breiten sich Wellenringe aus. Indem sie die Spiegelung des Kahns und seines Inhalts allmählich in ein silhouettenhaft gekräuseltes Staccato auflösen, zeugen sie von soeben stillgestellter Bewegung. Dabei hört der tief ins Gebet versunkene alte Mann nicht auf, die Griffe der eingetauchten Ruder mit fester Hand zu umfassen. Denn auch im Innehalten gilt es, das Boot mit seiner lebendigen Fracht auf Kurs und im Gleichgewicht zu halten. Als besonnener Fährmann trägt der betagte Hirte dafür Sorge, daß die Herde, einschließlich Mutter und Kind, das andere Ufer gefahrlos erreichen wird.

Die Andacht hat einen hermetischen Charakter. Er wird durch die Einsamkeit der Isolation im Boot auf dem See unterstrichen. Unverdorben in mehrfacher Hinsicht, scheinen die bäuerlichen Gestalten weder von städtischer Zivilisation noch von Glaubenszweifeln angekränkelt, vor allem auch nicht vom Bewußtsein ihrer ästhetischen Rolle. Sie bleiben naiv, weil sie in der Andacht ihre Andacht selbst nicht wahrnehmen. Dies genau macht für den Künstler wie für den Betrachter ihren sentimentalischen Reiz aus. Die Spiegelung des Bildgegenstands auf dem Wasser ist dabei ein wesentlicher Bestandteil des Sujets. Damit ging Segantini entschieden hinaus über die meisten anderen gemalten Inszenierungen von Andacht im 19. Jahrhundert. Die nächste und nahezu zeitgleiche Parallele bildet in dieser Hinsicht der ‚Arme Fischer' von Puvis de Chavannes (Abb. 41). Auch er verrichtet sein Gebet im Boot, das samt Ruder auf der glatten Oberfläche der stillen Meeresbucht exakt gespiegelt wird.[35]

Dem Motiv der optischen Doppelung der Andacht auf der Wasserfläche kommt eine Schlüsselfunktion für das Bilddenken der sentimentalischen Epoche zu. Als Metapher ist diese Spiegelung gleichermaßen komplex wie changierend. Zunächst steht sie für stilles Einvernehmen zwischen Mensch und Natur. Das Motiv unterstreicht damit den idyllischen Charakter der Situation. Es spielt aber auch eine inhaltliche Rolle. Denn im Widerschein des Fährkahns auf dem Wasser bildet sich das Bewußtsein von der kreatürlichen Geborgenheit des Daseins über einer unergründlichen Tiefe ab. Zugleich steht die Spiegelung dieses ‚trasbordo' damit auch für den Gedanken der Flüchtigkeit des Lebens. Daß es sich dabei nicht, wie bei Puvis de Chavannes, um eine glatte und platte, sondern um eine anschaulich leicht gebrochene Form der Wiederholung handelt, ist in diesem Sinne ebenfalls aussagekräftig. Die melancholische Einsicht in die Vergänglichkeit des Daseins wächst, indem sich ihr Gegenstand vor unseren

---

34  Annie-Paule Quinsac, Segantini. Catalogo generale, Milano 1982, Bd. II, Nr. 504A. Zum Problem der Übergangsfassungen, ebd. Nr. 104, 504N. Zeichnungen ebd., Nr. 505 (106), 507ff. Vgl. Beat Stutzer/Roland Wäspe (Hg.), Giovanni Segantini, Ostfildern 1999, Nr. 49.

35  Serge Lemoine (Hg.), Da Puvis de Chavannes a Matisse e Picasso. Verso l'Arte Moderna, Venezia 2002, S. 37, Abb. 14.

Augen verflüchtigt. Auf den sanft bewegten Wellen wiegt sich Vanitas. Der Bildgedanke der Spiegelung hat somit wesentlichen Anteil an der stummen Wehmut, die das Idyll ausstrahlt und die im Wissen um seine transitorische Natur begründet liegt. In dieser Hinsicht entspricht das ephemere Bild im Bild dem verklingenden Glockenton des Angelusläutens. Der Inhalt der gespiegelten Andacht, das ‚Ave Maria‘ also, berührt den inneren Sinn des Betrachters schemenhaft wie ein Traum und gedämpft wie ein Echo aus fernen Kindertagen.

Bedeutsam für unser Problem erscheint nicht zuletzt und ganz besonders der Umstand, daß die Spiegelung auf dem Wasser zwar vom Betrachter, nicht aber von den Insassen des Bootes wahrgenommen wird. Ihnen bleibt das eigene Abbild verborgen, solange die Andacht währt. Sollten sie indessen nach dem „Amen“ sich über den Bootsrand beugen, so würden sie auf dem Wasser eine gänzlich veränderte Situation gewahr werden. Das heißt, daß der Vollzug von Andacht und deren Selbstbetrachtung einander ausschließen. Es bedeutet weiterhin, daß die ästhetische und intellektuelle Erfahrung von Rückbezüglichkeit niemals frommes Ereignis, sondern immer nur Sache der Kunst sein kann.

Das Thema der Spiegelung ist damit Ausdruck von geistiger Brechung. Mit seinem Sujet etabliert das Bild zugleich den reflexiven Charakter des Andachtsgenres, mehr noch und genauer: In der Spiegelung der Andacht auf dem Wasser bildet sich, ganz im Sinne von Schillers Definition und nunmehr buchstäblich, der Wunsch des sentimentalischen Künstlers ab, die naive Stimmung unter den Bedingungen der Reflexion wiederherzustellen. Segantinis Bild reflektiert diesen grundlegenden Sachverhalt, indem es der dargestellten Naivität anschaulich den Grund entzieht. Der Boden der Andacht wird überlagert vom Eindruck der Bodenlosigkeit. Dieses Paradox verleiht dem ‚Ave Maria a trasbordo‘ einen zweideutigen, doppelbödigen, ja abgründigen Zug. Das christliche Idyll scheint trügerisch.

Treffen diese Beobachtungen und Rückschlüsse zu, so lassen sie sich auf die epochale Ebene hochrechnen. Hier wehte der Geist Hegels. Die metaphorische Brechung, d.h. das nur noch indirekt, nämlich als bäuerliches Genre vermittelte Bild der Heiligen Familie darf man in Entsprechung sehen zur berühmten Diagnose in der Einleitung zur ‚Ästhetik‘. Ihr zufolge ist die Kunst nach der Seite ihrer höchsten, d.h. religiösen Bestimmung für uns „ein Vergangenes“, weshalb sie „für uns auch die echte Wahrheit und Lebendigkeit verloren“ habe – die Wahrheit und Lebendigkeit der echten Heiligen Familie, so könnte man im Blick auf Segantinis Bild ergänzen. Gleichzeitig wird im Motiv der Spiegelung auf dem Wasser das Brechungsverhältnis, das der Maler ins Werk gesetzt hat, sich seiner selbst bewußt. Das wiederum entspricht ziemlich genau dem allgemeinen Zustand der „Reflexion“, dem sich nach Hegel die Kunst des 19. Jahrhunderts nirgends mehr zu entziehen vermochte. Denn die ganze geistige Bildung sei von der Art, daß der ausübende Künstler selber innerhalb solcher „reflektierenden Welt“ stehe und davon auch nicht abstrahieren und eine besondere, das Verlorene wieder ersetzende Einsamkeit erkünsteln könne. Wir seien, sagt Hegel, darüber hinaus, „Werke der Kunst göttlich verehren und sie anbeten zu können“. Vielmehr hätten der „Gedanke und die Reflexion“ die schöne Kunst überflügelt.[36]

Damit hat Hegel ein Grundproblem der Epoche benannt. Die gleiche Bewußtseinslage bestimmt das Schaffen und Denken vieler Künstler. Dazu hier nur noch ein Beispiel. 1914

---

36  Georg Wilhelm Friedrich Hegel, Ästhetik. Mit einer Einführung von Georg Lukács, Bd. I, Frankfurt am Main o. J., S. 21f.

erschien in Paris Auguste Rodins Buch über die französischen Kathedralen. Darin zeigt sich der Bildhauer besonders auch vom katholischen Ritus fasziniert. In der Kathedrale von Limoges veranlaßte ihn die Wirkung der gottesdienstlichen „Szene" zu dem Ausruf: „O welche naive Größe!"[37] Ein wirklich naiver Katholik würde das nie sagen, schon gar nicht ein Bauer wie derjenige in ‚Ave Maria a trasbordo'. Offensichtlich versuchte auch hier ein Intellektueller, wie in Schillers Theorie, die naive Empfindung unter den Bedingungen der Reflexion wiederherzustellen.

Hatte einst Luther die Bilder „aus dem Herzen" reißen wollen, so fand man sie nun in den Verstand verlagert.[38] Segantinis ‚Ave Maria a trasbordo' drückt die unauflösbare Problematik einer sich selbst fremd gewordenen religiösen Kunst vollendet aus, trotz oder gerade wegen der Weichheit der religiösen Empfindung, die es veranschaulicht. Im sentimentalischen Spannungsintervall zwischen der Unschuld naiven Betens und reflektierendem Geist entfaltet dieses eigentümliche Andachtsbild seine tiefere Wirkung. Der ‚trasbordo', den es darstellt, ist deshalb auch Metapher für das Movens einer letztlich vergeblichen Sehnsucht, das Unvereinbare im Geist zu überbrücken.

## VII.

Wir kommen zum Schluß. Schiller neu denken? Die Frage eröffnet viele Möglichkeiten einer Antwort. Eine besteht darin, die an ihrem geschichtlichen Ort entwickelte Begrifflichkeit Schillers zu überdenken und in einem erweiterten Rahmen neu zu nutzen. Die Reihe unserer Fallbeispiele – Kinderporträt, Ereignisbild, Folklorismus, Andachtsgenre – ließe sich mühelos verlängern. Dabei wäre das Begriffspaar ‚naiv und sentimentalisch' nicht zuletzt für die Interpretation von Kernproblemen der Kunst des 20. Jahrhunderts fruchtbar zu machen. Erinnert sei nur an die mannigfaltigen Spielarten von Primitivismus in der Kunst der Klassischen Moderne. Sie reichen von der Vorbildhaftigkeit afrikanischer Plastik beim jungen Picasso und der Nachahmung oberbayerischer Hinterglasmalerei durch Kandinsky und andere Künstler des ‚Blauen Reiter' über die stilistische Adaption bäuerlicher Schnitzkunst bei Ernst Ludwig Kirchner bis zur Wertschätzung der Kunst der Kinder (Abb. 5, 6) durch die moderne Kunstbetrachtung und die Ästimierung der Kunst der Naiven (Abb. 8, 9, 10) durch den modernen Kunstbetrieb. Zweifellos folgten all diese Bestrebungen ebenfalls dem Ideal einer Wiederherstellung der naiven Empfindung unter den Bedingungen der Reflexion. Als nicht minder sentimentalisch stellen sich die Versuche der Surrealisten dar, die Bilder aus dem Unterbewußten möglichst ungebrochen als Malerei zur Geltung zu bringen. Denn die angestrebte Direktheit, in der das psychisch Ursprüngliche sich äußern sollte, war Programm, mit-

---

37  Auguste Rodin, Französische Kathedralen (Paris 1914), deutsch von Max Brod, München 1964, S. 212f. Vgl. Originaltext Auguste Rodin, Les Cathédrales de France, Paris 1950, S. 216f: „Délire religieux" und „Surhommes modelés par la prière".

38  Martin Luther, Wider die himmlischen Propheten, von den Bildern und Sakrament. In: Luthers Werke. Weimarer Ausgabe, Bd. 18, S. 62–125; hier S. 68, 75.

hin Idee. Das kann und braucht hier nicht mehr näher ausgeführt werden.

Stattdessen abschließend einige Bemerkungen allgemeiner Art zur Rezeption des Klassikers (Abb. 42, 43). Schiller, der Dichter, spielt im deutschen Bildungshaushalt und Zitatenschatz bekanntlich eine wesentliche Rolle. Als allgemeingültige Sentenzen sind diese Zitate auf die unterschiedlichsten Lebenslagen anwendbar. Schon im 19. Jahrhundert haben sie deshalb den Status von Topoi in der Kommentierung des Daseins erlangt. Von einem souverän sich gebenden Gedenkjahrfeuilleton werden sie freilich da und dort heute manchmal milde belächelt. Diese Art von intellektueller Mimik gegenüber dem Vielzitierten mag hier auf sich beruhen. Das journalistische Bonmot vergeht, die Sprache des Klassikers bleibt. Das wird deutlich, wenn man den Akzent ein wenig verschiebt – vom Dichter zum Denker Schiller. Es gibt nicht nur geflügelte Worte. Es gibt auch geflügelte Begriffe. Die Geschichte des Denkens ist, unabhängig von Schiller, voll davon und ohne sie gar nicht denkbar. Anders als jene sprichwörtlichen Wendungen scheinen diese Termini, und das, was sich in ihnen verdichtet, eher gefeit gegen die Gefahr der Banalisierung. Denn sie können von vornherein nicht für die Lebenspraxis im Alltag von jedermann in Anspruch genommen werden. Ihre Wirksamkeit erweist sich vielmehr im Betätigungsfeld der Theorie und des analytischen Verstandes. Die Bedeutung der geflügelten Begriffe bemißt sich dabei nach ihrer Erklärungskraft in ganz verschiedenartigen Zusammenhängen. Schiller hat die Kategorien ‚naiv und sentimentalisch‘ im Hinblick auf die Literatur entwickelt. Daß ihnen aber auch für die Deutung von durchaus heterogenen Erscheinungen der Kunstgeschichte eine Schlüsselfunktion zukommt, sollte mit diesen Betrachtungen gezeigt werden.

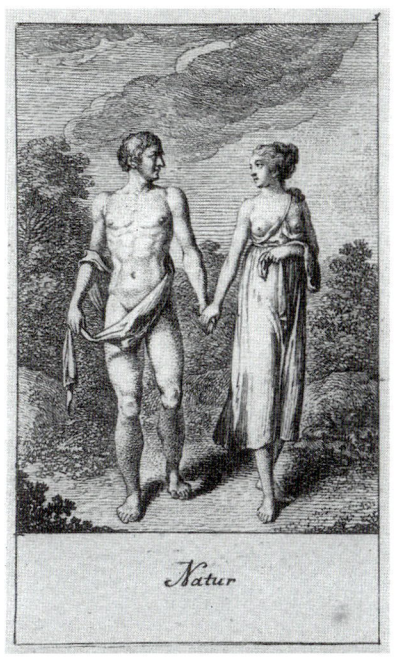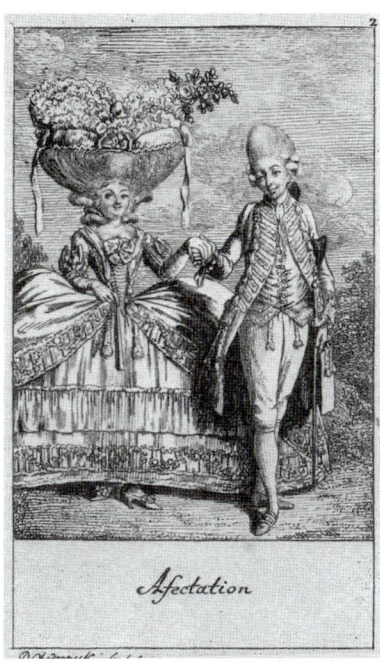

Abb. 1: *Daniel Chodowiecki, Natur – Affectation, 1779, Kupferstich, Staatsgalerie Stuttgart*

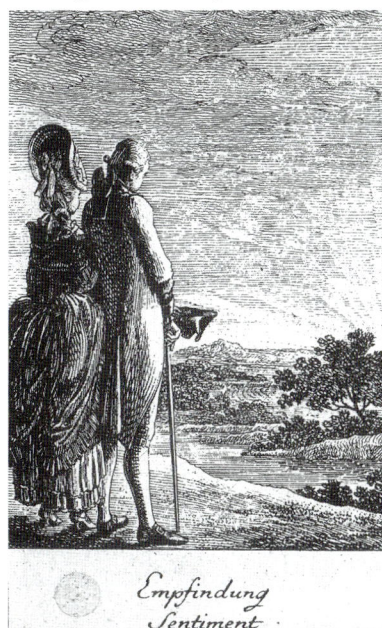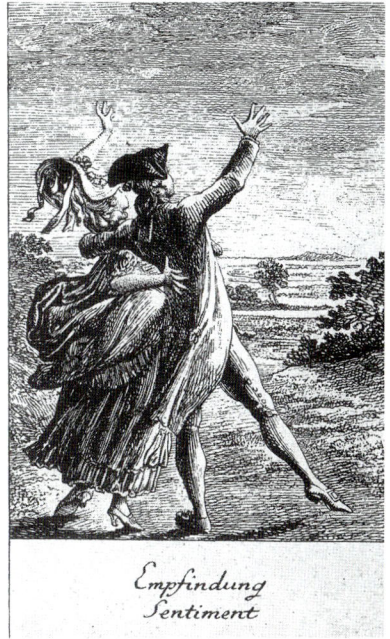

Abb. 2: *Daniel Chodowiecki, Empfindung – Sentiment, 1779, Kupferstich, Staatsgalerie Stuttgart*

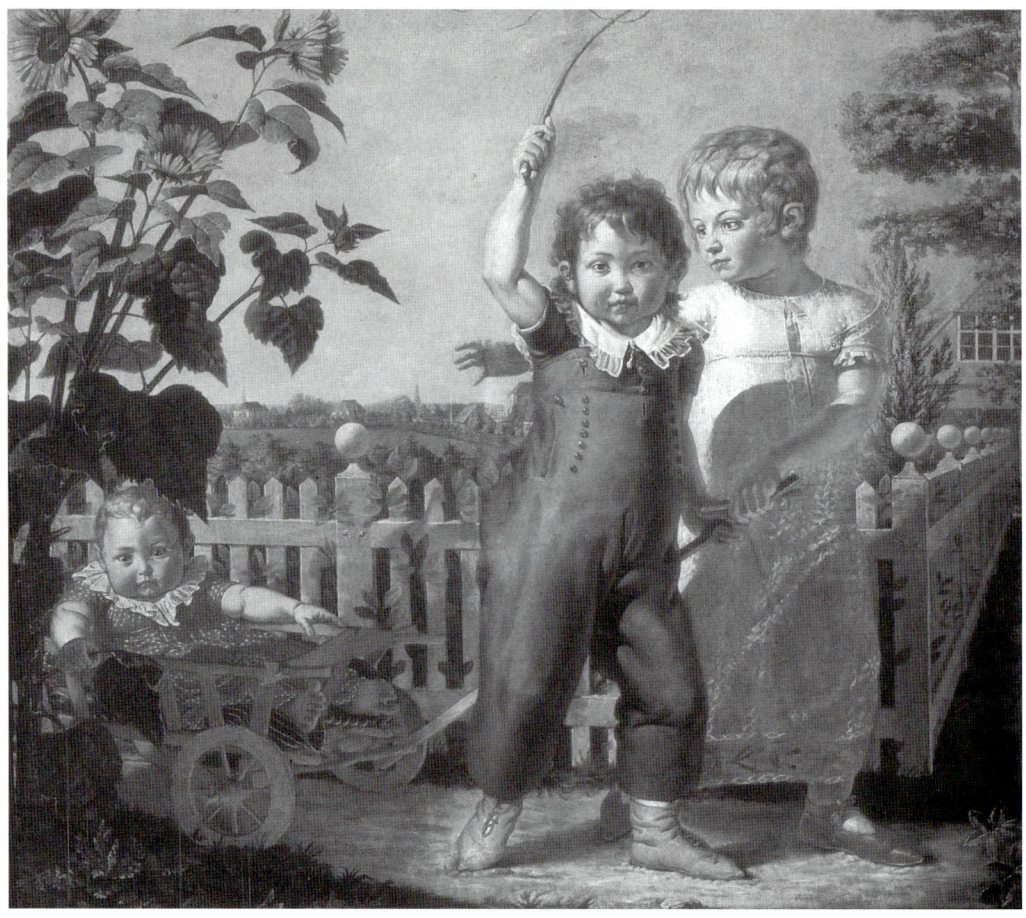

Abb. 3: *Philipp Otto Runge, Die Hülsenbeckschen Kinder, 1805/06, Öl auf Leinwand, 131,5 x 143,5 cm, Kunsthalle Hamburg*

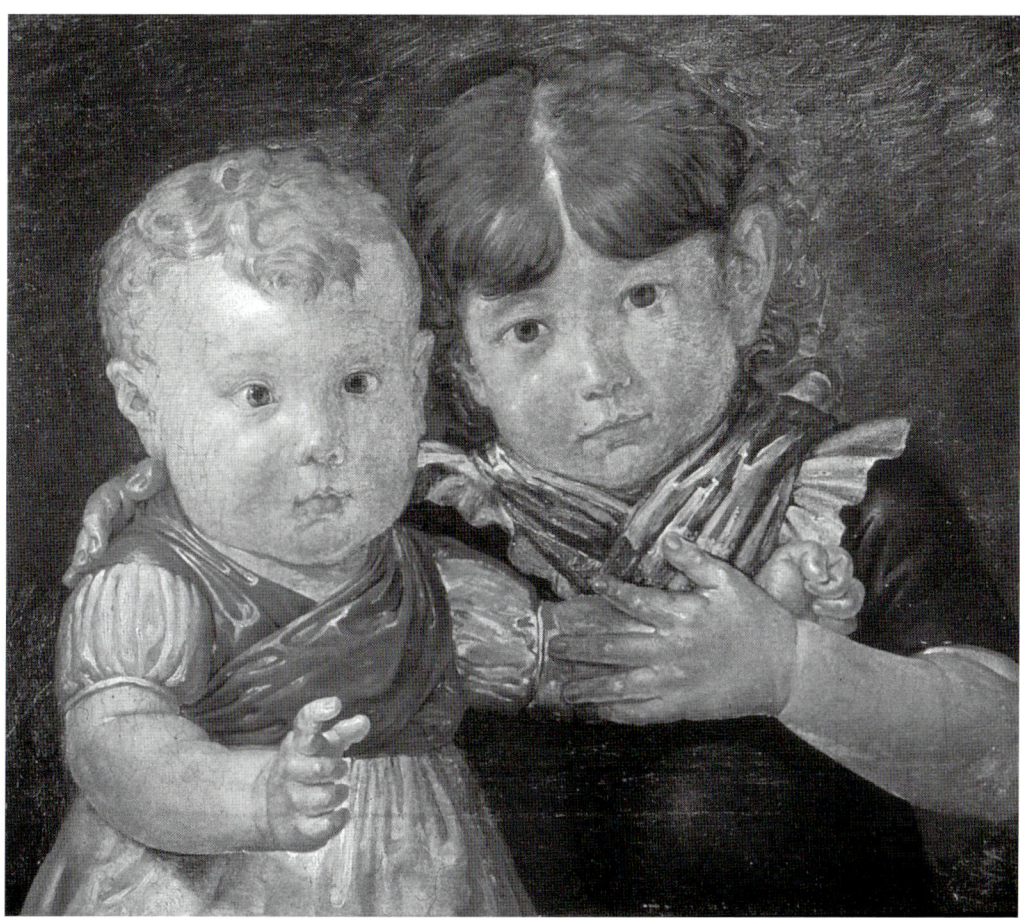

Abb. 4: *Philipp Otto Runge, Die Kinder des Künstlers, Otto Sigismund und Dorothea, 1808/09, Öl auf Leinwand, 38,5 x 49,5 cm, Kunsthalle Hamburg*

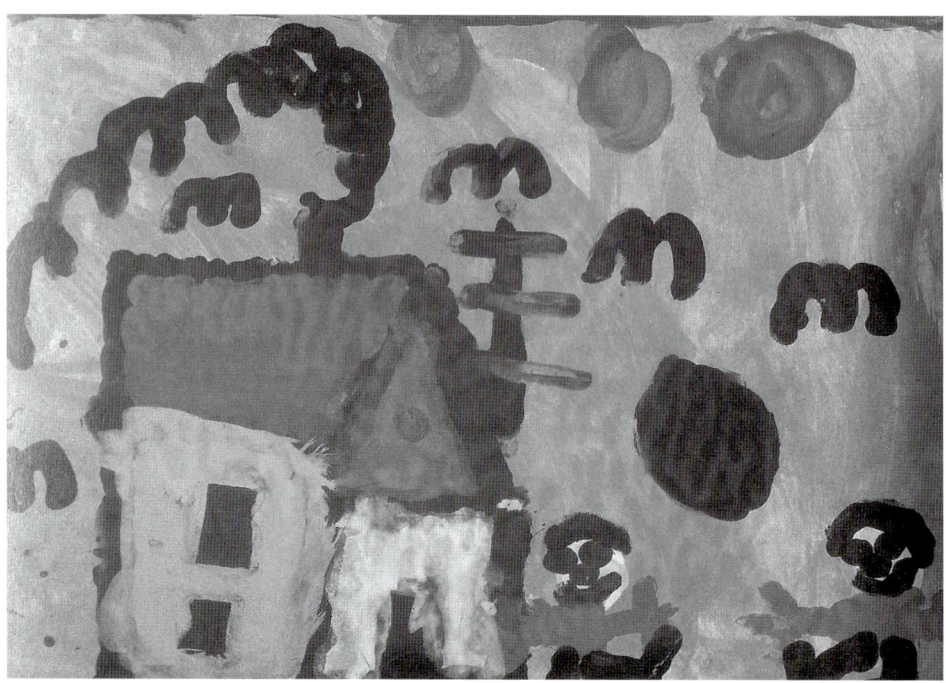

Abb. 5: *Jochen (6 Jahre), Haus, Kinderzeichnung*

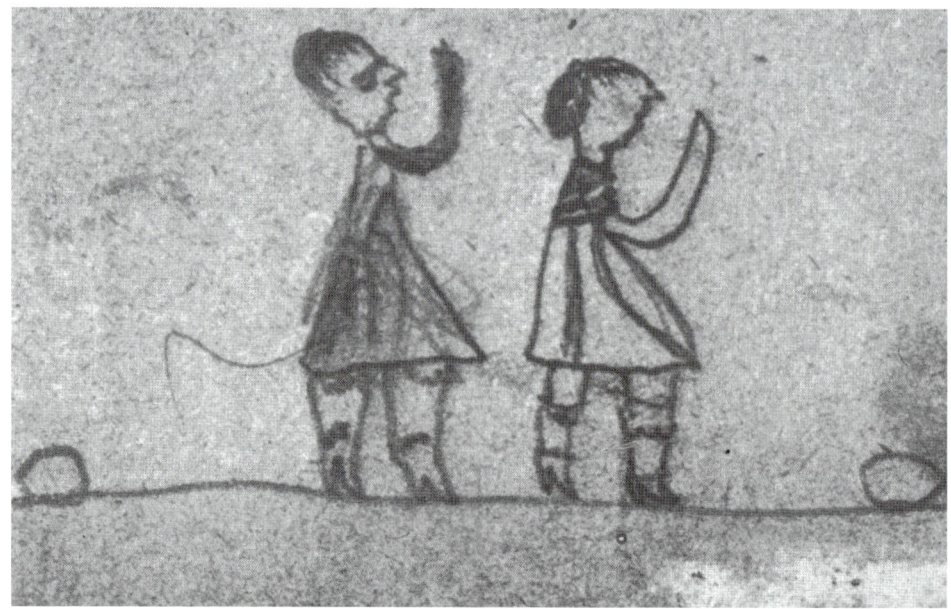

Abb. 6. *Paul Klee, Zwei Kinder hintereinander, Kindheit 6, 1885, Bleistift, 5,4 x 7,1 cm, Zentrum Paul Klee, Kunstmuseum Bern*

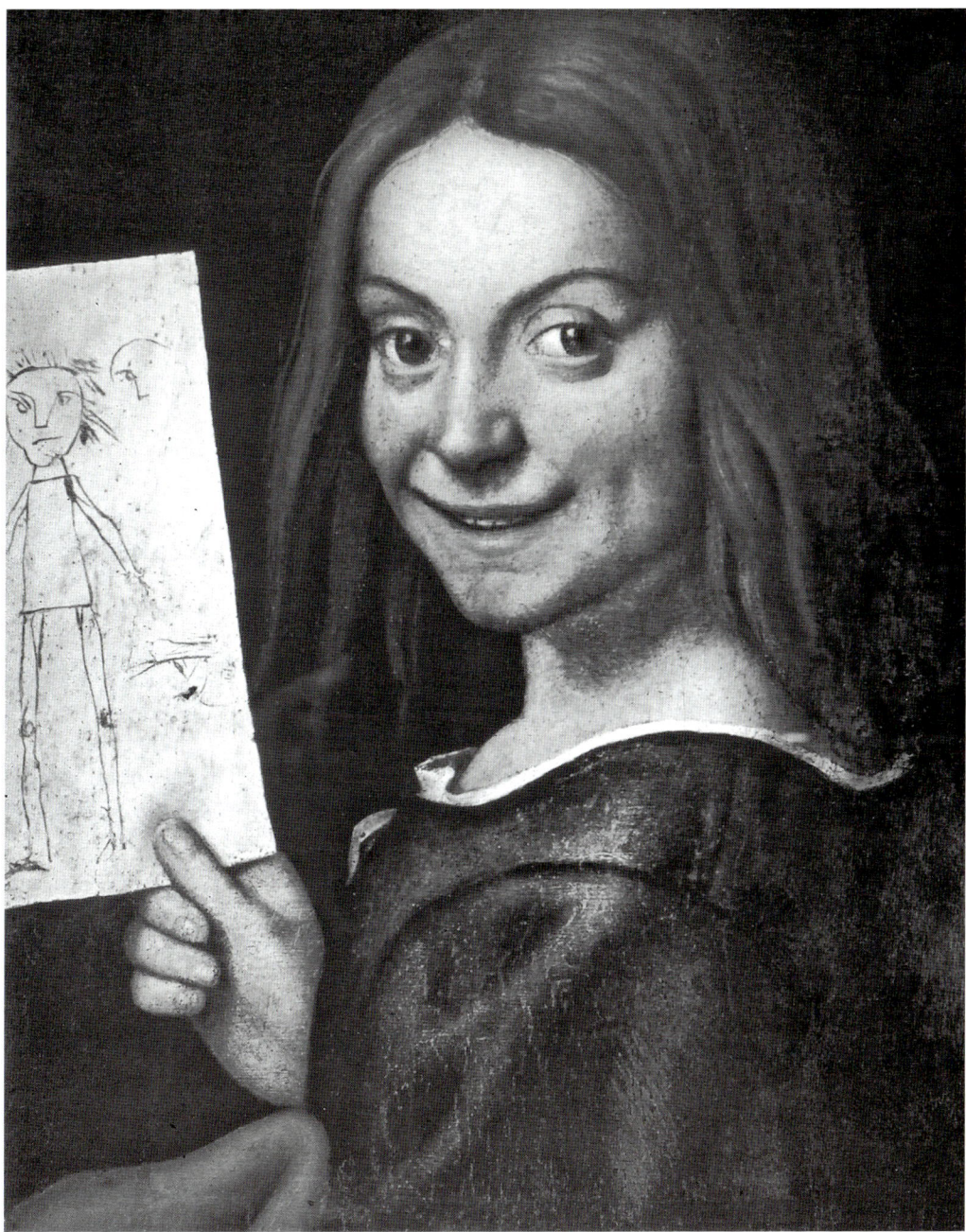

Abb. 7: *Giovanni Francesco Caroto, Knabe mit einer Zeichnung, um 1520, Öl auf Holz, 37 x 29 cm, Museo di Castelvecchio, Verona*

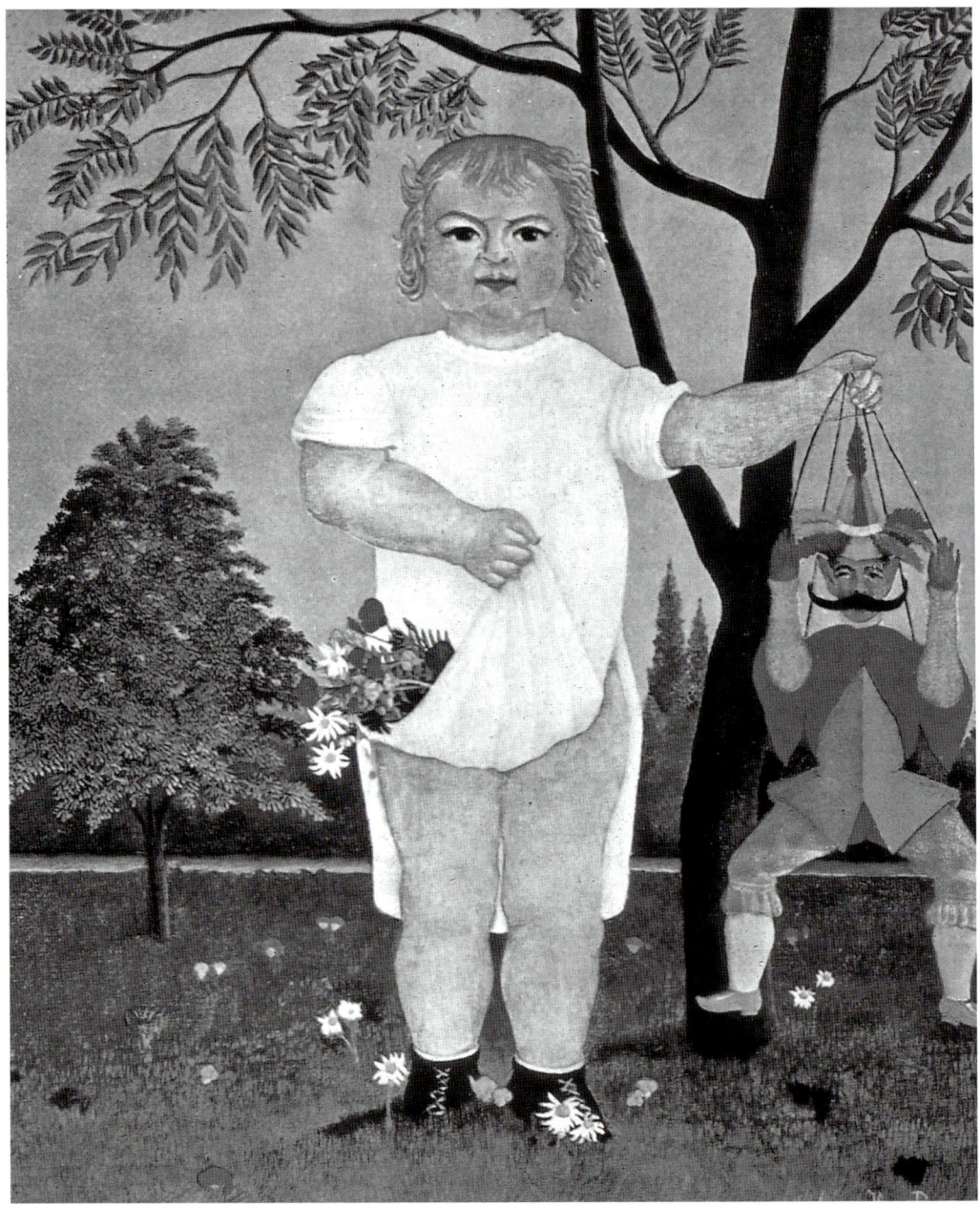

Abb. 8: *Henri Rousseau, Kind mit Hampelmann, 1903, Öl auf Leinwand, 101 x 81 cm, Privatsammlung, Winterthur*

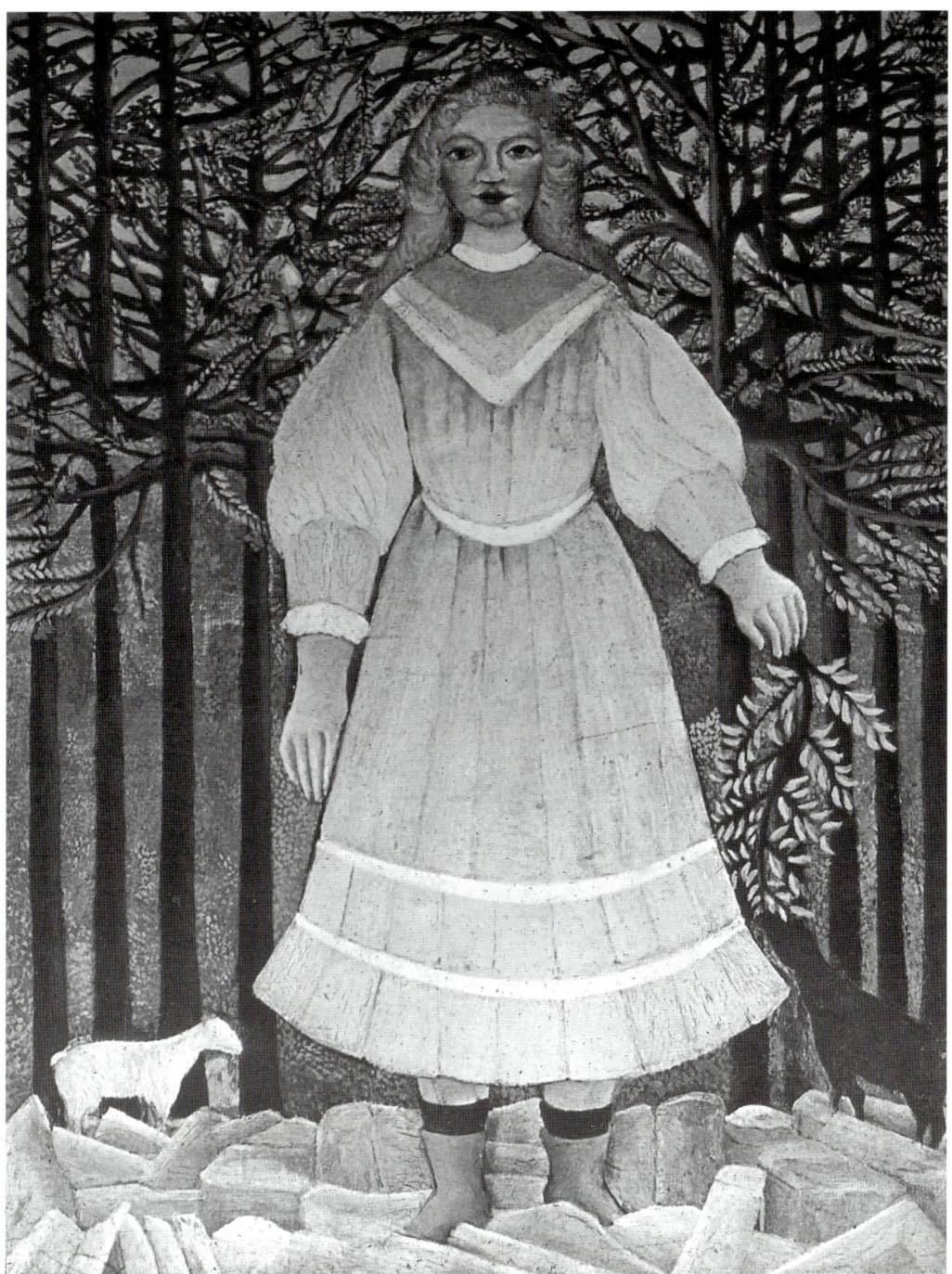

Abb. 9: *Henri Rousseau, Mädchen mit Ziegen, 1890, 61 x 46,5 cm, Museum of Art, Philadelphia*

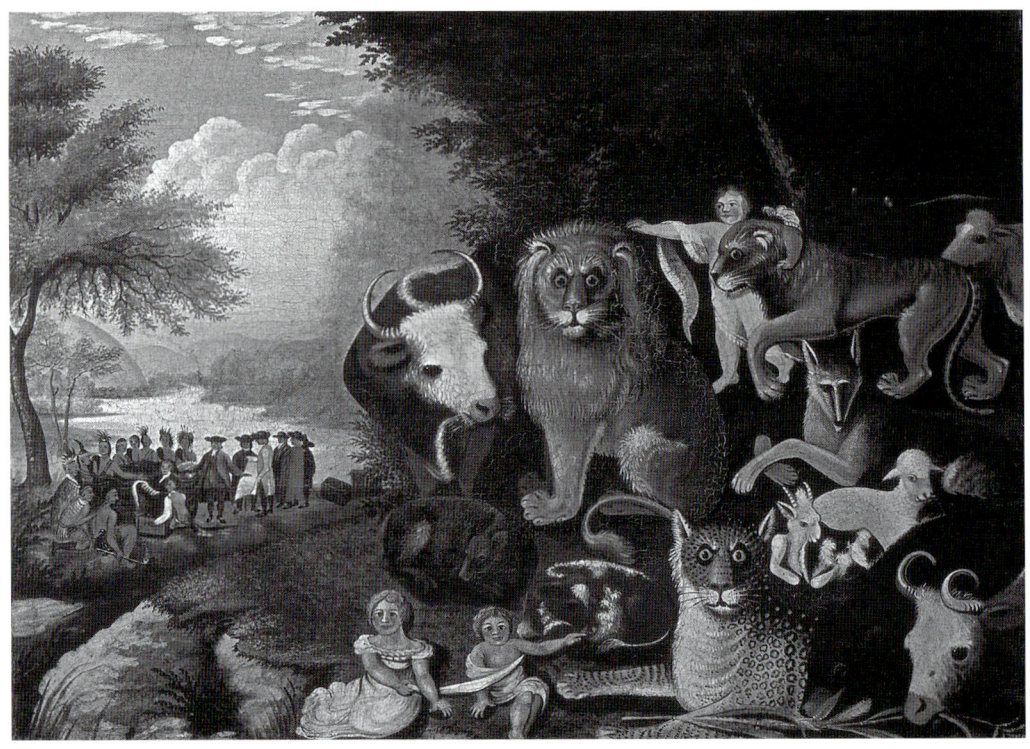

Abb. 10: *Edward Hicks, Herrschaft des Friedens, 1840/45, Öl auf Leinwand, 44,5 x 60 cm, Brooklyn Museum, New York*

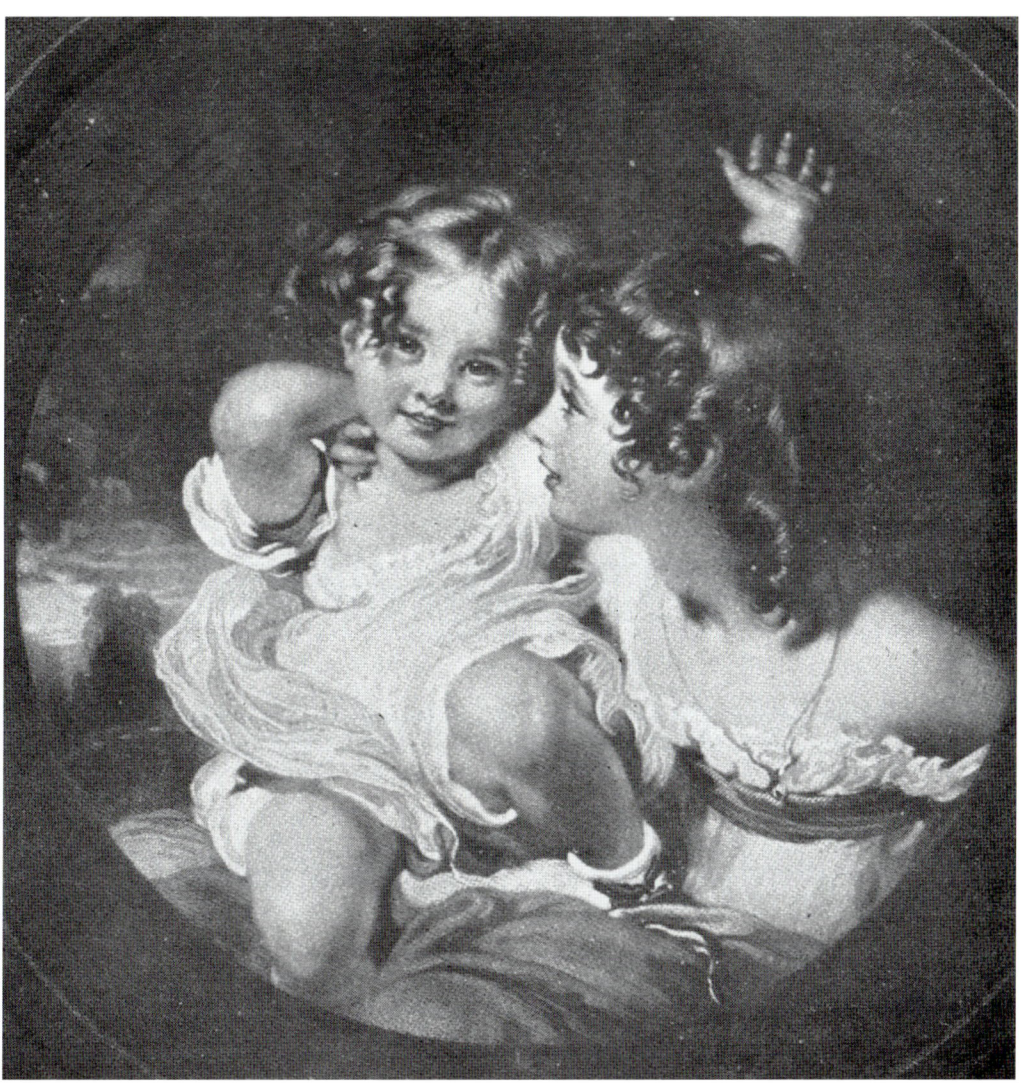

Abb. 11: *Sir Thomas Lawrence, Natur (Emily und Laura Calmady), 1823,*
*Öl auf Leinwand, 152 x 113 cm, Metropolitan Museum of Art, New York*

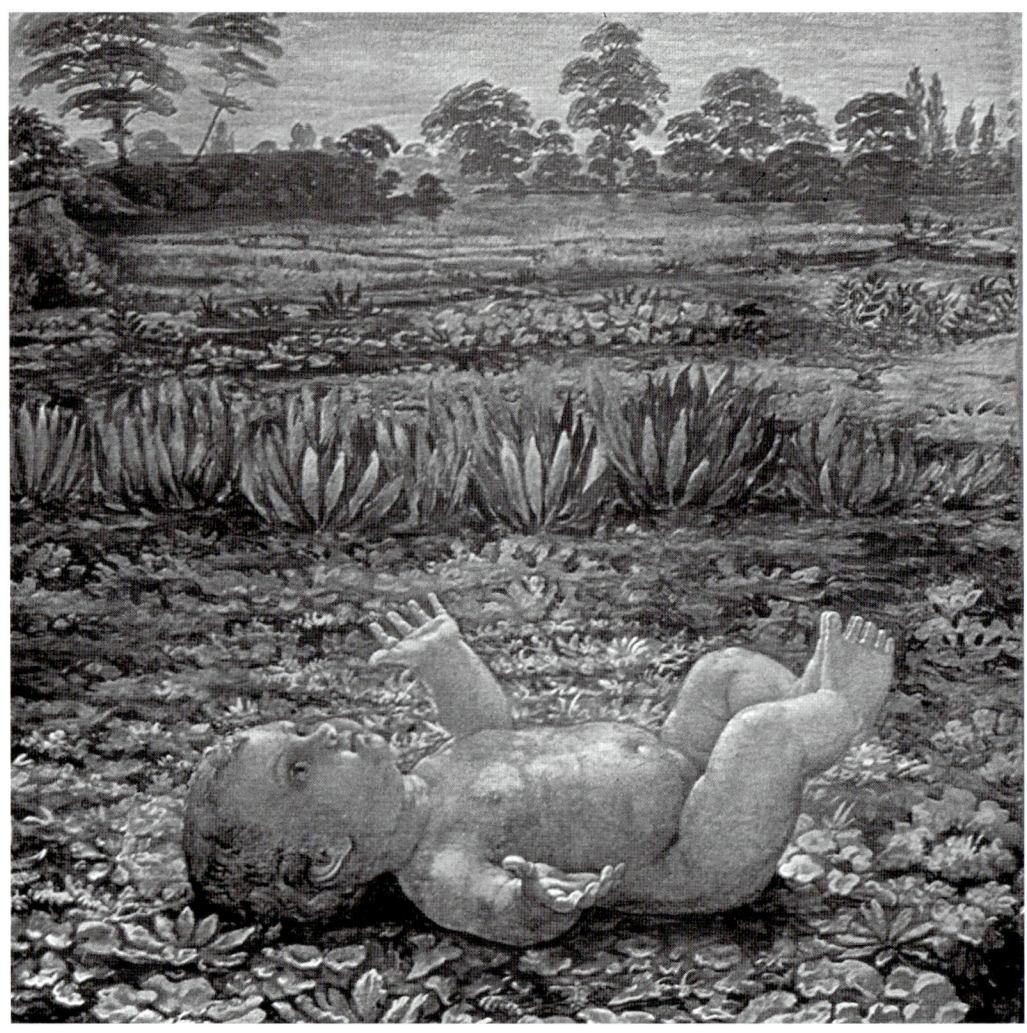

Abb. 12: *Philipp Otto Runge, Der Große Morgen, Detail: Säugling, 1809/10,
152 x 113 cm, Kunsthalle Hamburg*

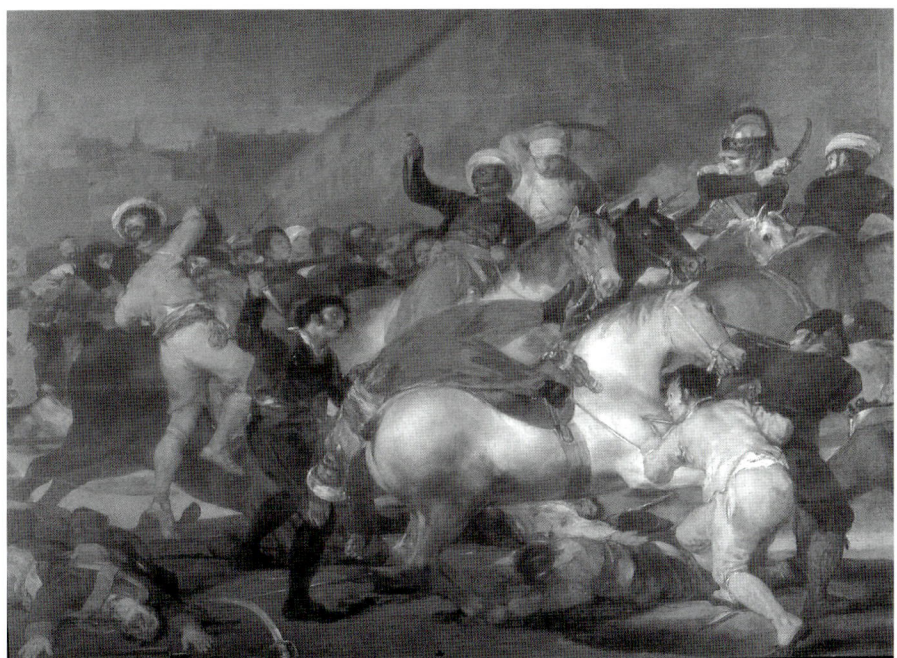

Abb. 13: *Francisco de Goya, Der 2. Mai 1808, Aufstand an der Puerta del Sol,
1814, Öl auf Leinwand, 266 x 345 cm, Prado, Madrid*

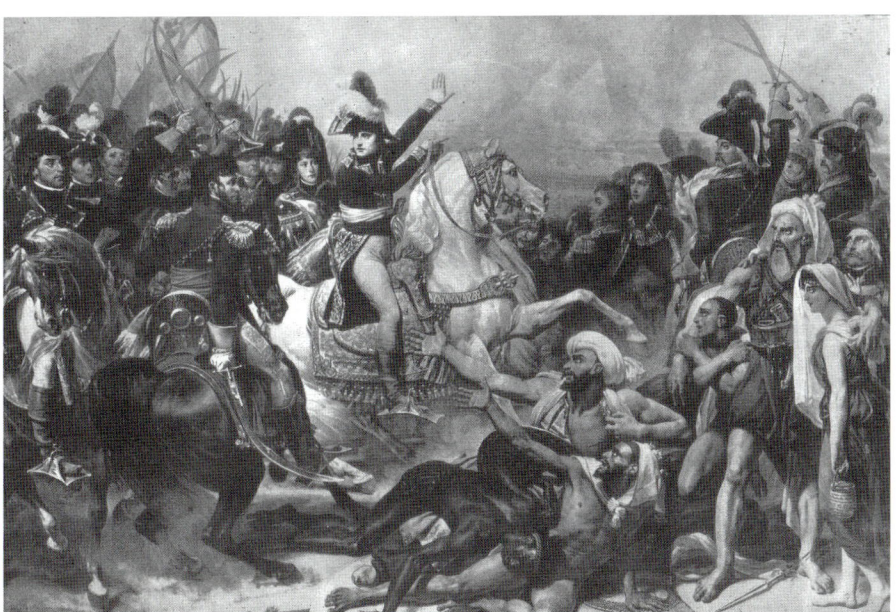

Abb. 14: *Jean-Antoine Gros, Die Schlacht an den Pyramiden, 1810,
Musée d'Histoire, Versailles*

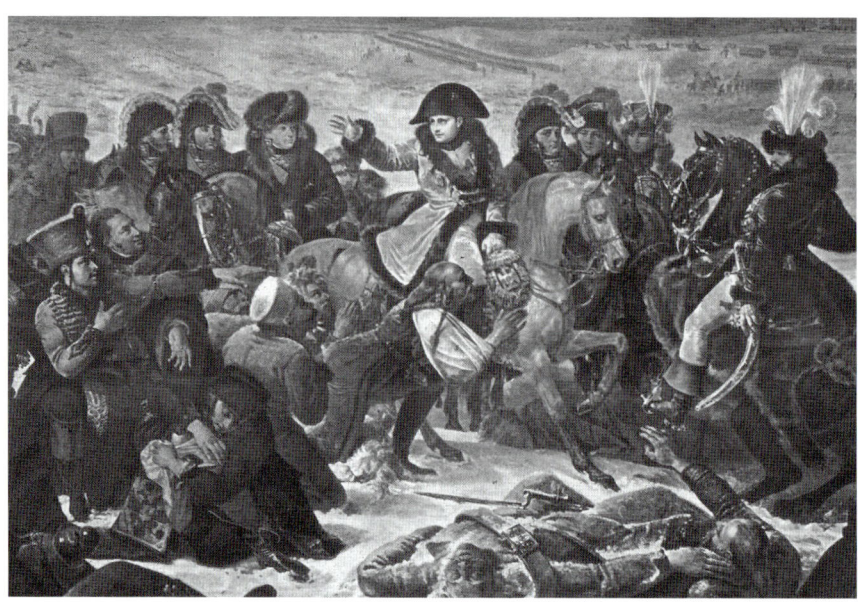

Abb. 15: *Jean-Antoine Gros, Napoleon auf dem Schlachtfeld von Eylau,
9. Februar 1807, 1808, Öl auf Leinwand, 533 x 800 cm, Louvre, Paris*

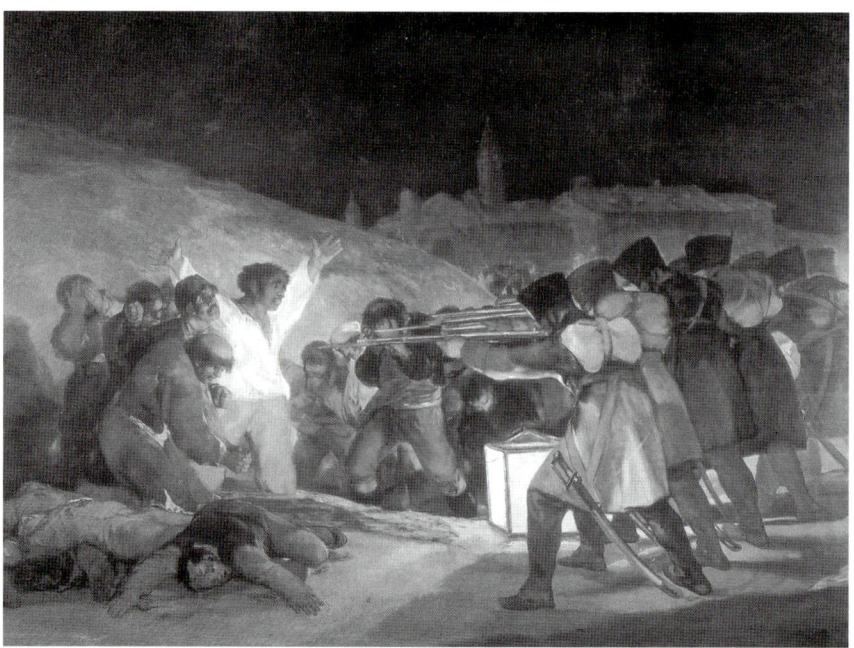

Abb. 16. *Francisco de Goya, Der 3. Mai 1808, Erschießung der
Aufständischen, 1814, Öl auf Leinwand, 266 x 345 cm, Prado, Madrid*

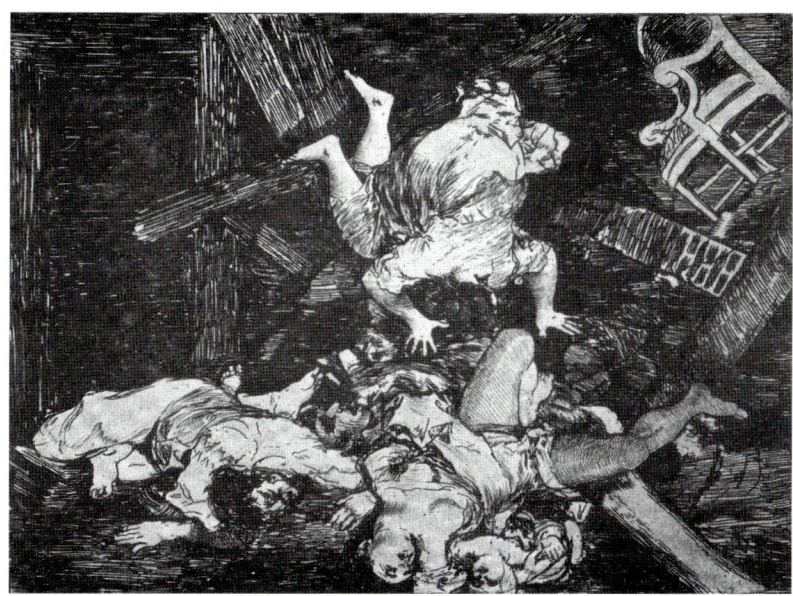

Abb. 17: *Francisco de Goya, Zerstörungen des Krieges, aus: Desastres de la Guerra, Blatt 30, 1810/11, Radierung, 14,1 x 17 cm*

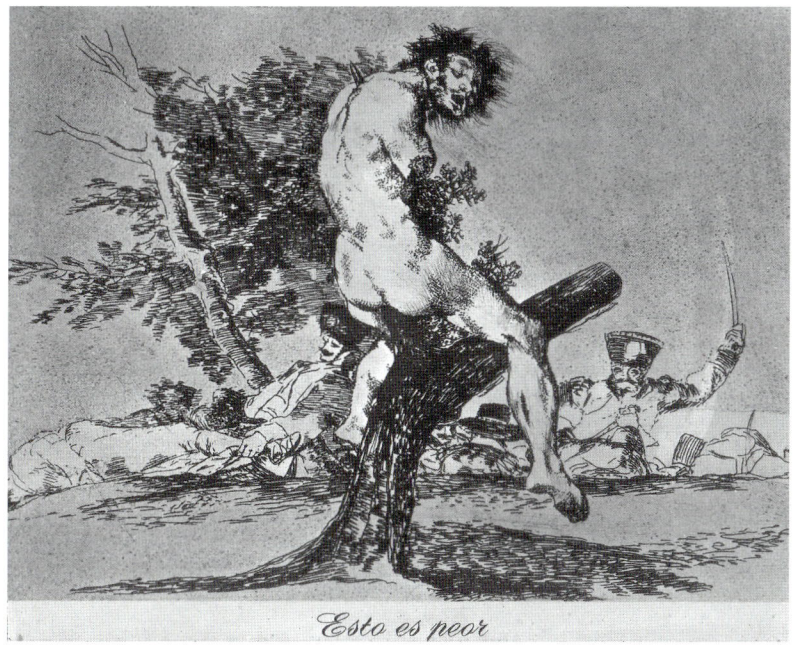

Abb. 18: *Francisco de Goya, Das ist noch schlimmer, aus: Desastres de la Guerra, Blatt 37, um 1812/15, Radierung, 15,7 x 20,7 cm*

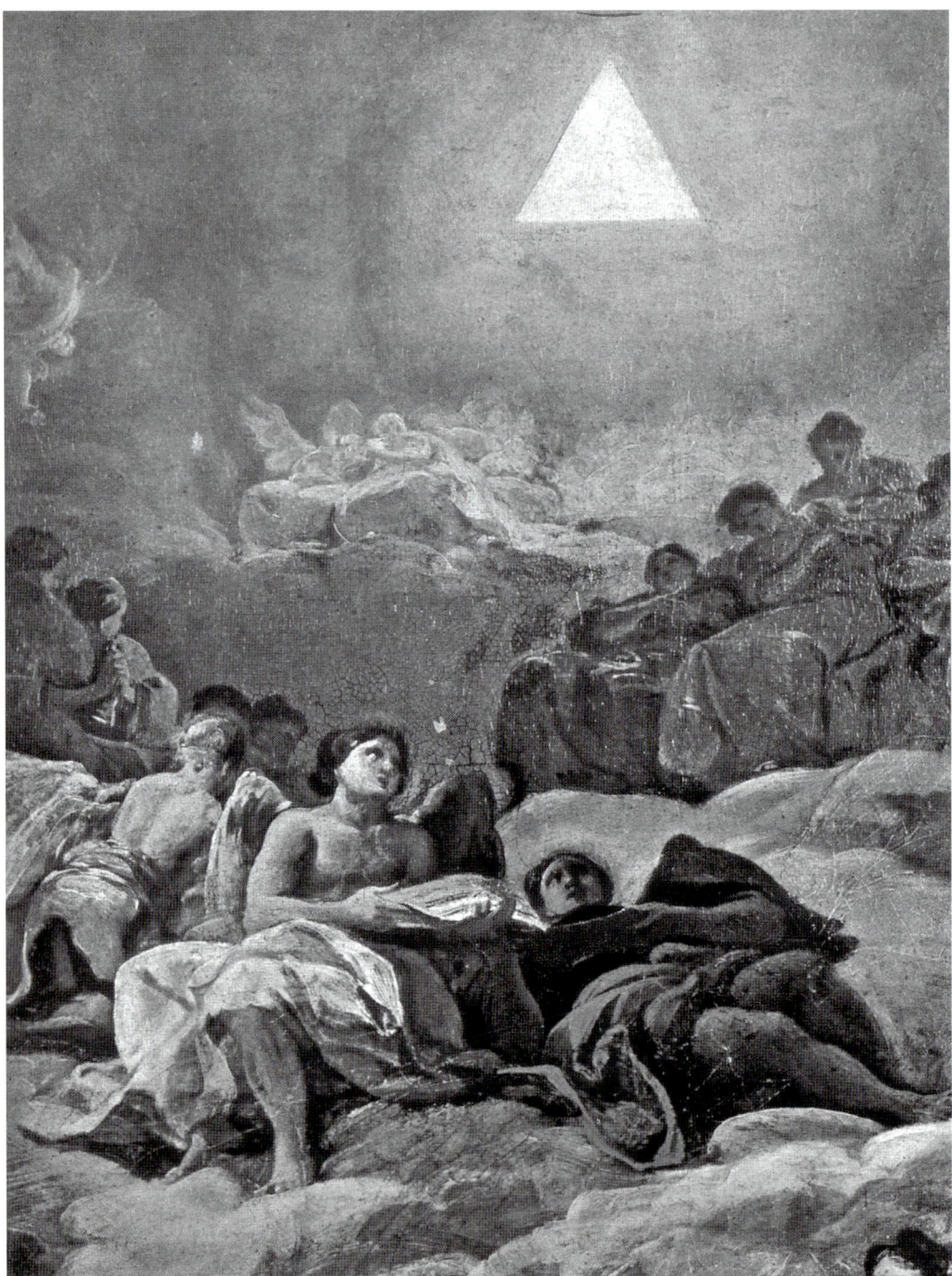

Abb. 19: *Francisco de Goya, Verehrung im Namen Gottes, 1772, Fresko, 7 x 15 m, Basilika El Pilar, Saragossa*

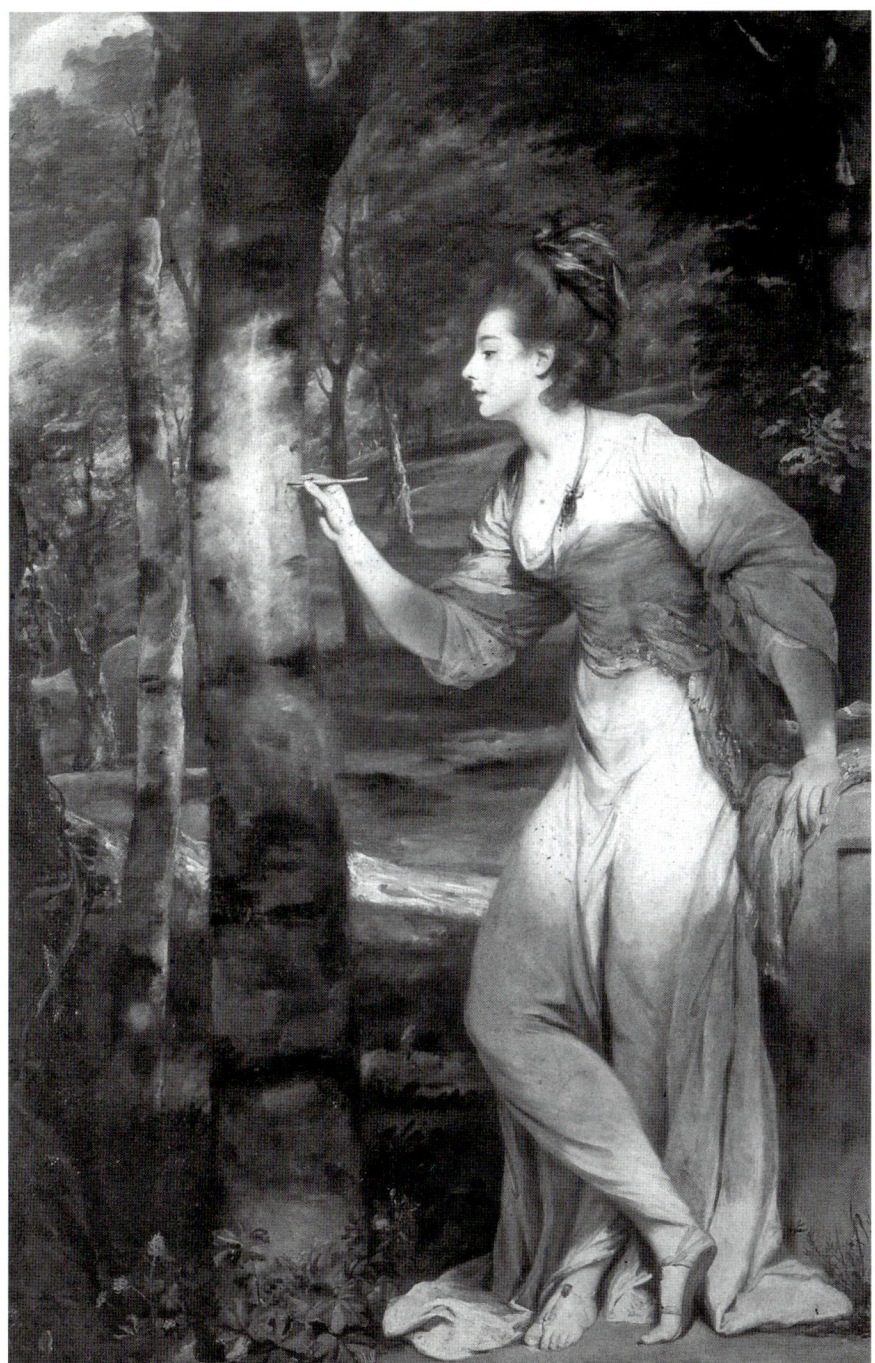

Abb. 20: *Joshua Reynolds, Mrs. Lloyd, 1771, Öl auf Leinwand,
236 x 146 cm, Privatbesitz*

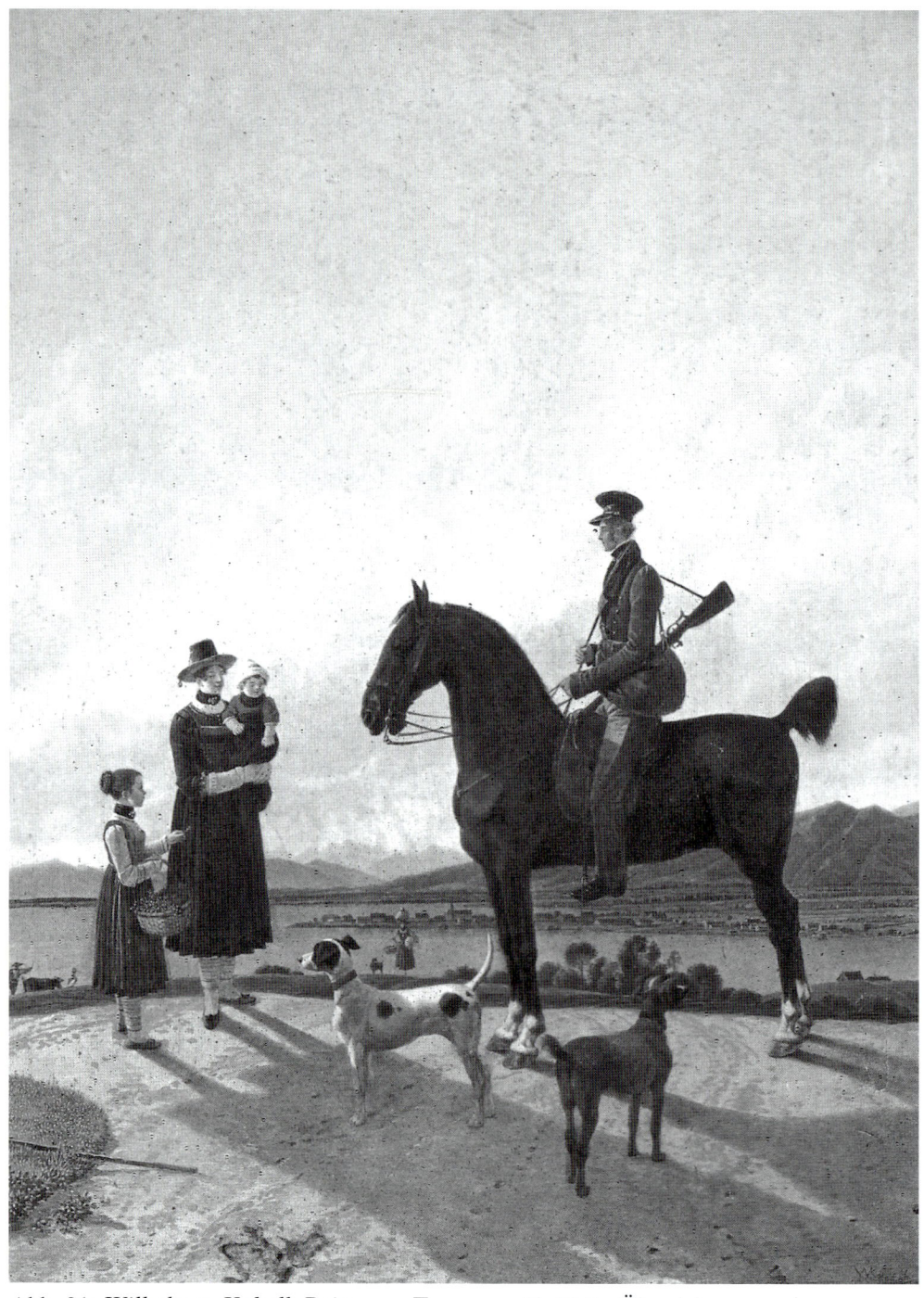

Abb. 21: *Wilhelm v. Kobell, Reiter am Tegernsee II, 1825, Öl auf Leinwand, 34 x 25,5 cm, Stiftung Oskar Reinhardt, Winterthur*

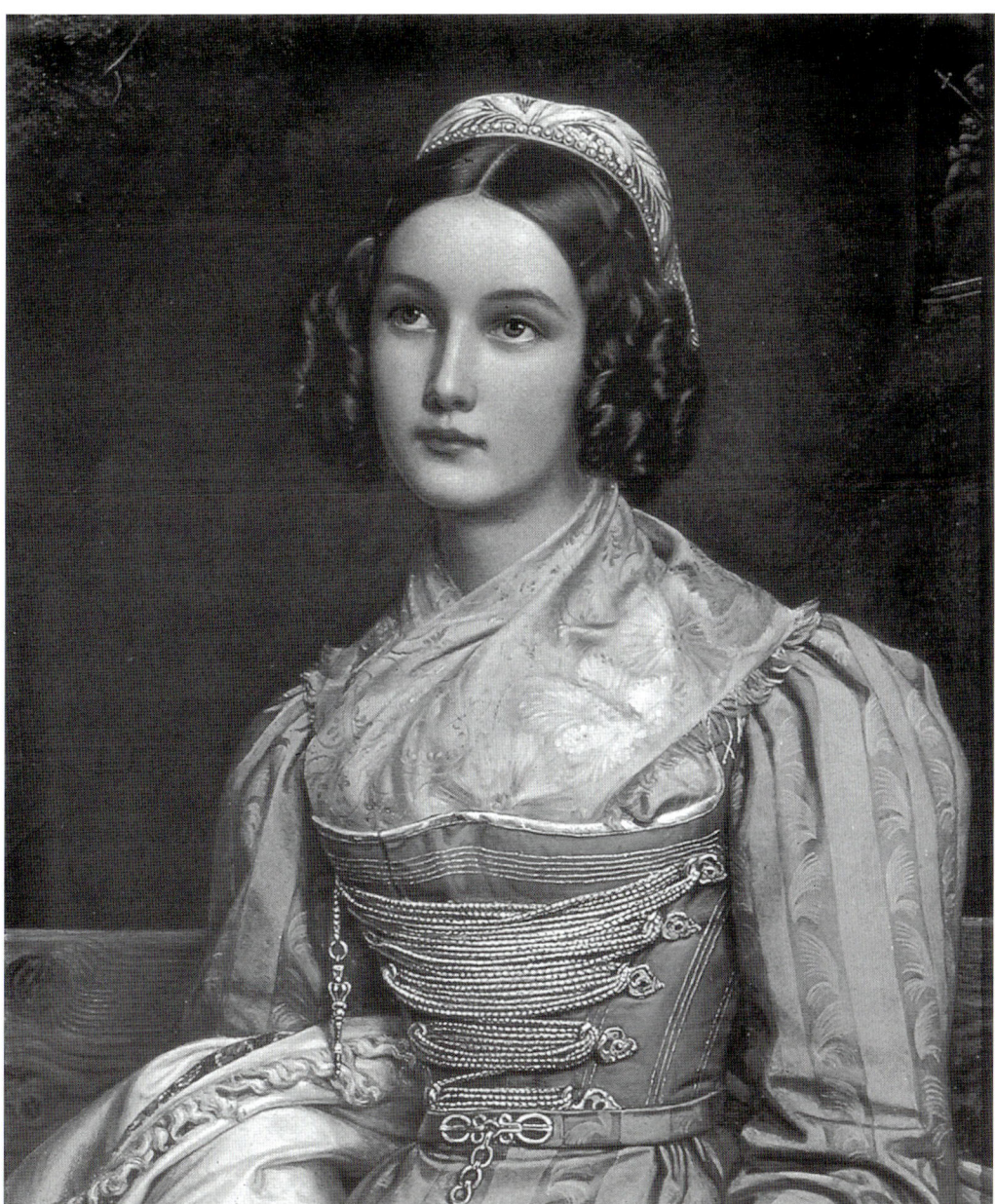

Abb. 22: *Joseph Karl Stieler, Helene Sedlmayr, 1831, Öl auf Leinwand, 71,7 x 58 cm, Schloß Nymphenburg, München*

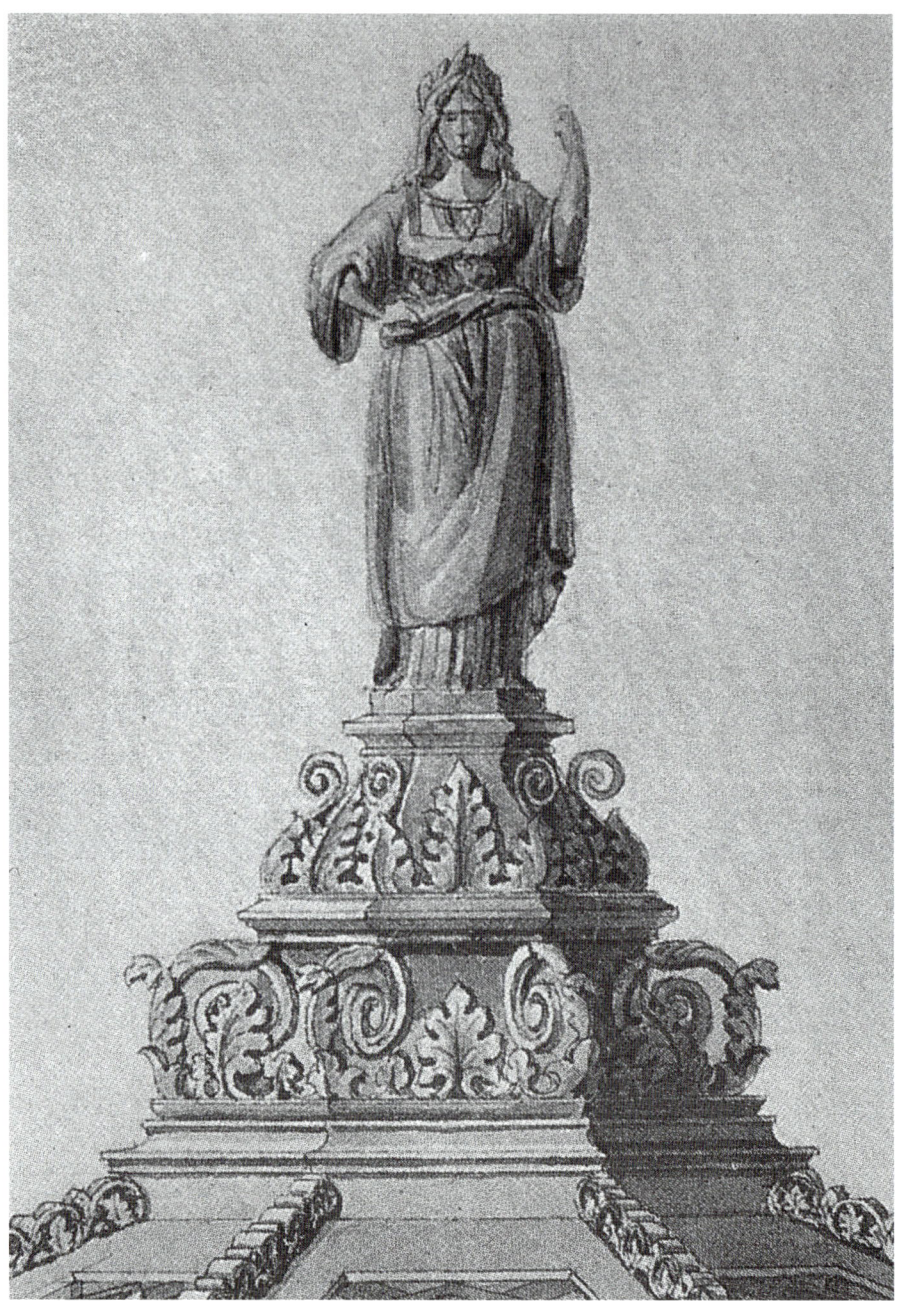

Abb. 23: *Leo v. Klenze, Akroter-Bavaria, Ausschnitt aus dem Alternativ-entwurf V zur Bayerischen Ruhmeshalle, 1833/34, Staatliche Graphische Sammlung, München, Inv.-Nr. 26900*

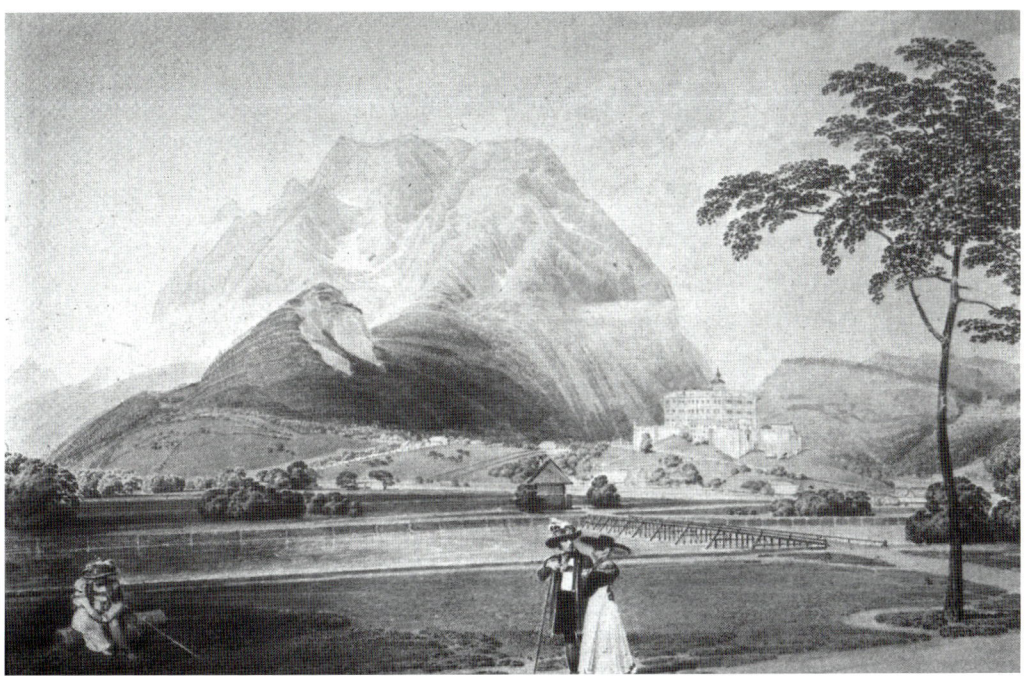

Abb. 24: *Matthäus Loder, Das Gespräch bei Irding – Verlöbnis zwischen Erzherzog Johann und Anna Plochl, 1882, Privatbesitz, Bad Aussee*

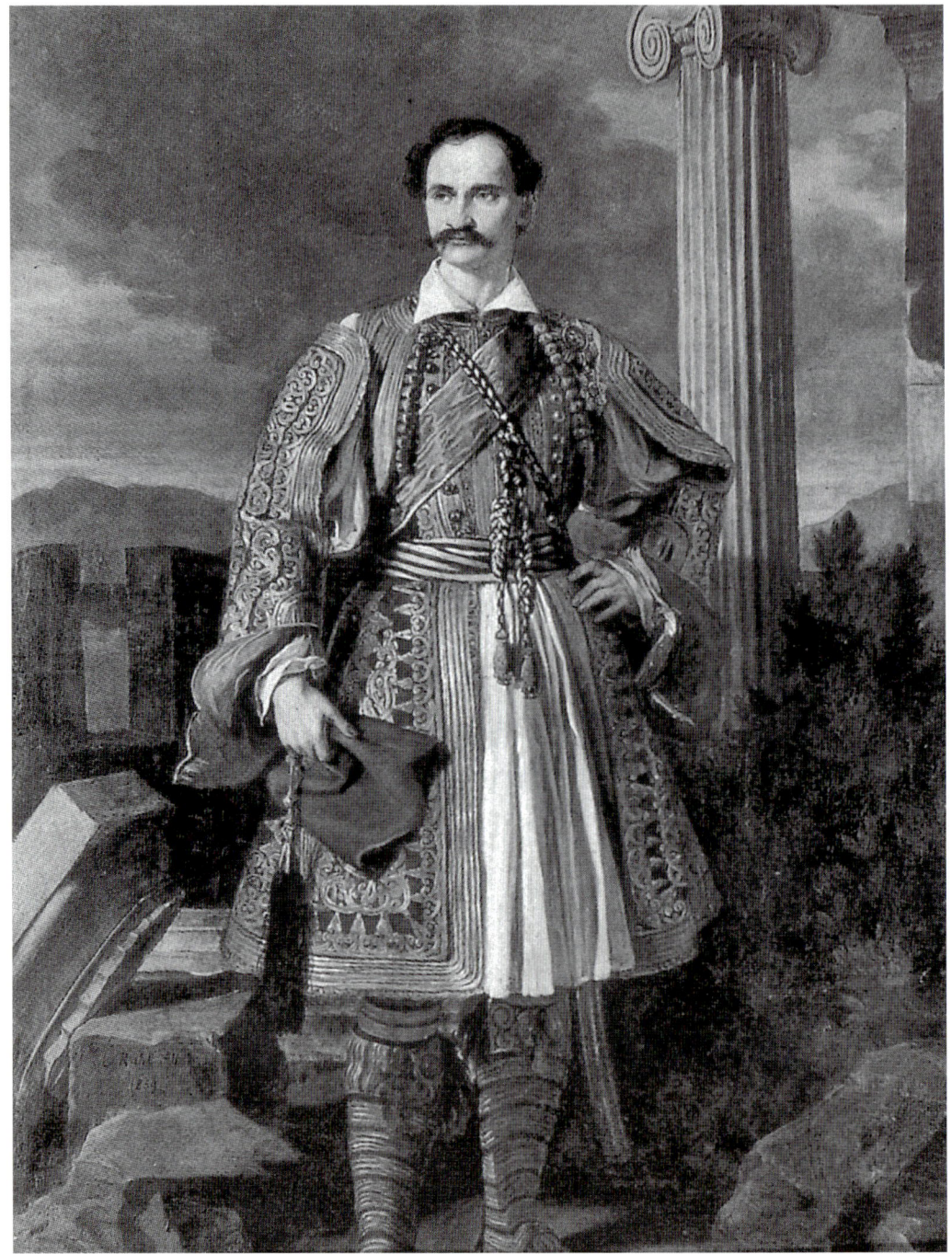

Abb. 25: *Carl Rahl, König Otto von Griechenland, 1859, Neue Residenz, Bamberg*

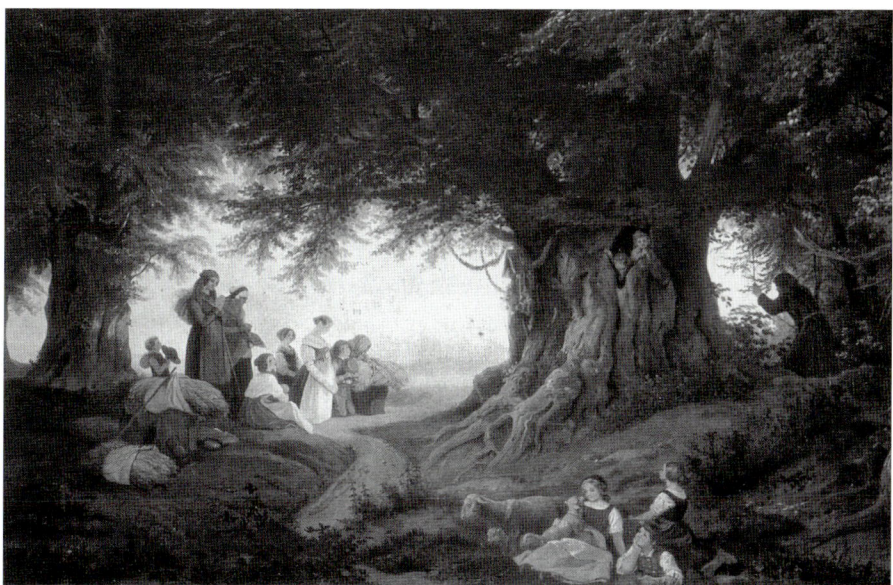

Abb. 26: *Ludwig Richter, Abendandacht (Abendläuten), 1842,*
*Öl auf Leinwand, 69 x 104 cm, Museum der bildenden Künste, Leipzig*

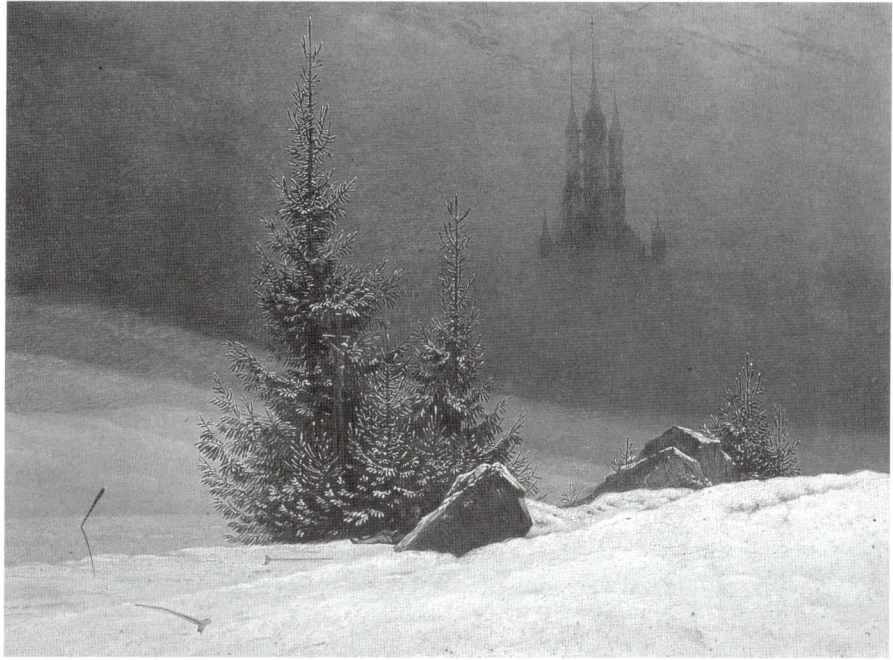

Abb. 27: *Caspar David Friedrich, Winterlandschaft mit Kirche, 1811,*
*Öl auf Leinwand, 32 x 45 cm, National Gallery, London*

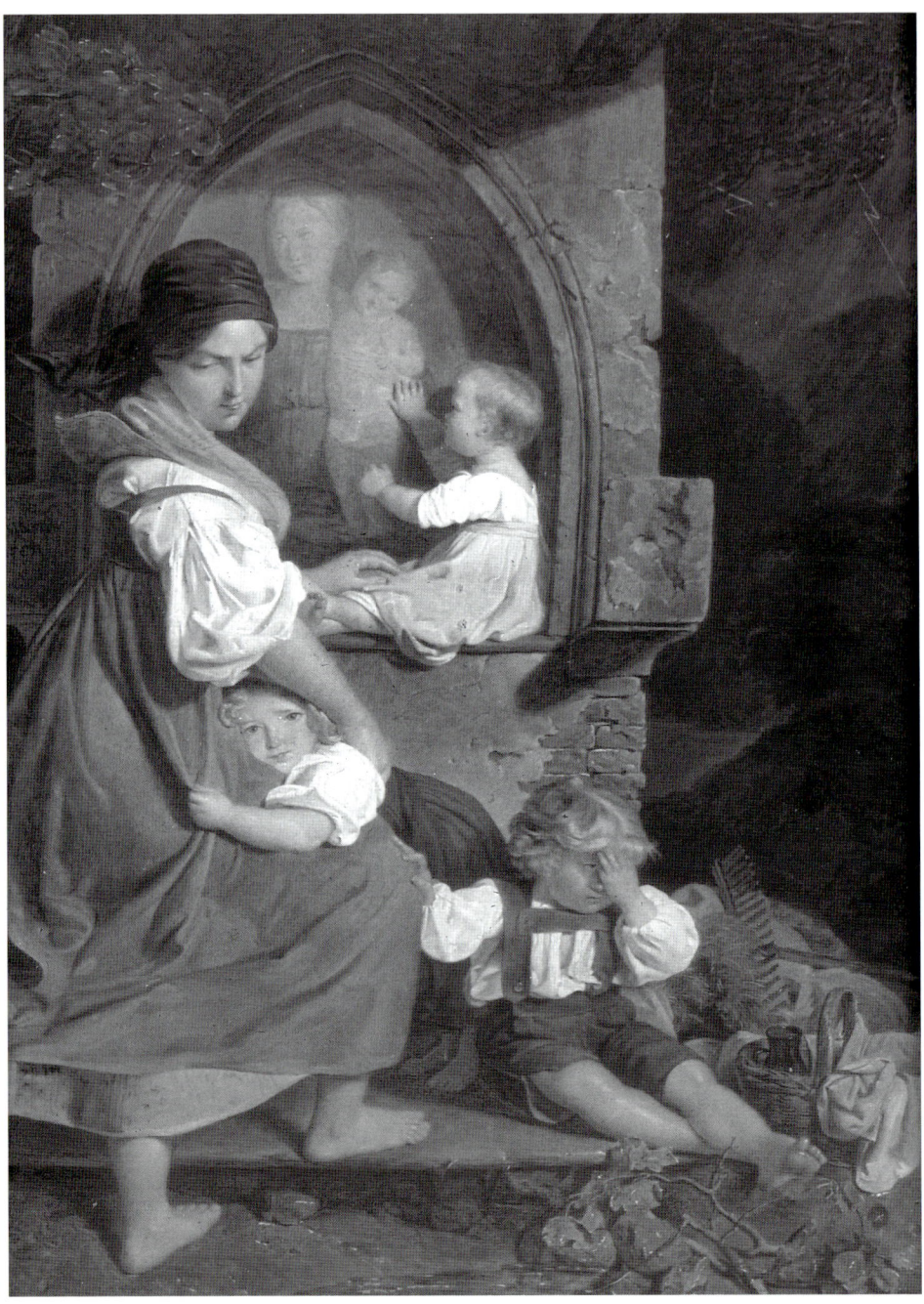

Abb. 28: *Ferdinand Georg Waldmüller, Zuflucht am Bildstock, 1832, Öl auf Holz,*
*35 x 29 cm, Johanneum – Neue Galerie, Graz*

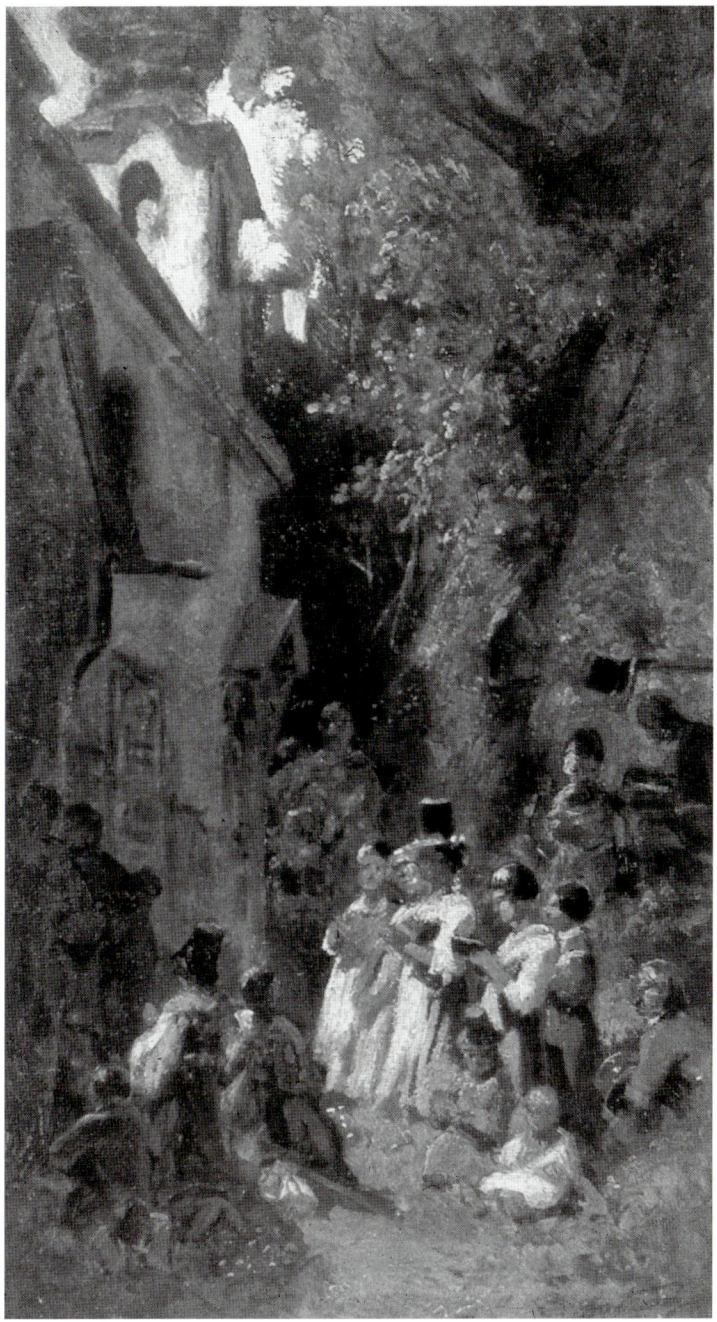

Abb. 29: *Carl Spitzweg, Prozession in Dachau, um 1860,*
*Öl auf Leinwand, 38,2 x 20,7 cm, Privatsammlung, München*

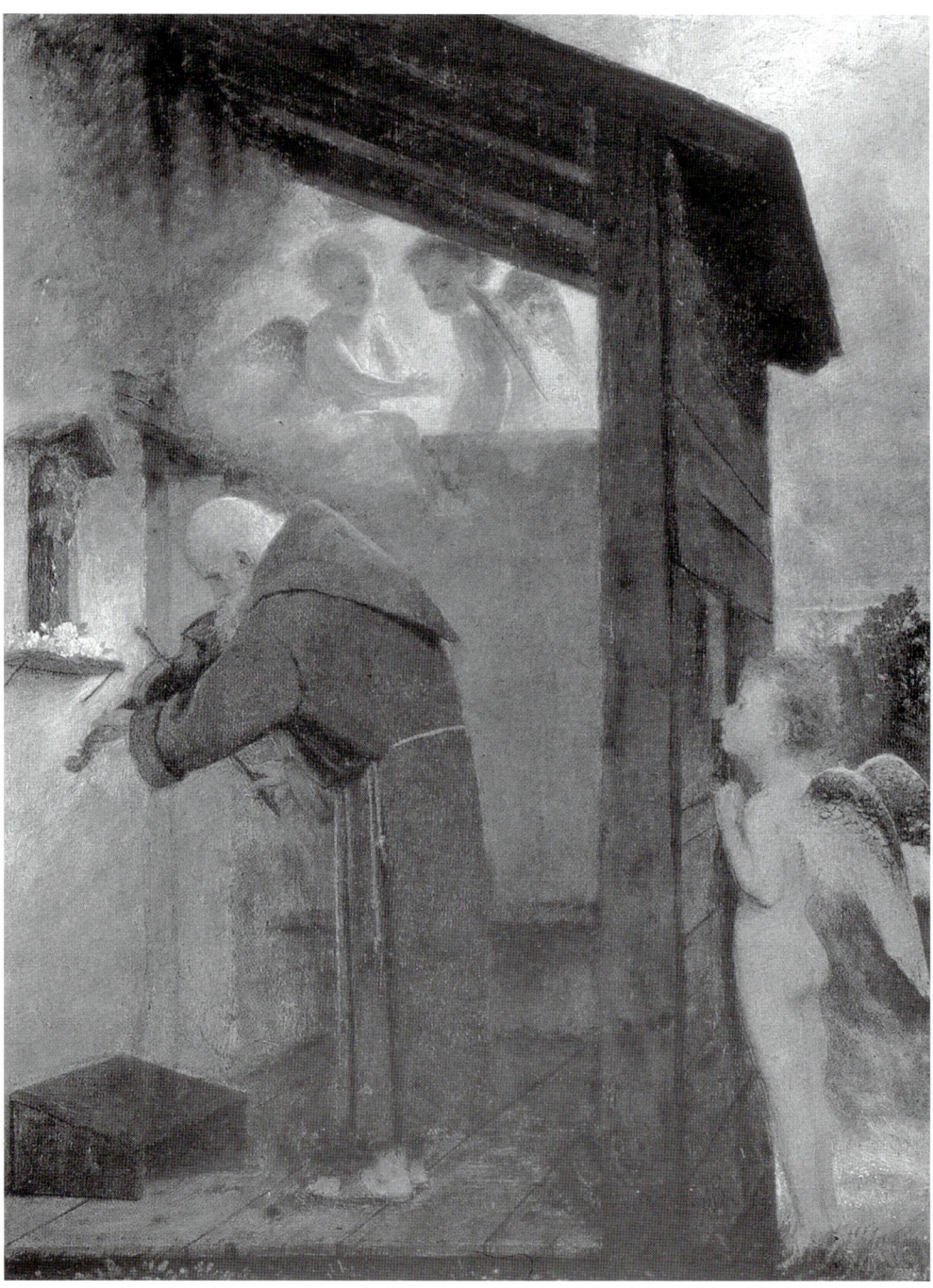

Abb. 30: *Arnold Böcklin, Der Einsiedler, 1884, Öl auf Holz, 90 x 60 cm,*
*Nationalgalerie Berlin*

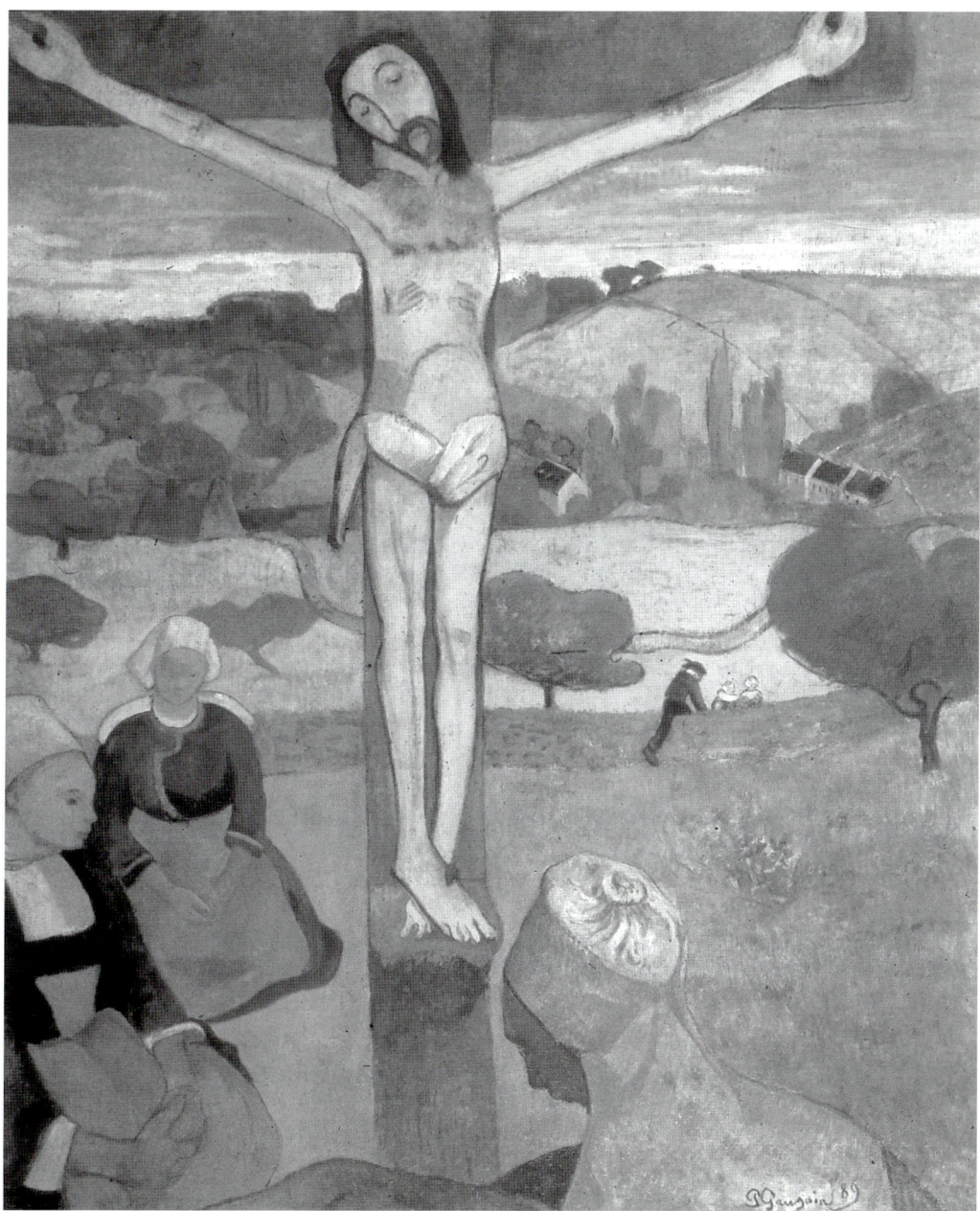

Abb. 32: *Paul Gauguin, Gelber Kruzifixus, 1889, Öl auf Leinwand, 92 x 73 cm,*
*Albright-Knox Gallery, Buffalo*

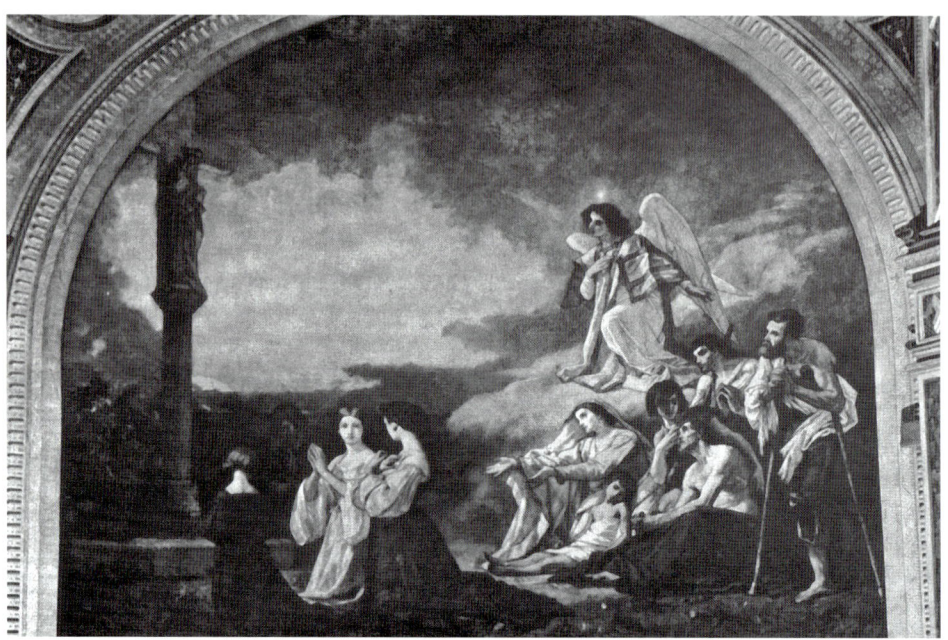

Abb. 31: *Thomas Couture, La Vierge, consolatrice des affligés, 1851, Fresko,*
*Saint-Eustache, Paris*

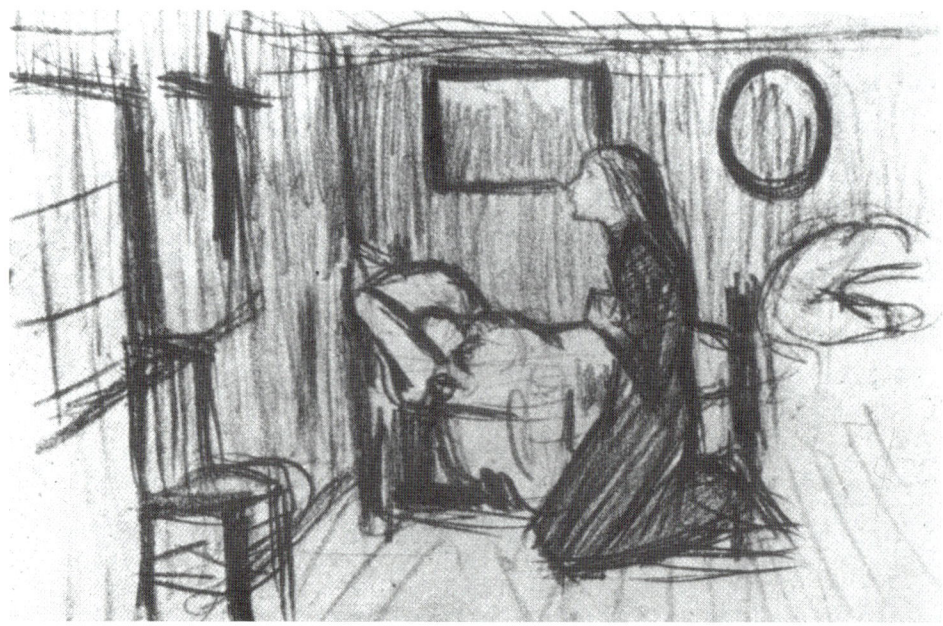

Abb. 33: *Pablo Picasso, Betende Frau am Bett eines Kindes, 1899/1900,*
*Zeichnung, Barcelona*

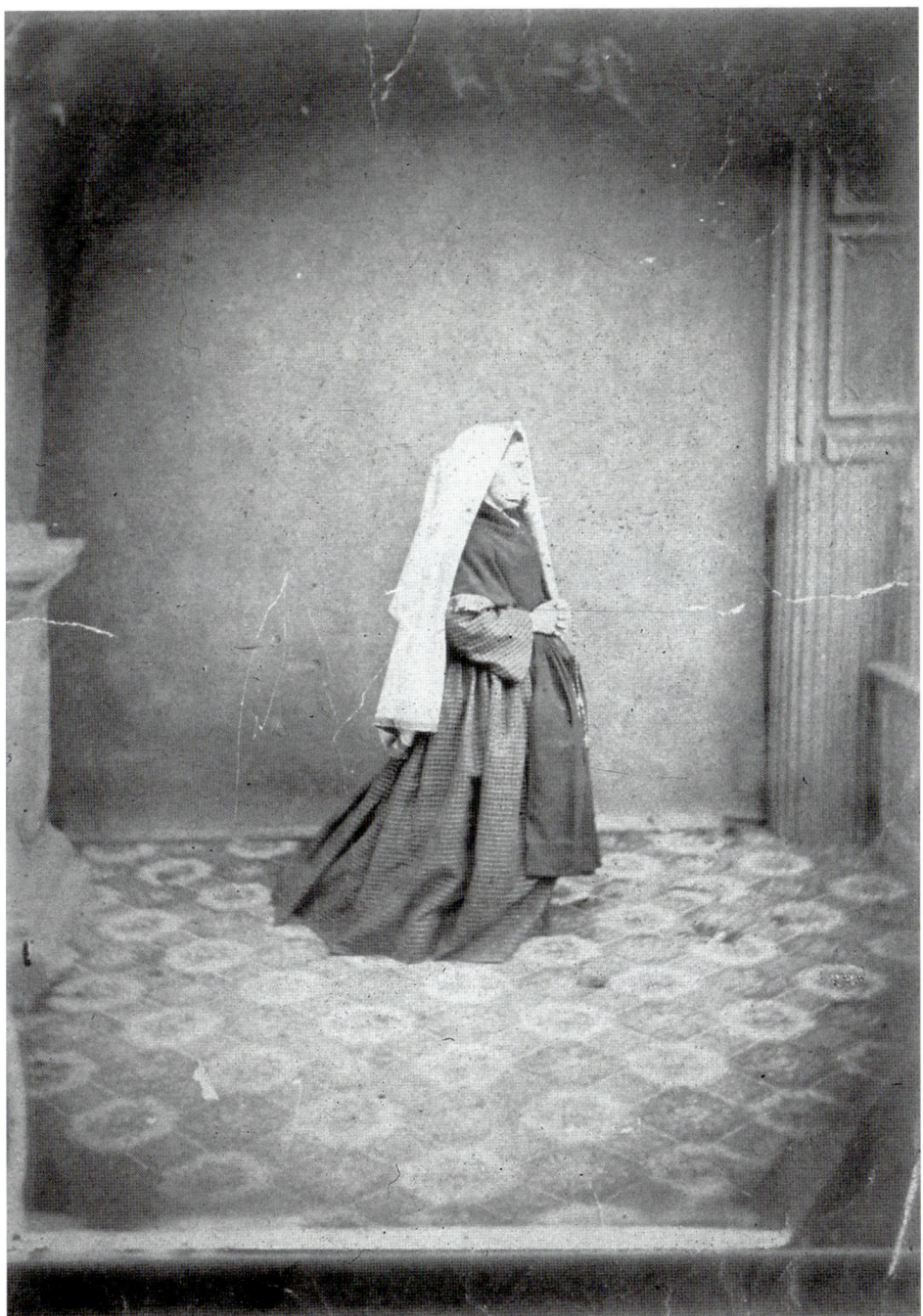

Abb. 34: *Bernadette Soubirous, 1864, Photographie*

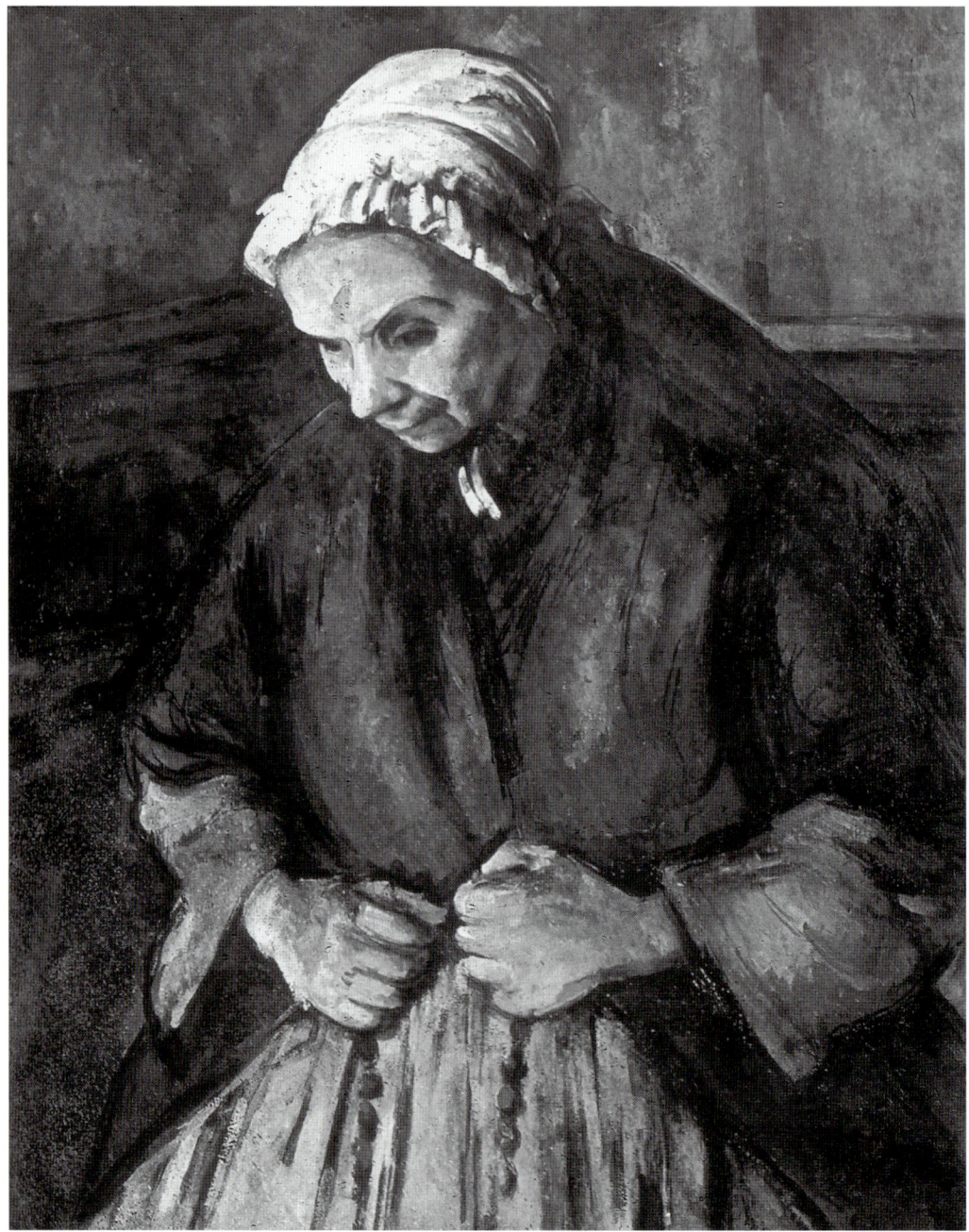

Abb. 35: *Paul Cézanne, Alte mit dem Rosenkranz, 1900/04, National Gallery, London*

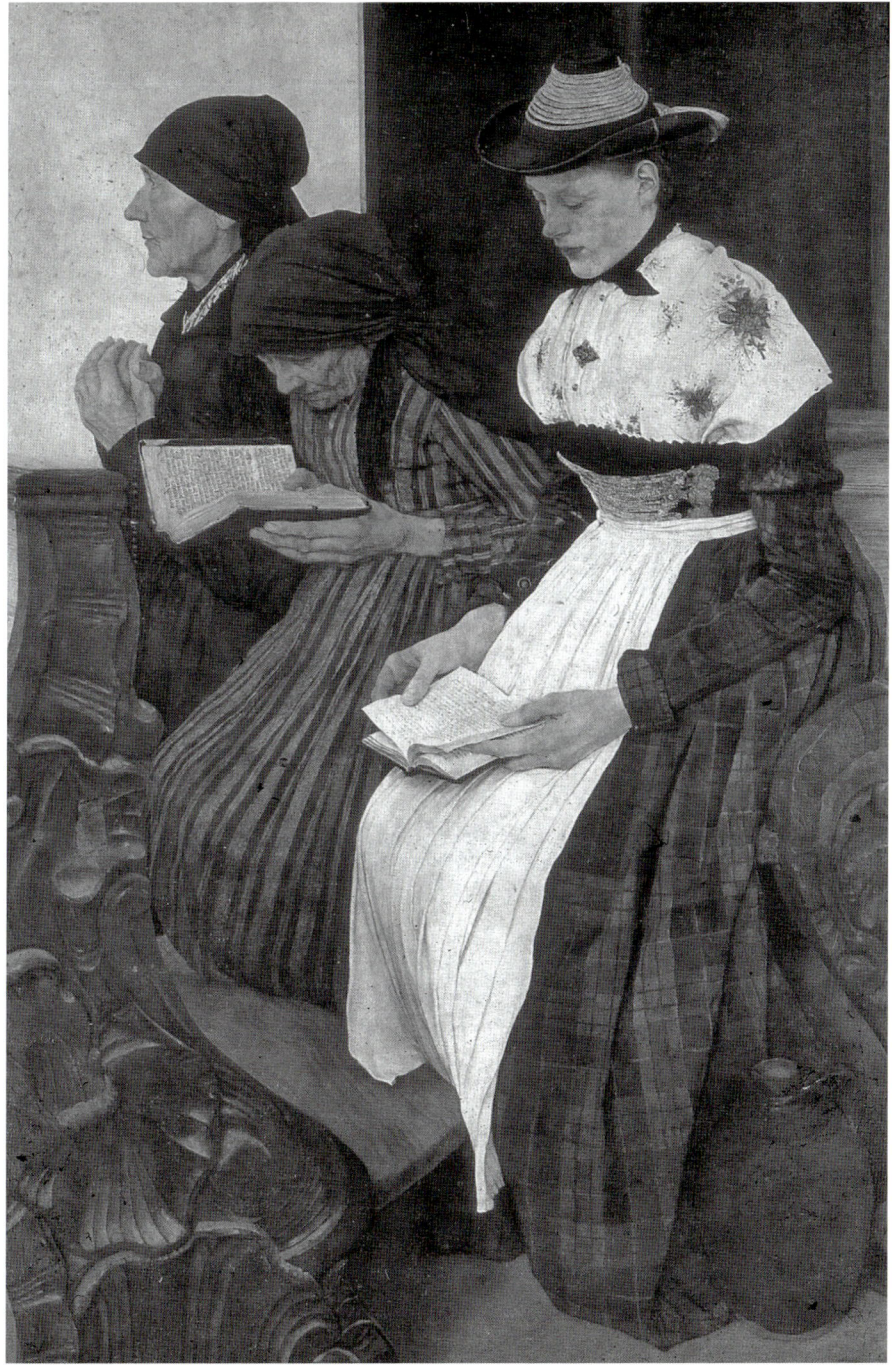

Abb. 36: *Wilhelm Leibl, Drei Frauen in der Kirche, 1878/82, Öl auf Holz,*
*113 x 77 cm, Kunsthalle Hamburg*

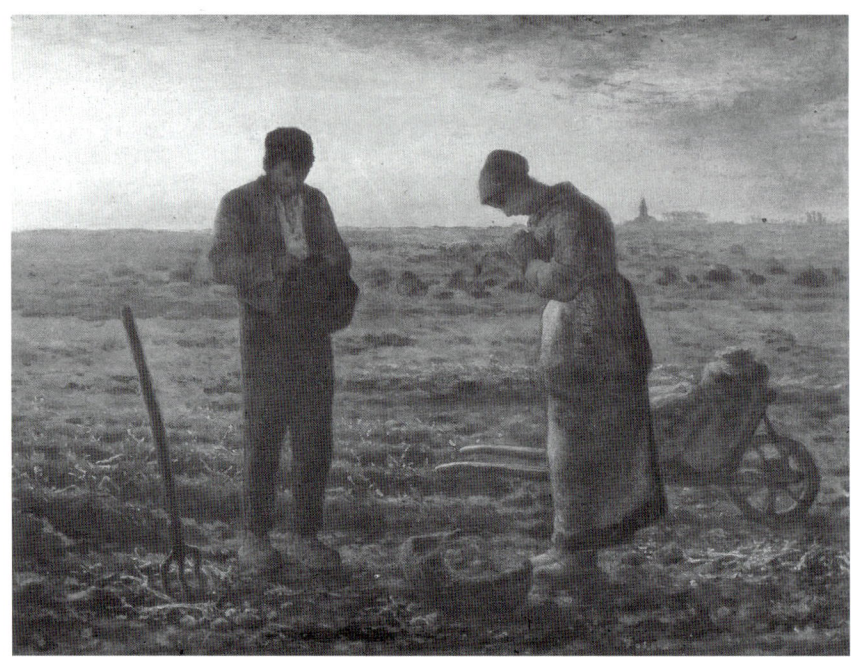

Abb. 37: *Jean-François Millet, L'Angélus (Angelusläuten), 1857/59,*
*Öl auf Leinwand, 55,5 x 66 cm, Musée d'Orsay, Paris*

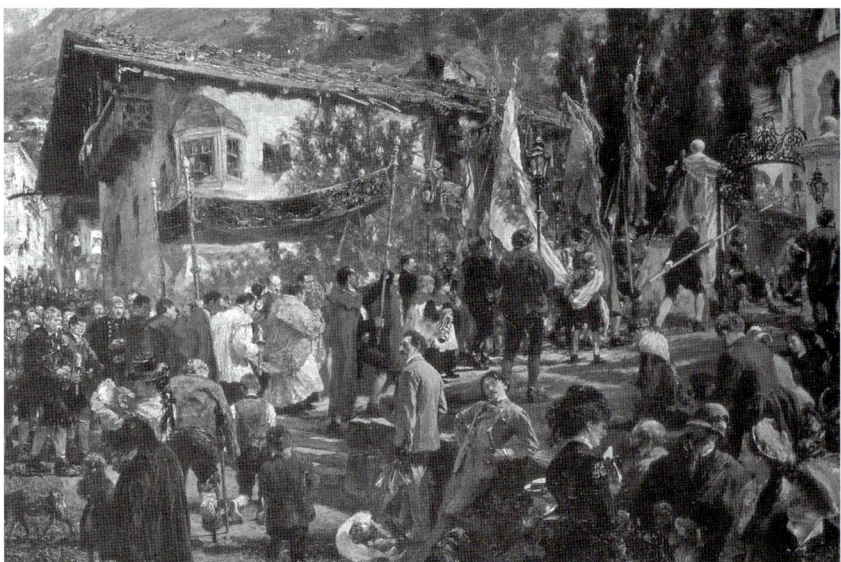

Abb. 39: *Adolph von Menzel, Fronleichnamsprozession in Hofgastein,*
*1880, Öl auf Leinwand, 51,3 x 70,2 cm, Bayerische Staatsgemälde-*
*sammlungen, Neue Pinakothek, München (Leihgabe der Bundes*
*republik Deutschland)*

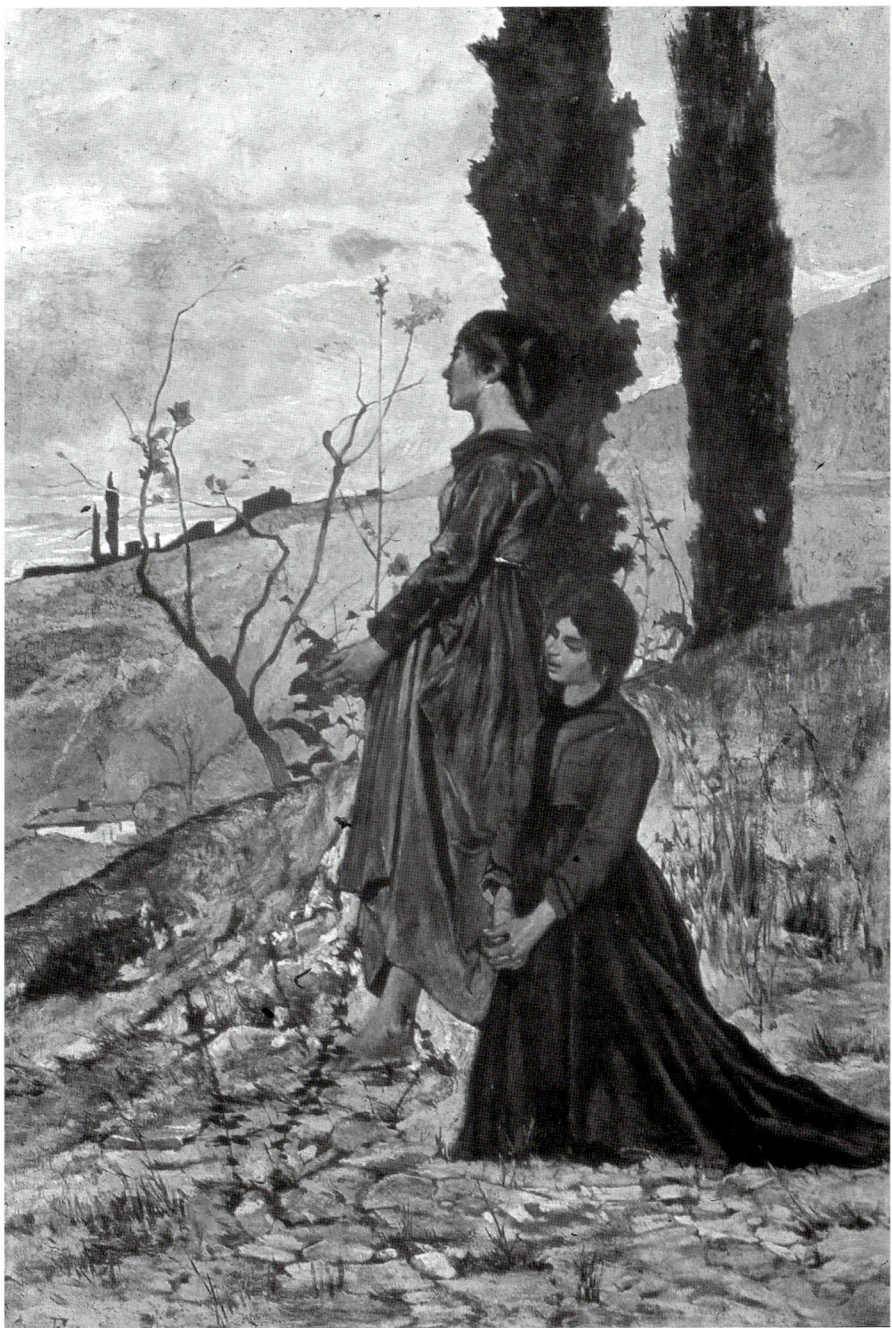

Abb. 38: *Giovanni Fattori, Das Abendgebet (La preghiera della sera),
1865–70, Öl auf Leinwand, 47 x 33 cm, Privatbesitz, Genua*

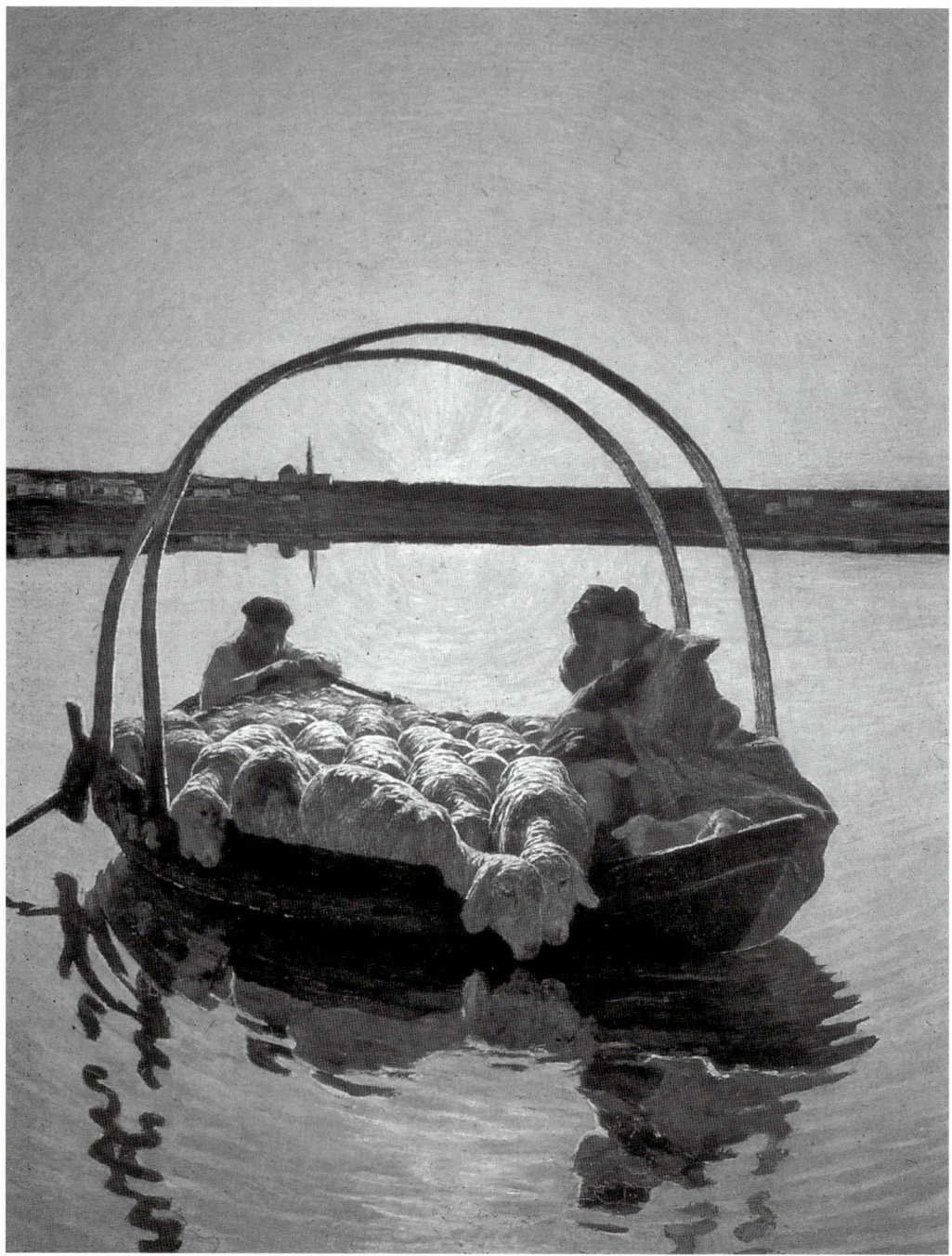

Abb. 40: *Giovanni Segantini, Ave Maria bei der Überfahrt (Ave Maria a trasbordo), 1886, Öl auf Leinwand, 120 x 93 cm, Segantini Museum, St. Moritz (Depositum der Otto Fischbacher/ Giovanni Segantini Stiftung)*

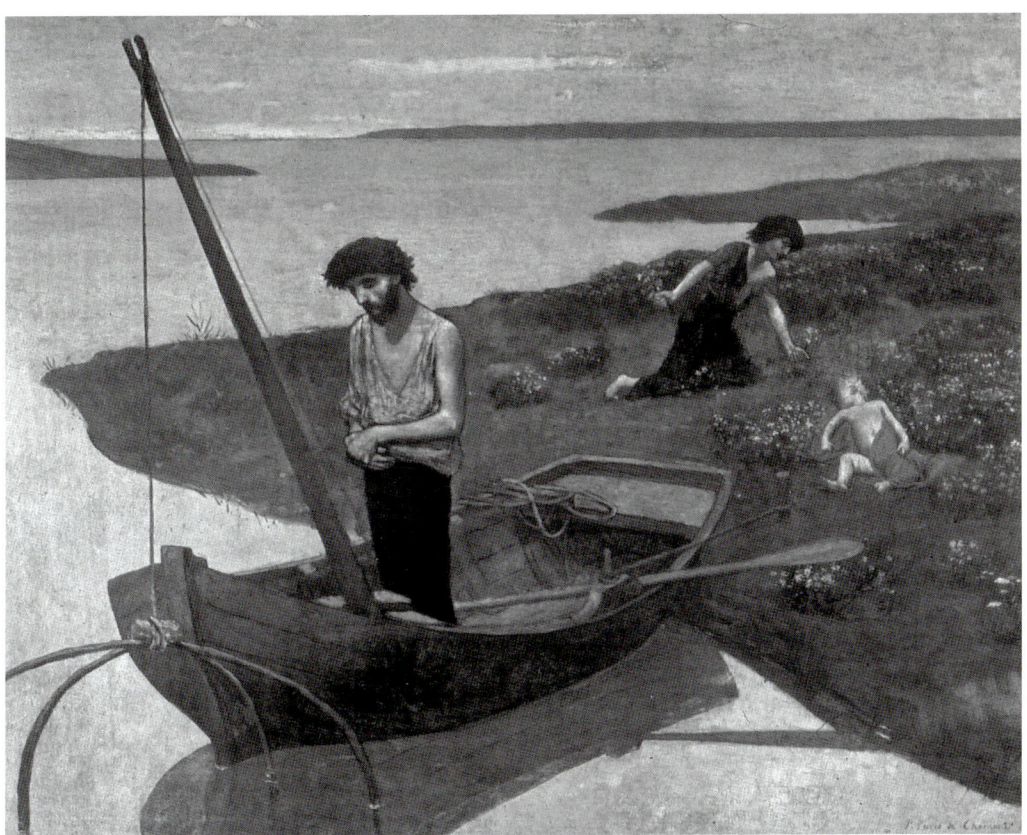

Abb. 41: *Puvis de Chavannes, Der arme Fischer, 1881, Öl auf Leinwand,*
*155,5 x 192,5 cm, Musée d'Orsay, Paris*

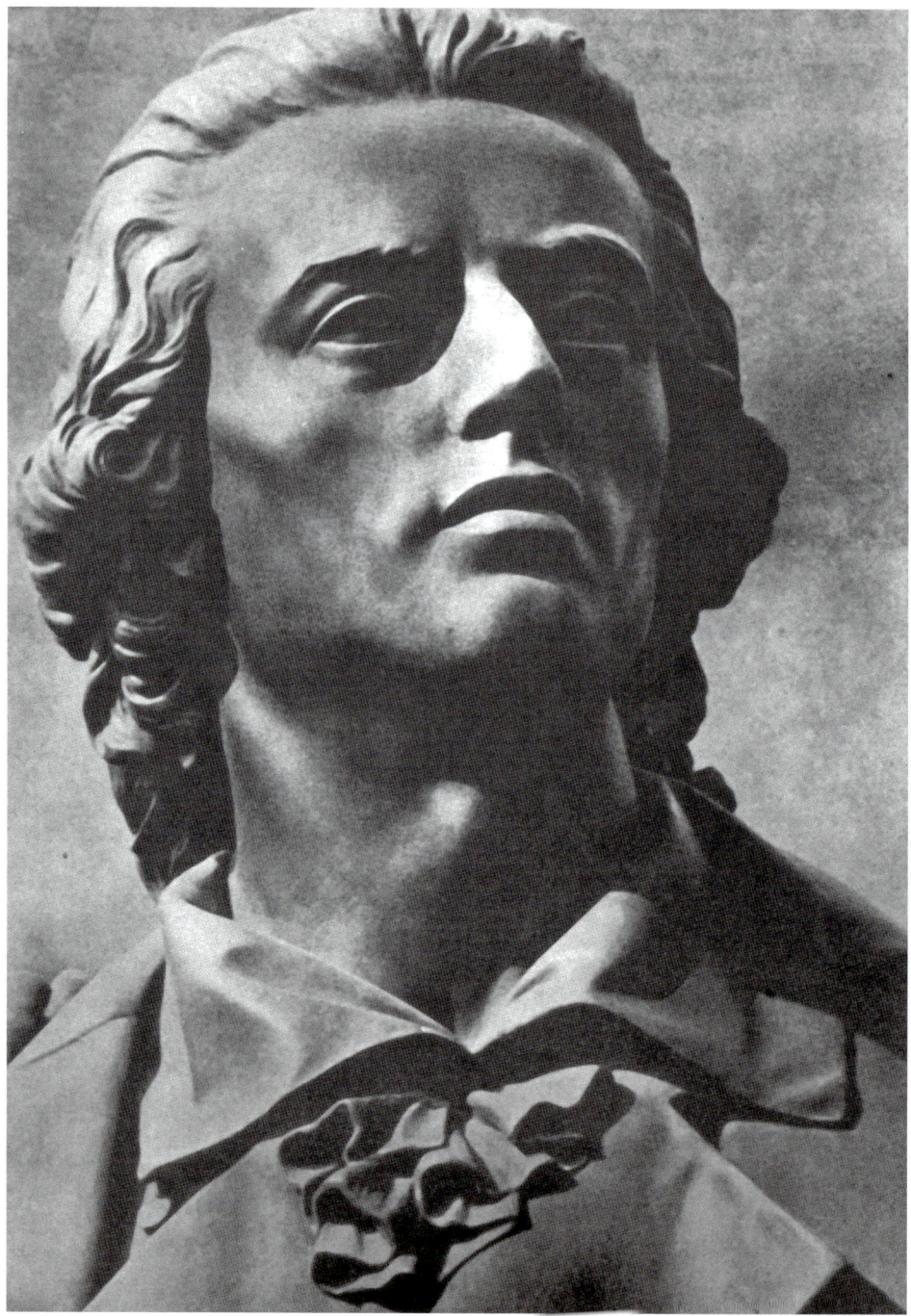

Abb. 42. *Ernst Rietschel, Schiller, 1857, Weimar*

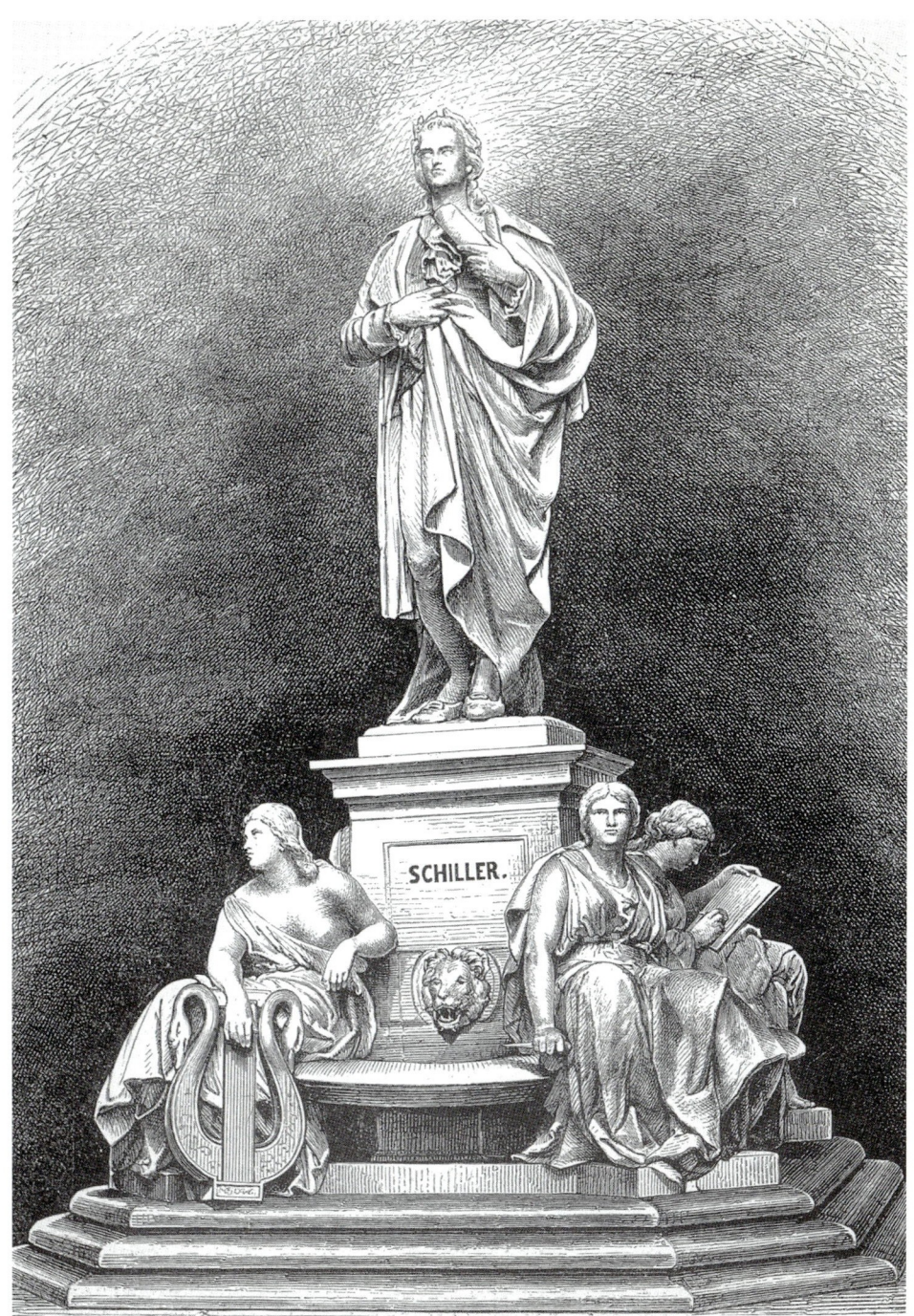

Abb. 43: *Reinhold Begas, Schillerdenkmal in Berlin, 1865*

**Bildnachweis**

Abb. 3, 4, 12, 36 Hamburger Kunsthalle
Abb. 6 © VG BILD-KUNST, Bonn 2006
Abb. 23 Staatliche Graphische Sammlung, München
Abb. 33 © Succession Picasso / VG BILD-KUNST, Bonn 2006
Abb. 39 Bayerische Staatsgemäldesammlungen München, Leihgabe der Bundesrepublik Deutschland
Abb. 40 Segantini Museum, St. Moritz
Alle übrigen Abb.: Bildarchiv des Instituts für Kunstgeschichte, Universität Regensburg